ACHTUNG PANZER!

注意，坦克！

古德里安论装甲部队的战术与作战潜能

[德] 海因茨·威廉·古德里安 —— 著

胡晓琛 —— 译　董旻杰 —— 审校

ACHTUNG-PANZER ! ACHTUNG

江苏凤凰文艺出版社
JIANGSU PHOENIX LITERATURE AND ART PUBLISHING, LTD

图书在版编目（CIP）数据

注意，坦克！：古德里安论装甲部队的战术与作战潜能 /（德）海因茨·威廉·古德里安著；胡晓琛译. -- 南京：江苏凤凰文艺出版社，2020.6
ISBN 978-7-5594-4874-3

Ⅰ.①注… Ⅱ.①海… ②胡… Ⅲ.①古德里安（Guderian, Heinz 1888–1953）–坦克部队–作战方法–研究Ⅳ.①E516.9

中国版本图书馆 CIP 数据核字 (2020) 第 080310 号

注意，坦克！：古德里安论装甲部队的战术与作战潜能

Achtung-Panzer! The Development of Armoured Forces, Their Tactics and Operational Potential

[德]海因茨·威廉·古德里安 著　胡晓琛 译　董旻杰 审校

责任编辑　孙金荣
特约编辑　王晓兰 王菁
装帧设计　杨静思
出版发行　江苏凤凰文艺出版社
　　　　　南京市中央路 165 号，邮编：210009
网　　址　http://www.jswenyi.com
印　　刷　重庆共创印务有限公司
开　　本　787 毫米 ×1092 毫米 1/16
印　　张　16
字　　数　259 千字
版　　次　2020 年 6 月第 1 版　2020 年 6 月第 1 次印刷
书　　号　ISBN 978-7-5594-4874-3
定　　价　69.80 元

目录

海因茨·威廉·古德里安

引　言

对所有战争行动而言，作战的各项原则都是一样的。但是，这些原则的应用（Anwendung）很大程度上取决于现有的技术兵器。

关于“使用（Verwendung）”和“投入（Ansatz）”坦克的意见仍然存在很大分歧。这并不奇怪。所有军队的成见依旧很深，但只有一部分有几分道理。然而，世界大战的经验证明，应在关键地点投入大量坦克。这也符合“集中力量”（Schwerpunktbildung）原则，但很多人认为这种经验似乎还不充分，特别是在战后反坦克武器在数量和效果上都有显著提升之后。

然而，有一点很清楚，即每一种武器——甚至是坦克——的所有潜能都应该且必须被利用到极限。这便要求这些潜能不会为现有的旧式武器所妨碍。相反，新式武器应该引领潮流。旧式武器必须在既有潜能的基础上得到进一步发展，必要时则应改换。

愿这本书有助于阐明这方面的观点。

德国装甲部队上将（General der Panzertruppen）

奥斯瓦尔德·卢茨（Oswald Lutz）

导　言

我们生活在一个充斥着武器噪音的世界里。各国都在扩充军备，不能或不愿依靠自身力量武装起来的国家将走向灭亡。那些受到大自然眷顾的国家多么幸运：其边界被宜人的自然条件强有力地保护着，高大而难以通行的山脉或广阔的海洋完全或者至少部分抵御了敌方的入侵。相比之下，另一些国家的存在本身就十分危险：生存空间本就狭小，却有大部分边界敞露在外，边界旁的邻居性格冲动且武器精良，相当于长期处在威胁之中。一些大国拥有丰富的自然资源和殖民地可供其支配，在战争与和平时期可基本保持经济独立。另一些生存能力不弱、人口数量往往更多的国家却只有十分薄弱的资源底子，很少或根本没有殖民地，他们因此而始终处于经济困境之中，无法承受一场持久的战争。

历史发展的模式，加上处于优势地位的国家缺乏远见，对那些无法容忍长期敌对行动及伴随而来的经济困顿的国家来说，已经具备危机产生的条件。由于不堪忍受此类困境，他们被迫考虑应该使用哪些手段让一场武装冲突迅速走向可承受的结局。我们清楚地记得，世界大战[①]和停战后长期且残酷的封锁给同盟国带了的饥荒。在很大程度上，我们已然无法分析这个问题。[②]

撇开政治领导和军事指挥层面的其他错误不谈，我们必须认识到，1914年我军的攻击力还不足以迅速实现和平。这意味着，我们在武器、装备和组织上无法用物质优势抵消敌方的数量优势。我们当时相信自己占据了道德优势，这种信念可能是正确的，但仅凭这一优势不足以赢得战争。就未来而言，可取的建议是，一个国家的道德与思想状况对国家利益而言至关重要，但也必须充分重视物质状

① 译者注：《注意，坦克！》出版于1937年，故本书中的“世界大战”指的都是一战。

② 英译本注：本书的前两段中，古德里安谈论的主题是德国的战略地位，及其对德国战争行为的影响。大多数德国读者很熟悉这个论调。德国位于欧洲中部，面临着两条战线的潜在敌人。她缺乏充足的重要原材料，且在海上处于劣势，很容易被封锁包围。因此，她负担不起长期且前途未明的战争，必须采取措施，在短时、激烈的战役中迅速消灭敌人。古德里安的独到之处既不在于他对战略地位的分析，也不在于对迅速而果断的胜利的渴望，而在于他关于实现这些目标的想法。换句话说，他的贡献是在作战和战术层面，而非战略层面。

况。当一个国家不得不在多条战线上同处于优势地位的国家作斗争时，它决不能忽视任何有可能改善自身处境的事物。

这一切似乎都不言自明。单从军事著作中的众多言论就能看出：人们常常认为，凭借 1914 年或至多 1918 年时已有的武器，我们就能打一场新的战争。当局许多人认为，承认战争快结束时出现的新武器具有充当旧武器的辅助武器的价值，就已经是具有前瞻性了。这些人虽然与新武器联系紧密，却牺牲了它们最优秀的特性。他们无法摆脱阵地战的影响，认为阵地战是未来的战争形式，而且也没有产生迅速对一切做出决定的意愿。这一派的代表尤其不乐意见到大规模运用发动机所展现的前景。“是安逸性（虽然谈不上是惰性本身）要求抵触一切划时代的革新，而这些革新需要在精神、肉体和意志方面做出新的努力。”[①] 因此，有人干脆否认摩托化和机械化武器是划时代的新事物。有些人日子过得轻松、惬意，就自鸣得意地站在了防御的立场上，轻蔑地评论：这些武器“无与伦比的”（einmalige）成功机会已经在 1918 年来了又去。但情况实际上却完全是另一回事。“只有一点是肯定的：用这种新机器代替畜力会引发一场世界上最伟大的技术和经济变革。而且我相信，我们才刚刚处于这一发展的开端，而不是其巅峰。”[②]

划时代的经济变革必然会引起一场相应的军事变革。重要的是，军事发展要跟上技术和经济发展的步伐。[③] 只有当人们从内心，而不仅仅是表面上拥护这种发展时，上述情况才有可能实现。为了实现内心的拥护，进而能够真正支持发展，我们有必要弄清楚世界大战中武器的作用，即我们在 1914 年投入战场的，还有在 1918 年（不幸的是大多数都属于敌方）与之打交道的那些武器和兵种的作用。有必要简述《凡尔赛和约》规定的军备限制期间各国武器的发展情况，并尝试从我们最终的研究结果中，总结出适用于我们未来发展的结论。

介绍坦克的武器技术发展史不是本书的任务。这需要专家撰写的专业且全面的著作。因此，本书只会在对理解战争进程看似有必要时才会论及这一新武器的

---

① 原注：引自阿道夫·希特勒在1937年车展开幕式上的讲话。

② 原注：引自阿道夫·希特勒在1937年车展开幕式上的讲话。

③ 英译本注：古德里安关于“军事理论的发展必须适应经济和技术的变革”的陈述非常符合德国总参谋部的传统。在老毛奇（1857—1887年任总参谋长）的领导下，总参谋部在研究铁路对战争的影响方面领先欧洲。见《现代战略制定者》（Makers of Modern Strategy），P. 帕雷特（P. Paret）编，牛津，第287—288页。古德里安此处是在证明军事学说适应内燃机时代的必要性。

技术发展。本书创作的目的其实是从使用坦克的军人的立场出发，描绘该武器的发展历程。因此，本书的内容主要探讨战术和战术胜利所得到的预期作战效益。战术上的教训是基于 1914—1918 年西线的各次战事，这是因为战斗力最强的对手都在西线交锋，战争的主要决策也在这里做出，我们的劲敌和我们自己都在这里投入了最强大、最新式的武器。我们必须在未来重点关注这些在战争中首次出现的兵器，它们也应该得到最细致的研究。

不幸的是，这些新武器的原始资料在可靠性和全面性方面尚有许多不足之处，为客观评价增加了难度。这些武器问世已经 20 年了，现在正是官方对其表现进行评估的好时机。在那之前，我们也只能采用在困难条件下展开的、本身有缺陷的非官方研究作为替代了。①

鼓励我们的新老军人反思、研究，然后采取有目的的行动，是本书的目的。此外，本书也有助于有志于参军的青年了解坦克这一新式武器，让他们掌握我们时代的技术成就，令其服务于祖国。

① 英译本注：古德里安指出的参考文献来源的缺陷是有道理的。值得注意的是，虽然自1937年以来出现了大量的历史著作，但就古德里安所探讨的许多方面，我们仍缺乏有文献依据的学术性论述。例如，目前仍然没有一本记录英军坦克在一战时期的投用与发展的、有充分文献依据的书籍。在这一研究方向上，我们仍然依赖战争参与者的回忆录和没有文献依据的团级战史。

第一章
1914 年，阵地战是如何产生的？

1. 以长矛对机枪

8 月的太阳无情地炙烤着平坦的丘陵地带，这一地带从列日（Lüttich）附近的马斯河（Maas）西北岸一直向西，大体朝布鲁塞尔（Brüssel）方向延伸。8 月 5—8 日，冯·德·马维茨（von der Marwitz）将军率领的第 2 和第 4 骑兵师（KD, Kavalleriedivisionen）在荷兰与比利时边境的利克斯赫（Lixhe）渡过了马斯河，于 8 月 10 日在蒂勒蒙（Tirlement）东方和西南方与预期将在北方出现、正在修筑工事的敌军相遇。两个师摆脱了敌人，于 8 月 11 日回到圣特赖登（St. Trond）以东地区休整。头几日行军颇为疲乏，从 8 月 6 日起，饲马的燕麦就已十分匮乏。此前的侦察作战导致比利时军队从列日撤往蒂勒蒙，并使比军无法前进到勒文（Löwen）—那慕尔（Namur）一线作战。我军在迪斯特（Diest）—蒂勒蒙—若杜瓦涅（Jodoigne）的热特河（Gettelinie）战线背后发现了大规模的占领和工事修筑活动。

热特河本身与下游的蒂勒蒙构成了一道屏障，这一屏障借由潮湿的草地和一些灌溉沟渠得以巩固。热特河在哈伦（Haelen）以北汇入由东边流经海瑟尔特（Hasselt）的代默尔河（Demer）。海瑟尔特之后的代默尔河流域深 2 米、宽 10 米，成排的树木和树篱阻碍了视线，耕地和田地往往被铁丝栅栏围住。代默尔河以北，有条同样深 2 米、宽 10 米的运河从海瑟尔特的正北方流向蒂伦豪特（Turnhout），大内特河和小内特河（Nethe）也由此从东向西流往设防的斯海尔德河（Schelde）旁的大型河港——安特卫普（Antwerp）。

德国骑兵在演习中发动冲锋

总而言之，这一带的地形和植被类型已经给骑兵的沿路推进造成了巨大的困难。如果试图骑马前进，困难就会大到难以承受。

8 月 12 日，冯·德·马维茨将军想要朝迪斯特方向北行，绕开被占领的热特河段。为此，他命令第 2 骑兵师经海瑟尔特、第 4 骑兵师（得到第 9 猎兵营和第 7 猎兵营自行车连的增援）经阿尔肯（Alken）—斯泰福尔特（Stevoort）向哈伦进军，预先对海赫特尔（Hechtel）—贝灵恩（Beeringen）—迪斯特—蒂勒蒙防线进行侦察。第 4 骑兵师第 18 骑兵旅一直在圣特赖登附近掩护左翼，一个侦察中队进抵西南方的兰登（Landen）附近。

第 2 骑兵师在海瑟尔特缴获了大量武器。略作休整后，他们于中午时分沿通往哈伦的公路挺进斯泰福尔特。在此期间，第 4 骑兵师已到达该地。从这时起，两个师便一前一后地挤在紧挨着敌前线的一条路上。在进军期间，冯·德·马维茨将军令第 4 骑兵师打开哈伦附近的热特河通道，令第 2 骑兵师在行动开始后进至海尔克城（Herck–la–ville），并在北方的吕门（Lummen）附近警戒。在侦察队报告占领了哈伦附近的渡桥后，冯·加尼尔（von Garnier）将军率炮兵从海尔克城以西进入阵地，派遣前来增援的第 9 猎兵营沿道路两侧向哈伦推进，并令第 3 骑

英国骑兵正在穿过一座临时桥梁

兵旅从南侧包围该地。13 时左右，猎兵占领了遭到破坏的热特河桥，一直推进到哈伦西缘。这时敌人火炮开始射击，引燃了大火。村道受到纵向轰炸，第一批损失出现。显然，哈伦以西的高地已被敌人占领。

期间，第 3 骑兵旅（第 2 重骑兵团和第 9 枪骑兵团）在哈伦以南的栋克（Donck）借助架桥车在热特河上架桥，准备渡河。第 17 骑兵旅（第 17、第 18 龙骑兵团）一直推进至哈伦东侧。第 18 龙骑兵团第 4 中队作为侦察中队被派出，朝着在哈伦—迪斯特铁路路堤展开队形、正在开火的步兵和豪特赫姆（Houthem）附近已查明的敌军炮兵前进。

我军炮兵此前为进攻哈伦提供了有效的火力支援，这时需要为下一步行动变换阵地，但前提是我军必须先行夺取紧靠哈伦西侧的预定的新射击阵地。这个任务交给了跟在第 18 龙骑兵团第 4 中队后面的第 17 龙骑兵团。

随后，一连串戏剧性的事件迅速发生：第 18 龙骑兵团第 4 中队马不停蹄，成四路纵队经哈伦向西挺进，完成侦察任务。第 17 龙骑兵团紧随其后，以同样的队形经过哈伦，沿着通往迪斯特的公路向西北方前进。由于树篱和栅栏阻滞了行军，两个最靠前的中队与团部一起，始终呈四路纵队在公路上行进。第三个中队却在公路以西陷入铁丝网及复杂地形之中，比利时步兵、机枪和炮兵随即对以密集队形从哈伦奔驰而来的各骑兵中队展开了集火射击，骑兵的前进道路上出现了一团巨大的烟尘。其后果是灾难性的：残余骑兵一部在哈伦西边，一部在该地以南集结。个别失去战马的龙骑兵只能步行加入猎兵（Jäger）行列继续作战。

此时，我军炮兵已成功在哈伦以西就位，并向豪特赫姆的敌军炮兵开火。我军希望通过压制敌军炮火，使第 18 龙骑兵团能够利用掩护从哈伦转移到费尔彭（Velpen），再沿西南方延伸的出口向高地进发。在敌军步机枪恐怖的火力下，我军骑兵变为两路纵队。在飘扬的队旗下，转为进攻队形：两个中队组成第一排，第三中队组成梯队在左后方跟进。与此同时，骑兵冲破了敌人的第一道防线。然而，骑兵的这次进攻随后就被树篱和铁丝网中爆发的猛烈防御火力击退，我军损失惨重。

这些事件发生的同时，第 3 骑兵旅的命运也尘埃落定。该旅在敦克成功渡过热特河，并于该地受命俘虏敌军炮兵。女王胸甲骑兵团（das Kürassierregiment Königin）将三个骑兵中队排成一列，马不停蹄地越过费尔彭发起冲锋；这一冲锋也被击退，且损失惨重。团长调集尚且完好的最后一个中队及其他中队残部再次发起进攻，依旧徒劳。这个英勇的兵团发起的第三次进攻也以失败告终。

胸甲骑兵右翼的第 9 枪骑兵团（Ulanenregiment）先后以两个中队朝图勒里农场（Tuillerie-Ferme）方向发起两次进攻。第一次进攻溃败后，第二次进攻也遭遇了同样的命运。骑兵进攻结束后，猎兵从 16 时起得到了已经下马徒步战斗的禁卫轻骑兵旅（Leibhusarenbrigade）的支援，并朝豪特赫姆方向继续进攻，向北占领了列布鲁克（Liebroek），向南占领了费尔彭。

至此，以冷兵器迎战现代武器的第一次大规模尝试，经实战证明失败。

敌人做了些什么呢？[①]

从 8 月 10 日清晨 5 时起，部署在热特河比丁恩（Büdingen）—迪斯特河段后方的比利时骑兵师受命封锁这一河段，并向通格尔（Tongres）—比尔森（Bilsen）—贝灵恩—克瓦德梅赫伦（Quaedmechelen）一线侦察警戒；比丁恩、海特贝茨（Geet-Betz）和哈伦沿线也已经完成了防御工事的构筑。除哈伦和泽尔克（Zelck）

① 译者注：德文原版此处为“Wer war der Feind?”，英译本译为“What had the enemy being doing?”。结合上下文语境，此处采用英译本的含义。

渡口的桥梁以外，所有的热特河桥均被破坏；未遭受破坏的两座桥也都做好了爆破准备。德军骑兵巡逻队遭到驱逐。8 月 12 日清晨，比军发现大批德军骑兵正向海瑟尔特进军，因此向统帅部请求增援。于是，被配属给骑兵师的第 4 步兵旅于进攻当日 8 时 15 分朝科尔特纳肯（Cortenaeken）方向进军。在酷暑中急行军 21 千米后，该部（4 个不满编的步兵营和 1 个炮兵连）于 16 时左右抵达指定位置，未作喘息就进入战场。炮兵连最先到达，并在洛克斯贝亨（Loxbergen）进入阵地，迎战德军炮兵。

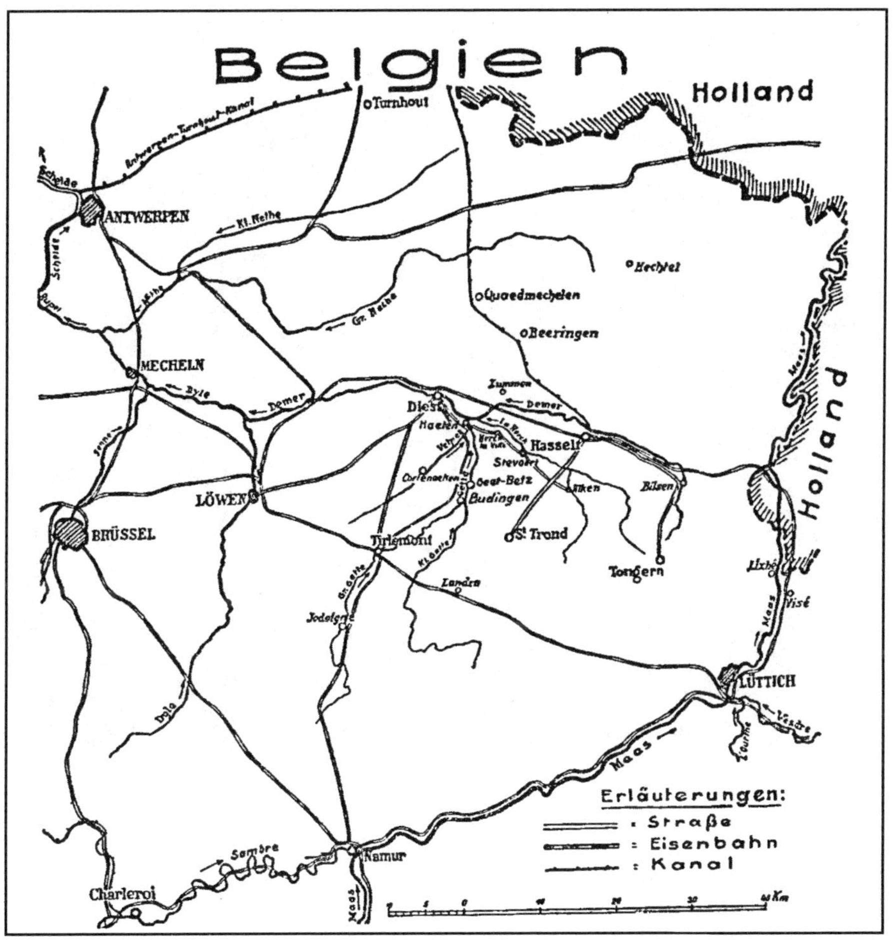

示意图 1：比利时

1914 年 10 月—1915 年 4 月利泽尔恩地区，注意地面上炮兵射击造成的弹坑

安特卫普附近的比利时炮兵阵地

在 16 时前，预备队大部已经被投入步兵作战。在第 4 步兵旅抵达之后，比军师长德·维特（de Witte）将军决定沿费尔普河（Velpe）两岸向哈伦发起反击。在德军猎兵、机枪、禁卫轻骑兵和炮兵的火力打击下，反击在费尔普河失败。

18 时 30 分左右，马维茨将军中止了作战，并将他的部队集结于热特河以东。

参加此次进攻的 4 个德军骑兵团的损失为：24 名军官、468 名士兵、843 匹战马。比军损失总计 10 名军官、117 名士兵、100 匹战马。

哈伦之战的特点在于：骑兵投入了相当多的兵力（尽管并非同时）以对抗防御的步兵和炮兵。在其他战线规模更大的骑兵进攻中，我们看到了类似的结果，例如巴伐利亚枪骑兵旅 1914 年 8 月 11 日在拉加尔德（Lagarde）的战斗，以及第 13 重骑兵团 1914 年 11 月 12 日在波兰的博日梅尔（Borzymie）的战斗。因此，哈伦这一战例能够代表诸多的同类战例。

我们今天的疑问是：马维茨将军最初接到的任务是向安特卫普—布鲁塞尔—沙勒罗瓦（Charleroi）一线进发，查明比利时境内的比军、英军或法军；在热特

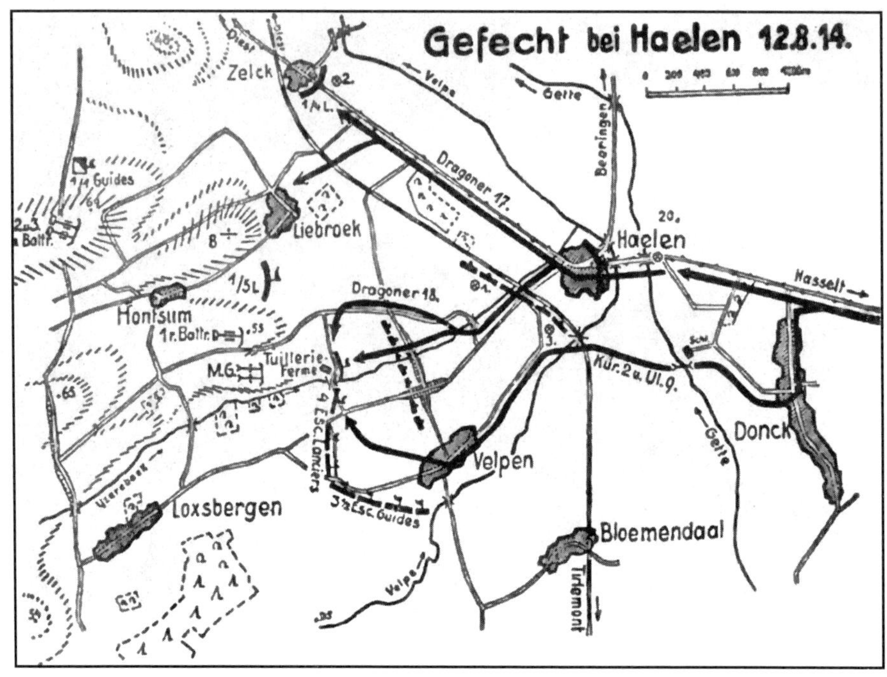

示意图 2：1914 年 8 月 12 日的哈伦之战

河后方、迪斯特以南发现比军踪迹后，他为什么没有力求从代默尔河以北发起攻击？那样的话，无疑他将成功查明比军北翼，至少能够在安特卫普—布鲁塞尔一线按照命令实施侦察，并包抄敌军侧翼——可以和第 1 军的部队一起对代默尔河实施合围，也可以封锁代默尔河与迪勒河（Dyle）渡口，阻止比军向安特卫普进发。我们还要进一步提出疑问：在决定要对哈伦和热特河发起攻击后，进攻为什么没有在更宽的战线上和整个骑兵军同时进行？为什么首先进行的是步战，而没有在夺取足够宽的桥头堡和突破敌军各部抵抗之后，利用战马的速度优势追击溃散之敌？[①]

① 英译本注：在撰写《注意，坦克！》之前，1914年骑兵主力部队的作战行动是一个让古德里安着迷了多年的主题。这些行动成为20世纪20年代他在军事史教学时的一个重要课题，他也为军事刊物撰写了相关文章。见《机动部队（一项战争史研究）》〔Bewegliche Truppenkörper (Eine kriegsgeschichtliche Studie)〕，载于《军事周刊》，1927年第19号，第687—694页。

要回答上述问题，我们需要了解德国骑兵——甚至包括其他国家骑兵——在上次战争前的教育、装备和训练特点。这些观点在 1909 年的战前准则中得到了最清晰的阐述，其作战条令开头的一句话便是："在马背上作战是骑兵最主要的作战方式。"条令的撰写者无视一个半世纪以来的作战教训，不仅在精神上，而且在形式上也很大程度地遵循塞德利茨（Seydlitz）时期的骑兵战术，并且自认为能够忽略在此期间出现的变动——这些变动迫切要求科技不断地飞速向前发展。装备及武器与大规模骑兵作战的愿景相符，训练中则过度重视熟练的骑术训练（Schulreiten）、封闭操练（Geschlossenes Exerzieren）及骑兵冲锋（Attackenreiterei）。

指挥官及部队反复操练形成的习惯自然被运用到了大战初期的战场上。比军骑兵在哈伦对战的消息可能使部队误以为对手将发起骑兵战，也导致部队想当然地低估了比军骑兵下马作战时的抵抗力与武器威力。骑兵进攻的惨败在此地和其他战场一样，必然削弱了己方部队对指挥官的信任，平添敌军的威势。

施利芬在 1909 年对未来战场的描绘如今才真正应验："看不到任何骑兵。骑兵必须在另外两种武器的作用范围之外，寻找自身的作战任务。"后膛枪（Hinterlader）和机枪将毫不留情地把骑兵赶出战场。

关于骑兵是否应从事战役侦察任务，一份来自帝国档案馆的文件早有定论："在战争开始时的整个前线上，人们在和平状态下对大规模使用骑兵从事战役侦察显然寄望过高。虽然骑兵一般情况下能够查明敌方警戒线，但完全无法越过该线探查敌人阵线后方的状况。"①② 由于高估了骑兵的战役侦察能力，低估了飞机这一新侦察手段，最高陆军指挥部（Oberste Heeresleitung）在 1914 年放弃了直接使用这一当时航程已超过 400 千米的新式武器，把它交给各集团军指挥部和各军处置。所以，最高陆军指挥部只能获取敌方行军的片面情报。③

---

① 原注：《帝国档案馆》（Reichsarchiv），第1卷第126页。

② 英译本注：将德国官方战史中这段论述"骑兵战役侦察无效"的引文，与之前引用冯·施利芬关于"骑兵缺乏战斗力"的论述放在一起，是相当具有说服力的。古德里安说得对，就西欧而言，骑兵正在接近其使用寿命的终点。但是，我们必须考虑到古德里安写作本书时的论争目的。对一战中的骑兵更具同情心的探讨，需参见S. D. 巴德西（Badsey）未发表的博士论文——《1871—1921年间的英军与冷兵器之争》（The British Army and the Arme Blanche Controversy 1871–1921），剑桥大学，1981年。

③ 原注：参见《帝国档案馆》，第1卷第127页。

2. 步兵的献祭之路

两个月之后，也就是1914年秋落叶之时，驱使着世界上最优秀的陆军越过马恩河向南深入敌境的这股狂潮衰竭了。由于最高陆军指挥部的不当措施、惨重的伤亡和后勤补给困难，从法国北方边境的里尔（Lile）到瑞士的山脉之间的漫长战线上形成了力量上的均势状态。我军高层计划于10月投入生力军，向右翼最外侧的佛兰德（Flanders）发起一次新的强大攻势，以防止出现僵局，确保胜利果实不再旁落。

在动员期间，数十万充满热忱的德国小伙子和不惧牺牲的成年人志愿参军。在接受了不到6周的基本训练之后，他们就迅速开赴各个战场，加入了新组建的军、师级部队。第22、第23、第26、第27后备军与从安特卫普靠拢而来、已具备作战经验的第3后备军和第4补充师，还有当时相对较强的重炮兵一起，组成了新编第4集团军。该部决定于10月17日从布鲁日（Bruges）—科特赖克（Courtrai）以东一线开始向尼乌波特（Nieuport）—伊珀尔（Ypres）之间的伊珀尔河防线进军。很少有士兵能像这群生力军一样，带着如此高昂的热情和活力冲向敌阵。

10月19日，第4集团军在整条战线上均与敌发生接触。20日，第一次伊珀尔会战在佛兰德打响。除了第4集团军从战线北方的梅嫩（Menin）至伊珀尔公路

马恩河战役中的德军士兵

1914 年马恩河战役中的法国步兵

发起进攻外，由南方的第 6 集团军（下辖第 4、第 1 骑兵军，第 19、第 13、第 7 军和第 14 军的一半兵力，以及后方的第 2 骑兵军）所属的经过实战考验的右翼各军也于同期向西发起突击，以减轻第 4 集团军这支新军的进攻压力。

攻击区域的显著特征是从尼乌波特附近的入海口，经迪克斯迈德（Dixmude）往上游方向到北斯霍特（Noordschoote）的艾泽尔河，以及紧接着流经斯滕斯特拉特（Steenstrate）、布京厄（Boesinghe）、伊珀尔、霍勒贝克（Hollebeke）到科米讷（Comines）的艾泽尔运河。从迪克斯迈德向北直到海边的这一段艾泽尔河，两岸都分布着局部低于海平面的、被数条沟渠和运河所分割的低地圩田。以尼乌波特为枢纽的水闸系统调节着水位高度，必要时可使海水泛滥。从位于伊珀尔以南标高 156 米的凯默尔（Kemmel）高地开始，一条平缓的圆弧状高地经韦茨哈特（Wytschaete）、霍勒贝克、赫吕费尔德（Gheluvelt）、宗讷贝克（Zonnebeke）和西罗泽贝克（Westrobeeke）向迪克斯迈德延伸。这样的地形通常对平原地区的炮兵观测影响极大，因为这一区域的视野被众多农舍、篱笆、林地和村落严重干扰。尤其是新部队，作战时不得不忍受这种地形条件带来的巨大困难。

10 月 20 日，新征调的各团唱着德国国歌，向迪克斯迈德、豪特许尔斯特（Houthulst）、普尔卡佩勒（Poelkapelle）、帕森达勒（Passchendaele）和贝瑟拉勒（Becelaere）发起攻击。虽然伤亡惨重，但战果还算令人满意。

10 月 20 日夜，传来了继续向艾泽尔河进攻的命令。朗厄马克村（Langemarck）和布罗德森德（Broodseinde）的十字路口就横在攻击路线上。在炮兵进行了所谓的毁灭性射击之后，这几个新组建的团也发动了新一轮的攻势。预备队蜂拥而上，填补已趋薄弱的攻击锋面，但只是徒增伤亡。部队只在局部地区突破了敌人的阵地。军官的身先士卒无法减轻敌军武器形成的伤害，牺牲者人数激增，以致难以承受。部队攻击力消耗殆尽，22 日占领朗厄马克的预定目标已无法实现。敌军的反击力度表明敌军的防御依旧固若金汤。与此同时，在西北方发动的进攻却一直顺利进行，目前已深入到比克斯霍特（Bixschote）东缘；北方的攻势更是已经进抵迪克斯迈德门前。10 月 23 日全天都充斥着战斗，损失惨重，却一无所获。部队不得不请求获得挖掘工具，以修筑工事。“经过 4 天的战斗之后，新组建的各军被迫于 10 月 23 日晚停止对艾泽尔运河发动的第一轮攻势。”①

尽管得到了炮兵相对较强的火力支援，战事却依旧一筹莫展。我军步兵的攻击力仍不足以击败至少初始阶段相对较弱的敌军。最大限度的牺牲精神、饱满炽烈的热情和斩钉截铁的命令对此也都无能为力。如今大家普遍认为，当时将这一支士兵缺乏作战经验、指挥官缺乏领导能力、装备漏洞百出的新编后备军安排在这一关键的前线地段上是一个错误。持这种观点的人忽略了这样一个事实：第一次伊珀尔会战表明步兵缺乏击败敌人的攻坚力量，即便当面的敌人恰好处于劣势。我愿意承认，作战经验丰富的部队很可能会以更少的伤亡取得同样的战果，但令人怀疑的是，他们的损失会否显著减少，更令人怀疑的是，他们能否真的取得胜利。这支新军当然不是唯一一支于那个阴雨绵绵的 10 月在德国西线发动 1914 年最后一场大攻势的部队：在其右翼作战的是出色的第 3 后备军，左翼是第 6 集团军经过战斗洗礼的几个师。他们的对手并不比新训练的师更强大或更有战斗力，但德国人在这些地区取得的战果却并不比其他地方多。

---

① 原注：《帝国档案馆》，第5卷第317页。

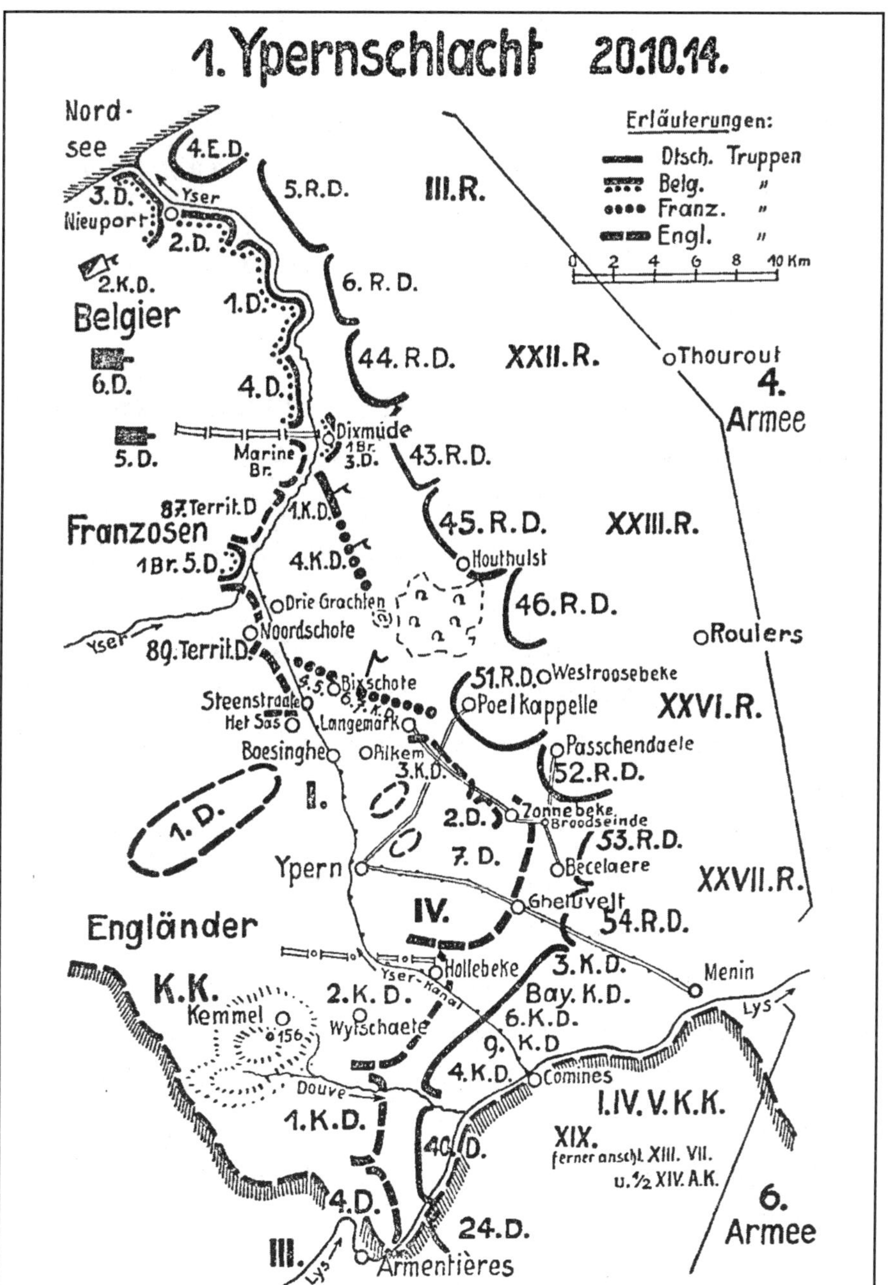

示意图 3：10 月 20 日的双方态势

在配发的少量火炮弹药被消耗掉大部分之后，进攻行动从 10 月 24 日开始转为零星战斗，但最后这些攻势完全陷入了僵局。为了打破西线正面临的僵局，我军还从前线基干部队中抽调出若干师和旅，尝试组织了两次进攻，但都在血战中失败。

10 月 30—11 月 3 日，第 15 军、第 2 巴伐利亚军和第 13 军的半数编成“法贝克突击群”（Angriffsgruppe Fabeck），在 10 千米宽的正面上投入了 5 个师发动进攻。结果令人颇为失望。即便随后逐次投入了第 6 巴伐利亚后备师、第 3 波美拉尼亚师和部分骑兵部队，也未能扭转战局。

最后，在 11 月 10—18 日，一批有经验的部队又一次试图夺取伊珀尔突出部。第 9 后备师在第 4 集团军地界上被编入第 3 后备军；第 4 步兵师和混编的温克勒近卫师（Gardedivsion Winkler）驰援第 6 集团军，并与正在梅嫩（Menin）—伊珀尔公路上激战的第 15 军一起组成“林辛根突击群”（Angriffsgruppe Linsingen）。

尽管新组建的几个团在 11 月 10 日攻占了迪克斯迈德，并在德里格拉希滕（Drie Grachten）和艾特萨斯（Het Sas）取得了一些进展，但更东面的第 3 后备军，尤其是仓促投入战场的第 9 后备师依然徒劳无功，且该师损失还甚为惨重。11 月 11 日，近卫师和第 4 步兵师向梅嫩—伊珀尔公路两侧发起攻击，进展甚微，损失也很大。翌日再也没取得什么值得一提的战果。两支进攻部队把获得有生力量的增援视为后续攻势的前提。

因此，最高陆军指挥部命令第 7 集团军抽调一个步兵师增援第 6 集团军，第 3 集团军拨出一个步兵师给第 4 集团军，施特兰茨集团军级支队（Armeeabteilung Strantz）也将一个步兵旅交给第 4 集团军。这两个师都只提供了各自的步兵部队，师属炮兵则不做调动。事实上，我们拥有充足的炮弹，指挥部却要求我们节约弹药。这样一来，计划中的攻势作战从一开始就失去了打击力。弹药应当比步兵更重要。了解这一点的第 4 集团军干脆放弃了后续的进攻；第 6 集团军在林辛根突击群发动的一次进攻中惨遭失败，不得不做出转入阵地战的决定。“11 月 18 日时，在海滨到多佛（Douve），德军 27.5 个步兵师、1 个骑兵师与敌军 22 个步兵师、10 个骑兵师对峙。”①

① 原注：《帝国档案馆》，第6卷第25页。

11 月 10—18 日，德军在进攻区域损失近 23500 人。从 10 月中旬到 11 月初，第 4 集团军伤亡 39000 人，失踪 13000 人；第 6 集团军伤亡 27000 人，失踪 1000 人；两个集团军合计损失 80000 人。① 第一次伊珀尔战役就使德国付出了损失超过 100000 人的代价，其中包括青年人中的优秀分子和一大批军官中的后起之秀。②

敌方的损失为：法国损失 41330 人，其中失踪 9230 人；③ 英国损失 54000 人，其中失踪 17000 人；比利时损失 15000 人。

根据 1914 年 8—11 月的伤亡统计：德国伤亡 677440 人，法国伤亡 854000 人，英国伤亡 84575 人。

3. 堑壕战与铁丝网

从 1914 年 11 月中旬起，整个西线的所有行动都停止了。这种僵持状态最先出现在孚日（Vogesen）山脉，现在已经延伸到海岸。正是在海岸附近，双方在此前战役中剩余的全部进攻能力在 10 月和 11 月的战事中都已耗尽。

在德国一方，这种打击力表现为新征步兵——第 4 集团军的青年后备军，从前线其他地段抽调来的军、师和步兵旅——源源不断地亮相。起初这些部队都拥有足额的火炮，但在开战时，他们却只拥有数量有限的弹药储备。因此，德军不得不将进攻的重点放在步兵的刺刀冲锋上。由于敌方无法迅速征召同等数量的兵员，法军、英军和比军在不久后就被迫转入防御。即使使用这种作战方式，机枪和火炮依旧抵挡住了人数占优的大批部队的冲击：与骑兵在 8 月的突袭一样，10 月和 11 月的刺刀冲锋也在现代化火器制造的弹雨中败下阵来。幸运的是，敌军也出现了弹药短缺，否则 11 月中旬部队调往东线后形成兵力对比上的失衡，会让德军的处境更加不妙。

步兵精锐损失、弹药短缺、战线向两端分别延伸到瑞士边境和海滨，这些因素导致包围战和运动战无法再进行，双方部队开始挥起铁锹，构筑障碍物。大家都希望，刚刚开启的堑壕战只是一种暂时的状态，因而都无法下定决心将战线转

---

① 原注：《帝国档案馆》，第5卷第401页。

② 英译本注：在英国，第一次伊珀尔战役主要被铭记为一场在1914年使英国正规远征军流尽鲜血的战役。古德里安提醒我们，德国的损失同样很严重，这场战役是德国的一次重大战略失败。标准的英文论著之一是：A.法勒-霍克利（A. Farrar-Hockley），《一支军队的死亡》（The Death of an Army），巴克（Barker），1967年。

③ 原注：《伟大战争中的法军》（Les Armeés Françaises dans la Grande Guerre）第1卷第4册第554页。

移到便于持久防御的地区，生怕放弃拼死夺下的阵地会被说成是默许失败。

因此，在最后一战之后，战线基本上未出现大的变动。这种情况便要求双方投入巨大的作业量和更强大的守军，并且引发了持续性战斗，争夺意义有限的小块阵地。双方首先建立了一道由坚固、连绵不绝的战壕组成的防御体系，便于前线部队及其预备队驻守。这些阵地由密度和深度不断增加的铁丝网提供保护，战壕之间通过交通壕来轮换部队和运输补给。后方阵地起初很少被使用，炮兵阵地往往部署在能够打击对方步兵和炮兵阵地的位置，也就是说，分布在相对靠前而不是相对更深的位置，并且一开始也没有对炮兵进行特别的保护。

因此，双方都在考虑改善武器装备。机枪数量的增长尤为显著，这一增长趋势一直持续到战争结束。这也使机枪从辅助武器变为步兵的主武器，后来还成为飞机的主武器。此外，火炮的数量也大幅增加，而且配备了此前完全没有想到的弹药基数。能派上一点用场的所有火炮，哪怕是老掉牙的旧式火炮，都被重新列装。工兵也受到了重视。迫击炮和手榴弹被分发下去。地堡、爆破、水潭，及各式障碍物使阵地具备越来越多的要塞的特点。

长远看来，这种未考虑持久防御需求而选择的阵地，给德军造成的伤害比给对手造成的损失更大。前线大量部队的持续性接触，减少了可用的预备队数量，缩短了预备队的训练时间和休整时间，尤其削弱了起先要派到其他战场发挥主要作用的进攻兵力，或许他们在那里能发挥更大的作用。

敌军的状况很快就有了改观，因为他们决定放弃向属于次要战线的加里波利（Gallipoli）派遣大量部队，而是把可用的预备力量——人员、装备和火力——都集中在法国。当然，这并不意味着这一决定在战略上是最正确的。双方都很清楚，唯有使用非常手段才能在西线取得战役的胜利。因此，双方都想尽了办法来实现这一目的。

在西线战斗的第 11 轻骑兵预备队的德国士兵，1916 年

第一次世界大战中交通壕里的英军通信兵

在加拿大战争博物馆展出的英军和加拿大士兵在第一次世界大战中时使用的各种战地武器

第二章
1915 年，不恰当的战争手段

1. 炮战

德国于 1914 年 11 月将进攻重点转移至东线战场——可惜这对取得决定性战果而言已经太迟了——此时，法军统帅部已经决定于 1914 年到 1915 年冬季发动进攻，以阻止德国再向东线调兵，同时利用德军暂时的弱势获取战果。按照霞飞（Joffre）将军 1914 年 12 月 17 日下达的军令，将进行一场决战，以“彻底解放被入侵者占领的国土”。为了切断德军脆弱的后方交通线，法军将香槟（Champagne）地区选为攻击目标。对法军有利的交通线及不复杂的进攻地形也是将战区选在此地的另一理由。

经过四周的准备之后，法军第 4 集团军的 3 个军在 12 月 20 日开始进攻。除了前线的 3 个军以外，还有一个军（第1军）担任预备队。有 19 架飞机配属给集团军使用。法方估计在攻击地段上法军对敌方的兵力优势多达 100000 人。法军还配备了一支在当时十分强大的炮兵部队，拥有 780 门各式口径火炮，并且放开了当时通行的弹药消耗量限制。因此，炮兵在此次战役的准备与实施过程中担任了比以往更重要的角色。

法军希望运用这些手段从叙普（Suippes）—阿蒂尼（Attigny）公路两侧突破德军战线，但一开始他们未能使进攻的 3 个军保持同一时间向前推进。由于炮兵一直无法有效地摧毁德军战壕前的障碍物，并迫使德军机枪哑火，到新年之前这次作战行动一直是各军、师分散的零星战斗。经过强大炮火准备后的步兵冲击与

第一次世界大战中的法军炮兵

持续数日的纯炮战交替进行。坑道战和地雷战无休无止，工兵必须迅速得到增援。此外，德军还利用每一次进攻间歇发动猛烈反击，以重新夺回失去的战壕。

新年前后，一支新军（第 3 军）作为预备队，来到法军第 4 集团军战线后方待命，此前的预备队（第 1 军）被推上攻击前线。恶劣的天气与德军的猛烈反击，延缓了进攻意图的实施。法军第 4 集团军的攻势“似乎被分解成了一系列小规模战斗，相互之间看不出什么连贯性，而且各次行动的间歇期也丢失了奇袭的突然性”[①]。军长只能依靠炮兵寻求安慰，“给敌人留下进攻不停歇的印象”。骑兵也被派入战壕，让步兵得以休整，为进攻做准备。法军第 4 军的炮兵也被投入战场。1915 年 1 月 2 日和 6 日的进攻在德军的防御火力下失败。1 月 7 日，德军的反击失败，法军紧接着又在 1 月 8 日和 9 日两天发动猛烈进攻。1 月 10 日和 11 日，德军再次进攻。在 1 月 13 日再次受挫后，法军第 4 集团军司令德朗格勒（de Langle）将军终于决定停止进攻。

① 原注：《伟大战争中的法军》第2卷，巴黎：国家印刷局（Imprimerie Nationale），1931年，第225页。

法军将战果的微不足道归罪于恶劣天气的影响[①]，但我们只能有保留地承认这一点，因为在彼时晦暗的冬日里，天气在双方看来是同等恶劣的。或许更重要的原因是，尽管法军在火炮数量上始终占据显著优势，但还是未能充分清除德军设置的障碍物、压制德军机枪火力和令德军炮兵陷入瘫痪。

由于炮兵的任务未能完成，占据显著优势的法军步兵的进攻也始终徒劳无功。当法军放弃了同时发动统一指挥的全线进攻，转而对特别挑选过的德军阵地进行零星攻击时，这一点尤为突出。尽管法军指挥官开始怀疑其进攻方式的正确性，但他也实在找不到更好的实现目标的办法了，只得不断加大物资投入。连霞飞也表示有必要进行更长时间的炮火准备，以及在更宽阔的正面上部署更强大的兵力。他下令重启进攻，继续进行炮战，同时构筑第二道防御阵地，以遏止敌军可能进行的突破。[②]

对在阵地战中采取何种进攻形式交换过意见后，法国方面最终于 1915 年 1 月决定在相对狭窄的正面，大规模投入纵深配置的步兵，使步兵在炮兵压倒性的火力掩护下发起突击。德朗格勒将军对"大规模投入步兵"的理解就是，在每次主攻时，"每个师至少要投入一个营，在其侧翼进行助攻掩护，以便牵制住整条战线上的敌军"[③]。

这场新攻势的准备阶段为 1915 年 1 月 15—2 月 15 日，实施阶段则时断时续，从 2 月 16 日延续至 3 月 16 日。实施进攻的是前线的两个军，其中一个军得到了一个师的增援，另一个军则得到了一个步兵旅的增援。法军以 155000 支枪、8000 把军刀、879 门火炮（其中重炮 110 门），对抗德军的 81000 支枪、3700 把军刀、470 门火炮（其中重炮 86 门）[④]。

尽管进攻方在实力上拥有两倍优势，但最初几天的战果却相当有限。2 月 17 日，法军第 4 军就已经不得不从预备队序列中被抽调出来。18 日，德军对调整部署的进攻方发动了一次反击，将对方前一日的大部分战果夺回。2 月 22 日，在经过了几次新发动的毫无成果的战斗之后，霞飞将军在给第 4 军军长的信中写道："如果

① 原注：《伟大战争中的法军》，第2卷第231页及下页。
② 原注：《伟大战争中的法军》，第2卷第235页。
③ 原注：《伟大战争中的法军》，第2卷第239页。
④ 原注：德军数据为法方估计。

我们不停地投入这么强大的力量，而且在西线敌军的相应实力降至最低限度的时候，还不能突破敌人防线，就会给人留下一种印象——我们无法突破敌军的防线。这将是件糟糕的事情。”[①] 为此，他还下令坚决继续进攻。

在略微补充了一些步兵之后，进攻于 2 月 23 日继续进行，战果还是小得可怜。

从 2 月 25 日起，法军将 4 个军派上前线，1 个军（第 16 军）担任预备队。2 月 27 日，第 16 军被编入特别组建的格罗塞蒂突击群（Angriffsgruppe Grossetti），也被投入前线。该军只有一个旅于 3 月 7 日参加进攻，其余部队被霞飞作为预备队按兵不动。16 军参与进攻的这个旅得到了 11 个野战炮兵营和 50 门重炮的支援。然而战果还是微乎其微。

1917 年霞飞在美国

① 原注：《伟大战争中的法军》，第2卷第440页。

此时，霞飞终于下定决心，命令投入第 16 军主力，为突破德军战线展开孤注一掷的行动。此次攻势的特别之处在于投入了加强纵深配置的步兵部队，法军从一开始就决心选择狭窄的突击地段，后方部队将迅速轮换前方疲敝的突击部队，接替他们完成接下来持续数日的进攻。这一部署必然与放弃宽阔正面相结合，很容易使防御方在狭窄的突破地段上集中防御力量。

香槟战役的最后一次行动是 3 月 12—16 日的激烈战斗。新投入战场的第 16 军的进展并没有超出几周以来的战果，预备队却被一点一点耗尽。法军第 16 军军长在 3 月 14 日的报告中说得很中肯："如果突击部队在侧翼近距离接触敌人时得不到掩护，那么进攻时就会产生很大的伤亡，且无法巩固获得的战果。"① 也就是说，进攻的正面宽度不足时，兵力投入与战役目标将无法协调一致，攻方可支配的资源也将不及守方可利用的手段。干劲特别充足的格罗塞蒂将军随即提出了针对性措施，建议将指派给他的第一批进攻目标交由 3 支部队，于同期分别发起进攻，然后从已夺取的阵地出发，向北发起更大规模的后续进攻。集团军指挥官批准了这项建议，并计划于 3 月 15 日付诸实施，但在德军的反击下，法军还是未能取得进展。3 月 16 日、17 日，法军又一次只占领了无关紧要的地域，集团军指挥官请求并获准终止此次进攻。4.5 个军和 3 个骑兵师从第 4 集团军的战线上撤了下来，编入了法军预备队。几天之内，战斗已经完全转变为阵地战了。德朗格勒将军依然坚信，"第 4 集团军发起的 32 天进攻，除获得了无可置疑的实质性战果外，还在凝聚部队士气和提升他们赢取最终胜利的信心方面发挥了作用"②。

法军重要的战术教训之一或许就建立在这一事实的基础之上，即他们实际上是在攻击一个在规模和纵深上都不受限制的要塞。由于步兵在进攻时只能缓慢推进，敌人因而可以在失去的阵地后方构筑新的工事，阻碍攻方利用现有战果突破防线。③

法军的实质性战果是 2000 名战俘和一些装备（其中没有一门火炮），占领的战壕与阵地颇为有限，只有 7 千米宽，最大纵深 500 米。为此，法军付出的损失

---

① 原注：《伟大战争中的法军》，第2卷第468页。
② 原注：《伟大战争中的法军》，第2卷第474页。
③ 原注：《伟大战争中的法军》，第2卷第481页。

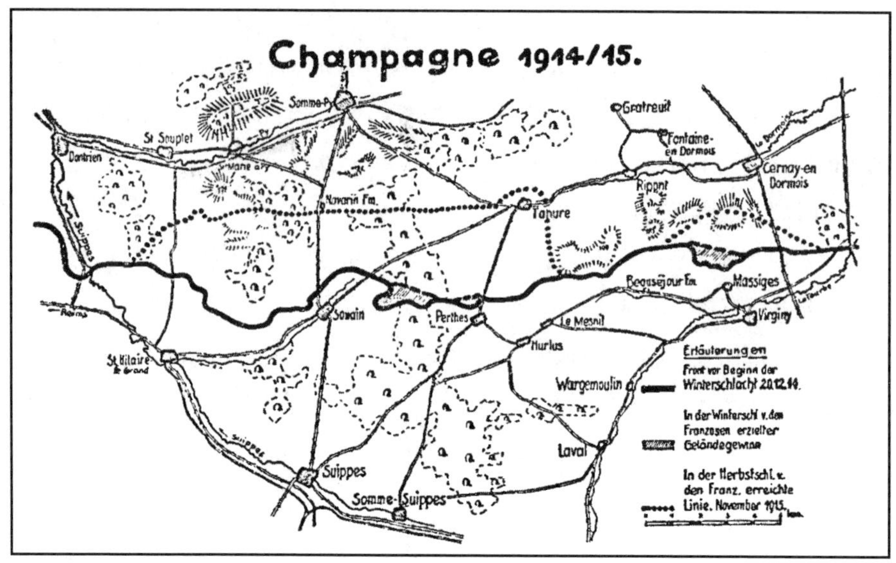

示意图 4

包括 1646 名军官和 91786 名士兵[①]。德军则损失了 1100 名军官和 45000 名士兵，还抓到了约 2700 名法军战俘。德军阵地只有不完备的掩体，缺乏纵深。德军能够顶着敌军实质上超过两倍的兵力优势守住阵地，要归功于部队的勇敢、机枪和火炮的射击威力以及工兵不知疲倦的作业活动。敌军不计代价地投入火炮和弹药，从战斗开始到结束，几乎每一处战场上都是“弹如雨下”，这是此前从未见过的。

双方均在各自的官方战史著作中宣称己方在香槟冬季战役（即第一场“炮战”）中获得了胜利，但事实似乎并非完全如此：法军付出高昂的代价，取得的战果却微不足道；德军虽然最后守住了防线，但不得不面对预备队不足及炮兵实力孱弱的问题，这些问题对能否守住西线至关重要。即便如此，德军依然出色地完成了任务，在这里，我们必须对德军第 3 集团军的表现予以表扬。

这场战役呈现出这样一种现象——即使进攻方拥有至高无上的献身精神，也具

① 原注：《伟大战争中的法军》，第2卷第481页。

1915 年，在敌方领土上运送装备及士兵的奥地利装甲列车

比利时装甲车，1914 年

备兵力和弹药储备的双重优势，却仍旧无法突破工事相对薄弱但防守顽强的阵地，因为防守方总是能够在推进速度缓慢的进攻方扩大初期战果之前便将突破口封锁住。

那么，该使用何种手段来巩固进攻成果？最简单的办法是改进旧的进攻武器：扩大进攻正面，以同时牵制住更多的防御力量，消除来自侧翼的打击；然后动用更多的火炮和炮弹，以完全摧毁敌方阵地和障碍物，令敌方炮兵瘫痪。

更有效的办法当然是投入新式武器。当时出现的此类武器有毒气、装甲车辆与飞机。如果能够出其不意地将一种甚或几种新武器与旧武器结合在一起大规模使用，就能在陷入僵局的战争主要战线——西线取得巨大战果。此外，还要力求保证奇袭的效果，以免出现反制武器；力求确保新武器的大规模使用，以突破敌方战线具有充分战术意义的部分；最后，还要力求部署灵活机动的部队，以充分利用可能战果。提出这些要求很容易，但在实际战争中却很难实现。实际的或臆想的困境会迫使人们过早投入武器；单纯的急躁情绪有时会导致这种错误，有时还会对未经检验的新武器产生不信任感。

鉴于奇袭在战争中不可小觑的作用，如何应用上一场战争中的新武器以及敌人对这些武器的应对策略，都值得好好研究。此外，我们还应探究，通过增加旧武器的数量，交战双方在多大程度上能更接近胜利。

2. 毒气战

我们将视线转回佛兰德。自从 1915 年 2 月法军用枪榴弹发射毒气对付德军后 ①，一种新式武器首次得到应用，这就是以氯气（Chlorgas）的形式出现在大家视野中的军用化学毒剂（Chemischer Kampfstoff）。“应在天气条件有利时在最前沿的战壕中施放毒气，迫使敌军放弃他们的阵地。” ② 从最高陆军司令部到部队的各级指挥官都对这种新武器“并不信任，甚至完全排斥” ③。基于这一原因，德军首先在第 4 集团军部队内部组织了小范围试验。集团军选择了皮尔克姆（Pilckem）高地及其东侧地区作为投放目标，并希望在一切顺利的情况下使法军撤出伊珀尔突出部，从而占领艾泽尔运河。

军用化学毒剂当时主要有两种使用形式：发射炮弹和吹放。由于毒气弹自身有缺陷，又缺少发射药和火炮，将毒气弹发射到目标区域时，可能无法形成足够的毒气浓度。因此，德军选择了吹放罐装毒气作为权宜之计。他们将毒气罐大量放置在前沿战壕一带，在风向有利、天气晴好时开罐施放。这种方法存在一个严重的缺陷——极度依赖风向和天气条件，也正因如此，进攻方往往无法确定进攻时间。这也是德军对此种武器缺乏信任的主要原因。此外，突然的天气变化或敌方炮击摧毁毒气罐，还会对己方造成不可忽视的危害。因此，德军放弃了在加利西亚（Galizien）即将进行的突破战役中大规模使用毒气的打算，而只在佛兰德进行规模有限的测试。

6000 只总重量为 180000 千克的氯气罐被部署在第 23、第 26 后备军 6 千米宽的防线上，此前已经将这些毒气罐安放在更靠东的位置，考虑到风向后才调整到现在的位置上。经过几次推延后，1915 年 4 月 22 日刮起了期盼已久的北风。遗憾的是直到下午时分才起风，原本为拂晓实施行动所做的准备亟待调整。否则，大白天跟在毒雾后方推进的步兵很有可能会蒙受巨大损失，能有效扩大战果的时间

---

① 英译本注：自1912年以来，法国警方可能一直拥有用于平息国内骚乱的催泪瓦斯，尽管他们似乎并没有真正使用过。从1914年起，西线法军都装备了可以用步枪榴弹发射的催泪瓦斯，但我们还是不清楚它是否曾投入使用。可以肯定的是，法军计划在1915年春季大规模使用催泪瓦斯，但德军在4月份就于伊珀尔使用了氯气，打了法军个措手不及。法军计划使用的催泪瓦斯（可能已经小规模使用过）虽然是无毒的，但仍然存在违反其在1899年海牙和平会议所签署的协议的可能性。但是，在指责法军于1915年2月使用氯气时，古德里安似乎错误地将发动真正的毒气战的责任从德军转嫁给了法军。他到底只是弄错了，还是故意撒谎，抑或轻信了德国对这一话题的宣传，已无从考证。现代学者无疑认为是德国人首先使用的氯气。参见爱德华·斯皮尔斯（Edward Spiers）的《化学战》（Chemical Warfare），麦克米伦（Macmillan），1986年，第14页；L.F.哈伯（Haber）的《毒云》（The Poisonous Cloud），牛津，1986年，第1—40页。

② 原注：《帝国档案馆》，第7卷第53页。

③ 原注：《帝国档案馆》，第8卷第38页。

1915 年战场上使用的毒气弹

也不够。德国时间 18 时,德军工兵打开了毒气罐的阀门。在每秒 2—4 米的风速下,一团 600—900 米宽、将近一人高的亮黄色浓密云团朝着法军第 87 本土师、第 45 步兵师的战壕，及东侧与之毗邻的加拿大师左翼飘去。对方惊慌失措，胡乱放了几枪后即遭受惨重损失，随即逃离阵地。敌军共损失 15000 人，其中 5000 人阵亡。2470 名战俘（其中 1800 人未负伤）、51 门火炮（其中 4 门重炮）、70 挺机枪落入德军手中。200 名中毒战俘中，有 12 人死亡，死亡率仅 6%。

傍晚之前，德军就已经夺占了 11 千米宽、超过 2 千米纵深的土地。在艾泽尔运河与圣于连（St. Julien）之间，撕开了一个约 3.5 千米宽的口子。可惜第 4 集团军只有部署在豪特许尔斯特的第 43 后备师一半的部队能够被用来扩大这一美妙的战果。该师退却过远且过于薄弱，无法迅速把握眼前的良机。随后的几天里，起初的战果随着一再重复使用毒气而被扩大，最后迫使英军从伊珀尔突出部的大部分地区撤出。到 5 月 9 日战斗结束前，德军夺占了约 16 千米宽、超过 5 千米纵深的土地。敌军再未出现恐慌，他们非常迅速地戴上了应急制造的面具进行防护。进攻方此后的损失反而有些许上升。

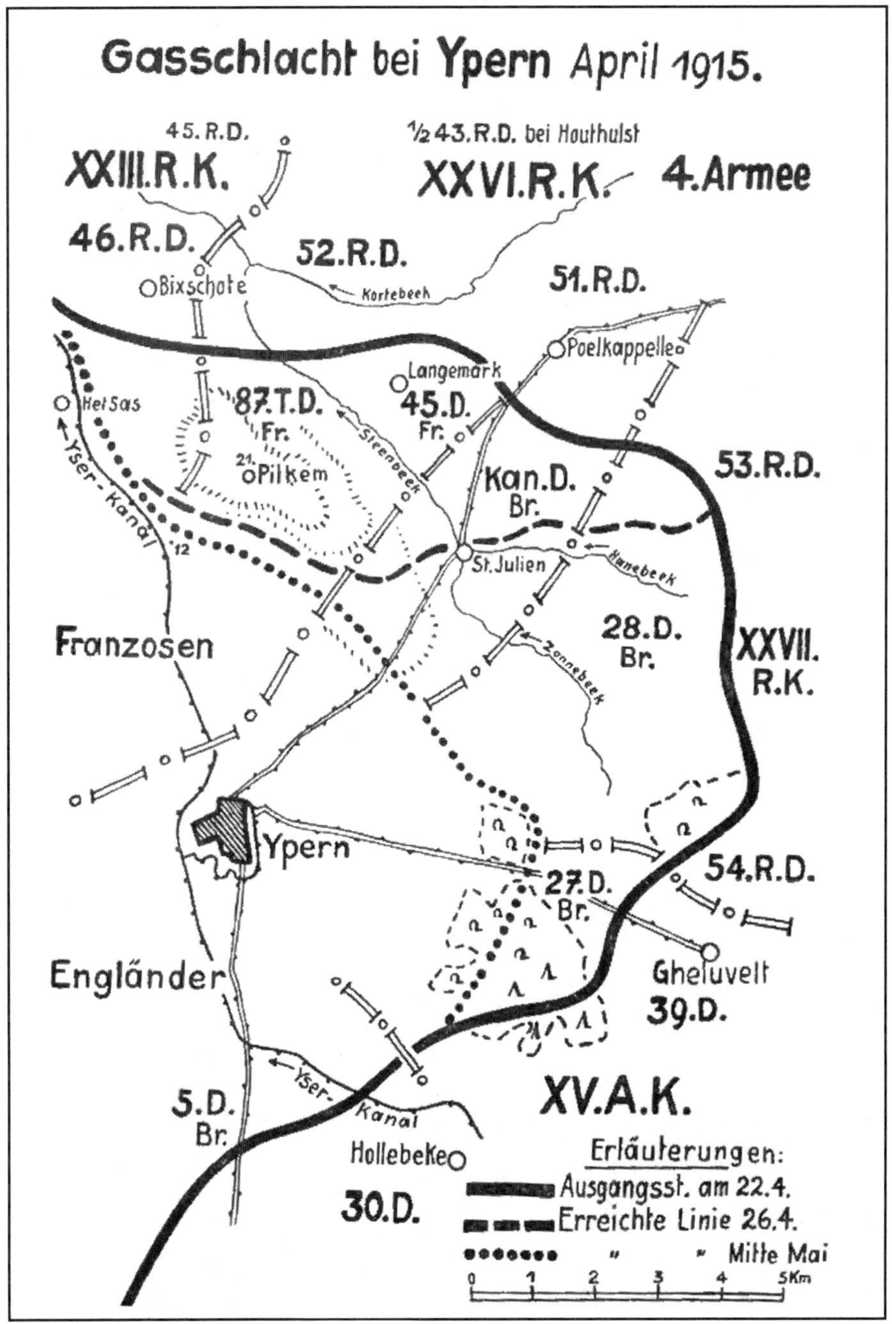

示意图 5：1915 年 4 月的伊珀尔毒气战

在 13 天的进攻中，德军共损失 35000 人，敌军损失约 78000 人。

在我们对比第二次伊珀尔战役与香槟冬季战役的伤亡情况、占领土地以及缴获物资的数目之后，就会发现，即便面对久经战阵、骁勇善战且装备现代的敌军，出其不意地使用新式武器带来的效果依旧非常明显。遗憾的是，由于德军对新武器缺乏信心（本身是可以理解的），未能保持足够数量的预备队，导致我军无法迅速利用并扩大战果。未来已不再可能通过新武器本身来达到出其不意的效果了，而只能通过选择投放地点、时间以及毒气种类、数量（浓度）来实现这一目的。尤其是将新式武器和已熟悉的旧式进攻方式(Angriffsverfahren)结合在一起使用时，并不排除会产生尚未妥善利用的战机。同时，我们也必须考虑敌人采取防护措施的情况。不久后，敌人势必会使用军用毒剂，而毒气本来也存在反噬己方部队的危险，因此考虑这一点很有必要。

因为吹放方式不可靠，又有新的使用方式被发明出来：用火炮或特制的发射器发射技术日趋成熟的毒气弹。这样就产生了一种武器，不需要直接命中或破片

德国士兵准备发射毒气弹

1916 年佩戴着简易防毒面具的法军士兵

戴着钢盔和防毒面具的德军

约翰·辛格·萨金特（John Singer Sargent）画作，反映毒气战所造成的伤害

杀伤就能对特定区域造成污染，使置身其中的生物丧失行动能力。这样一来，压制敌方炮兵（敌我双方在香槟冬季战役时都未能做到）的机会再度出现。

人们通过防毒面具找到了抵御毒气伤害的办法。佩戴防毒面具虽然会给战士带来不便，但及时佩戴绝对能立刻为其提供防护。因此，人们又开始思考如何加强毒气的效果，比如找到一种能够穿透防毒面具呼吸装置的物质，通过对敌人眼睛和呼吸器官的刺激，迫使他们摘下面具。

最初使用军用毒剂是为了降低进攻难度，因而毒性非常短暂。然而没过多久，战斗人员就开始使用长效军用毒剂，这种毒剂能够在一定时段内污染目标地域，有助于防御。其中有代表性的毒剂就是所谓的“黄十字毒气”（Gelbe Kreuz），也称为芥子气（Senfgas, Lost）。短时间内，军用化学毒剂就成为战场上不可或缺的武器。

军用毒剂与防毒面具及其他防护手段之间的对抗，让人想起了火炮与装甲之争，斗争双方都同样此消彼长，同样坚持不渝。进攻方与防御方各取所需。最后，飞机空投再次扩大了军用毒剂的作用范围。[①]

---

① 英译本注：关于一战中化学战的最详尽的现代论述散见于哈伯的《毒云》。

第三章
坦克的产生

1. 英国

由于对机枪和铁丝网的防御力印象深刻，个别英国军官[①②]在1914年10月就已经考虑以“霍尔特·卡特彼勒拖拉机”（Holt-Caterpillar-Traktoren）为模板制造一台装甲车辆。不间断的履带式驱动装置将使该车碾过障碍、跨越战壕，并以防弹装甲包裹的武器向敌射击，摧毁此前一向坚不可摧的敌方机枪，为己方步兵创造不用付出难以承受的流血牺牲，就能通过空旷地带的机会。与德军采用军用化学毒剂的办法不同，英军独辟蹊径。而在德军的办法迅速得到运用的同时，英军的想法必须首先成型并付诸实践。然而，这需要很长时间。

大权在握的陆军大臣基奇纳勋爵（Lord Kitchener）一开始否决了这个“机枪终结者”的想法。这位恩图曼（Omdurman）[③]会战——这场战役首次使用了机枪这一致命的自动装填武器——的胜利者，似乎在战争事务的压力下忘记了机枪的毁

---

① 原注：这一章的数据主要引自E. D. 斯温顿少将（Generalmajor Sir E. D. Swinton）的《目击者》（Eyewitness），伦敦：霍德和斯托顿出版有限公司（Hodder and Stoughton Limited.），1932年，第80页及后续几页。

② 英译本注：古德里安几乎完全依赖于斯温顿的论述，这确实导致他对坦克产生的叙述存在着一些缺陷。斯温顿是最早提倡使用履带式越野装甲车辆支援西线进攻的人士之一。但古德里安没有充分明确的是，坦克在英国的发展实际上与斯温顿的关系不大。陆军部任务过重，国防部长基奇纳勋爵其实对斯温顿的构想并不感兴趣。经过几次相当敷衍的试验后，陆军部放弃了这个想法。海军部在海军大臣温斯顿·丘吉尔的坚持下，组建了一个委员会。坦克最初被称为“陆地战舰”，其早期发展是在该委员会的支持下进行的。斯温顿对这个委员会一无所知，直到它的工作走上正轨。这个故事的海军版本散见于海军少将默里·休特（Murray Sueter）爵士的《坦克的演变》（The Evolution of the Tank），哈钦森（Hutchinson），1937年。

③ 原注：在1898年上尼罗河的恩图曼会战中，英军在基奇纳勋爵的指挥下，击败了马赫迪（Mahdi）的军队。

第一次世界大战时期的丘吉尔

灭性威力。基奇纳忘了，在战争结束后不久，他就对英国人将会面临的情况表示了担忧，他们将被要求与敌人的机枪对抗，就像他们没有防护的本土敌人一样。布尔战争（Boer War）的经验也没有使英军的指挥官对机枪的威力产生什么深刻的印象。直到世界大战时，他们才认识到机枪的价值。

1914 年 12 月，一份备忘录被呈递给阿斯奎斯（Asquith）首相，其主要内容是建议军方制造履带式装甲机枪运载车。第一海军大臣温斯顿 · 丘吉尔得知了这份备忘录，当时他非常前卫地力主用装甲汽车保卫敦刻尔克（Dunkirk）的海军航空兵基地，而且想为只能在公路行驶的轮式车辆加装架桥装置，以跨越被德军摧毁的公路和战壕。丘吉尔建议按照霍尔特·卡特彼勒发明的动力系统制造配备装甲、

1916 年法军阵地上爆炸的地雷

机枪与乘员的蒸汽驱动车辆。[①] 这一计划赢得了陆军部要塞与工程司司长的支持，这样一来，这种新式战争机器的支持者圈子逐渐扩大。

与此同时，英军对新沙佩勒（Neuve Chapelle）与拉巴塞（la Bassée）发起的攻势也在铁丝网和机枪火网面前受阻。英国人忙于集中大量部队、火炮和弹药，

① 英译本注：此处古德里安的叙述有点歪曲事实。丘吉尔确实很早就是某种装甲越野车辆的爱好者，也支持将这种车辆作为解决攻击战壕问题的手段，并且知道“卡特彼勒拖拉机”的存在。然而，他缺少详细的工程知识，也并没有特别推荐“卡特彼勒”系统。但作为海军大臣，他能够调动那些技术知识远超自己的人来解决问题。其成果就是由沃尔特·威尔逊（Walter Wilson）成功设计的“长菱形陆地战舰”，该车辆采用了威廉·特里顿（William Tritton）设计的履带。对英国坦克起源的有用而简洁的叙述，可见大卫·弗莱彻（David Fletcher）的《陆地战舰》（Landships），HMSO, 1984年。

准备发动新的攻势。英军就像恩图曼的苏菲派托钵僧式的教徒那样英勇。用施利芬的话说，这是一场“拿着刺刀的士兵与飞舞的弹雨、靶子与神射手”[①]之间的战斗。结果是双方都设立了更宽阔的障碍区，挖掘了更深的战壕和掩体。战争越来越类似于围城战，双方战斗人员在宽阔的战线上挖掘坑道，展开了坑道战。

1915 年 6 月初，时任工兵中校的恩斯特 · D. 斯温顿就向英国陆军部递交了一份关于建造和使用“机枪终结者”的备忘录。6 月 22 日，备忘录由陆军元帅约翰·弗伦奇（John French）转呈英国陆军部。这份文件已经大致包含了后来坦克原型车最重要的技术和战术要求，并特别指出了保密和大规模进攻时奇袭的重要性。“在制造完成前，它（坦克）的存在不应为外界知晓。不应该用少数几台车辆进行预备性的测试，这样会让方案泄露，导致计划前功尽弃。”[②]

其实在 1915 年 2 月，英国陆军部便在一次使用满载的“卡特彼勒拖拉机”跨越障碍的测试失败后，用一句我们并不陌生的说法驳回了建造“陆地战舰”（Landschiffe）的计划——“绝无可能”。但受斯温顿备忘录激励的陆军部还是决定再度行动。皇家海军也在继续努力，与新成立的弹药部共同合作进行后续开发。

在 1915 年 9 月的一次试验中，代号为“小游民”（Little Willie）的试验车（它并没有按照斯温顿制定的新标准进行制造）测试失败。同时，又有一辆更具前景的木制新模型车可供检测。这便是一年后首次在前线亮相的马克 I 型（Mark I）坦克的前身。它由威廉 · 福斯特公司（W. Foster a.S.）依据威尔逊（Wilson）中尉的参数制造。它已经具备了著名的菱形外廓、前端凸起的转向轮以及包裹整个侧面的履带。军方使用德军机枪和弹药对钢板进行了射击测试，并且模拟德军防御阵地的障碍物，勘测并建立了一块试验、训练的场地。1916 年 1 月，该车的首次行驶及射击试验成功。由于坦克炮塔中安装的是英军从德军处缴获的 50 毫米火炮，英国人因而特别担心德军会采用具备穿甲能力的小口径火炮来提高部队的反坦克能力。英国人也由此开始考虑反制措施。英国海军以“装甲汽车中队”的番号编成了装甲部队。最后，这种新武器的代号终于在这一时期产生，也就是很快闻名

---

① 原注：施利芬，《坎尼》（Cannae），载于《部队指挥与军事历史季刊》（Vierteljahrshefte für Truppenführung und Heereskunde），1910年，第205页。

② 原注：斯温顿，《目击者》，第80页及以下几页。

世界的称呼——“坦克”（Tank）。

1916 年 2 月 2 日，第一辆坦克在一群显赫人物——其中包括基奇纳勋爵、鲍尔弗（Balfour）和劳合·乔治（Lloyd George）——面前进行了展示。文官们非常兴奋，基奇纳勋爵却依然心存疑虑。他不相信靠这种容易成为敌军炮兵靶子的机器就能赢得战争。不过，这种新武器还是得到了前线代表们的青睐。

就在同一个月，不知疲倦的斯温顿又完成了一份坦克未来使用的备忘录。由于内容清晰，并且预见了未来的发展，这份备忘录至今仍有价值。在此摘录这份文件中的一些观点：[①]

> 由于坦克进攻的成功希望建立在新颖与奇袭等要素的基础上，重复参战显然不能获得初次亮相那般出其不意的效果。因此，这种武器不应当逐次投入（例如按照其交付的数额），而且应当尽量隐瞒其存在的事实，直到所有坦克都做好准备配合突击步兵发起一次大规模协同作战。
>
> 无论是逐步发起进攻，在炮火准备之后进行极为有限的推进，巩固占领的阵地，接着在必要的休整之后再对下一条敌人战线进行新一轮炮火准备，然后又对有限的目标发起下一轮冲锋，以此类推；还是发动猛烈进攻，以大规模冲锋突破敌人防区，都完全取决于总指挥官的决定以及全局的战略要求。但是逐步推进显然有一个缺点，那就是会给敌军留下增援受威胁地段的时间，因此不是一种值得推荐的方式。采取这种方式是被迫的，因为我们无法借助现有的步兵辅助武器，甚至通过大量流血牺牲，来突破敌军用机枪和铁丝网守备的多道防线（我军炮兵只能充分破坏其中的第一道防线），杀出一条血路。
>
> 然而坦克不仅具备突破多条相对完好的防线的能力，而且进攻速度越快、受到阻碍越少，其保持足够强的战斗能力的概率就越高。因此，在一日内突破敌军抵抗区域的方案今后将有可能被视为可行。[②]

---

① 英译本注：这份文件——“坦克使用笔记”（Notes on the Employment of Tanks），1916年2月，被全文引用于斯温顿的《目击者》，霍德和斯托顿，1932年，第198—214页。可在伦敦国王学院的利德尔·哈特军事档案中心（the Liddell Hart Centre for Military Archives, LCMH）的斯特恩文件集（the Stern Papers）中查阅。

② 原注：斯温顿的《目击者》，第80页及后续几页。

斯温顿声称，在地形有利的情况下每日推进12英里（约合19千米）是可行的。他将进攻目标设定为清除敌军炮兵，并要求将进攻准备扩展到分布广泛的运动战目标上。他正确地认识到，炮兵是这种新武器的主要敌人。因此要求己方炮兵和飞机加以压制。毒气和烟幕的使用也已经得到了探讨。

对德国人来说，幸运的是，英方并没有从一开始就按照这些建议行事。在成功的试验和展示之后，英军陆军部起先只订购了40辆坦克。在斯温顿闻讯抗议后，陆军部又立刻提交了100辆坦克的订单，交由弹药部生产制造。

在1915年和1916年交替之际，这个新兵种以“摩托化机枪部重装备分队”（Heavy Section of the Motor Machine Gun Service）的名义在比斯利（Bisley）的西伯利亚军营（Siberia camp）成立，由已成为上校的斯温顿指挥。3月初转来了一批受过部分机枪操作训练的军官和士兵，其中大部分人的载重汽车技术知识都相当丰富。已经投入坦克研发工作的两位中尉斯特恩（Stern）及威尔逊（Wilson）均被晋升为少校。

到4月，等待生产的坦克数量已增加到150辆，其中75辆各装备了2门火炮和3挺机枪，另外的75辆只配备了机枪。它们也因此分别被称为“雄性”和“雌性”坦克。除榴弹外，还为坦克炮配备了在近战中使用的霰弹。

这个新兵种最初由6个连组成，每个连25辆坦克。第一辆坦克还没开动之前，驻法英军新任司令道格拉斯·海格（Douglas Haig）爵士就要求将这批坦克投入计划中即将对索姆河发动的攻势。将尚未成熟的新式武器逐次投入的危险，以及由此产生的丧失奇袭效果的危险都出现了。①

与此同时，建立坦克部队的工作继续向前推进。另外，后来颇具声名的马特尔（Martel）上尉受命在埃尔夫登（Elveden）建立一个训练场。3个工兵营花了6周时间仿建了索姆河的一段阵地，宽1.5英里（约合2.4千米），纵深包含英军第一道防线和支援线，一片无人区以及布满障碍、弹坑等附属设施的德军第一、第二、第三道防线。

---

① 英译本注：1916年时，没有人拿在坦克问题上不愿意运用新技术来反对海格。古德里安指责他使用坦克时急躁的说法源于斯温顿，而且更有根据。有兴趣进一步探索海格在1916年对坦克态度的读者可参考的相关文件是：海格致陆军部（Haig to War Office），1916年2月9日和1916年5月1日，WO 32/5754和海格致陆军部，1916年10月2日，WO 158/836，公共档案馆（PRO），裘园（Kew）。

1916 年 7—11 月，在索姆河战役中缴获的德国 57 毫米口径马克西姆·诺登费尔特（Maxim-Nordenfelt）火炮

摩托化重机枪组，一名驾驶员，一名机枪手

左边是无线电，右边是发电机，两个士兵以踩单车方式发电，1917 年

英国人进行了通过无线电传递信息的试验，测试了一部信号范围约 3 英里（约合 4.8 千米）的电台，并且试图通过信号灯与飞机建立联系，但未成功。坦克之间则计划通过金属盘以及小旗相互联络。安装罗盘以维持行进方向的工作是在海军的指导下完成的。

从 6 月初开始，组装完成的坦克抵达埃尔夫登，开始训练。与此同时，索姆河前线的英军指挥部再次使用老旧的、多次被证明是无效的战术，让步兵集团向铁丝网和机枪发动冲锋。尽管投入炮兵的规模前所未闻，但此次由 6 个军实施的大规模进攻取得的战果几乎不值一提。

6 月底，英军坦克部队迎来了法国坦克创始人艾蒂安（Estienne）上校的访问。他恳请英方在法军坦克就位之前不要派出这些坦克，以保证取得出其不意的效果。

首批 150 辆坦克即将完成测试之时，出现了一个问题：是否应当下令再制造一批新坦克，以避免出现生产停滞及由此带来的诸多不利因素。然而，英军统帅部却希望在新的订单下达之前能先用少量坦克积累一些作战经验。此外，他们心

1916 年 9 月 25 日，蒂普瓦尔(Thiepval)附近的英国马克 I“雄性”坦克

马克 I

下图：马克 II

马克 V“雄性”坦克

一战时的英国重型坦克

德国人开着一辆俘获的英国坦克碾倒一棵树继续向前推进

目中的首要任务是在索姆河取得胜利，以扭转此前索姆河战役损失如此巨大，战果却微不足道的不良印象。因此，半个坦克连于 8 月中旬抵达前线，另外的半个连随后跟进。分散投入就此开始。紧接着，由于可能会干扰其他无线电台，英军统帅部下令停止在坦克上安装无线电设备。由于有引发火灾的危险，定向气球也被禁止使用。这样一来，妨碍管理这一新兵种的规定不少，有助于管理的倒是不多。

1916 年 8 月，第一个坦克连抵达战线后方后，不得不首先满足各级官兵的好奇心，这产生了提前损耗的危险。9 月 13 日，第二个坦克连在法国亮相，距离上战场只有两天时间，此后半个连的官兵只有一天时间进行射击训练。第三个连队在 9 月 14 日抵达法国。9 月 15 日，两个先抵达的连队已经参加了对索姆河的进攻——已经没有时间等第三个坦克连了！

英军试图用 32 辆坦克为已持续 10 周的索姆河战役注入新的活力。首次使用坦克的成果是一份生产 1000 辆坦克的订单。①

大约在开始大批量生产坦克的同时，功勋卓著的坦克支持者——斯温顿上校被冷落了。埃利斯（Elles）上校接任前线坦克部队指挥官，一位前步兵旅旅长②接受了组建和训练新编队的任务。

2. 法国

和英国人的情况一样，在阵地战蔓延到整个西线之后，法国人中也只有一小部分名流得出结论——仅仅继续加强使用既有的战争手段，很难令人满意地回答战争中一个至关紧要的问题。这个问题就是：什么是打击力？③

法国人没有依靠英国人就同样很迅速地有了想法，即以任意形式利用载重车辆冲破铁丝网障碍。议员 J. L. 布勒东（Breton）和布瓦森（Boissin）少校共同研制了一种 4 吨重的铁丝网切割机，在 1915 年 7 月 22 日的试验中取得了一定进展。随后，工兵的技术部门尝试将拥有 45 马力发动机的“菲尔茨”（Filtz）农用拖拉机

① 英译本注：1000辆坦克的订单见：海格致陆军部，1916年10月2日，WO 158/836 (PRO)。

② 英译本注：古德里安指的是F. G. 安利（Anley）将军。见J. F. C. 富勒（Fuller）的《一位非常规军人的回忆录》（Memoirs of an Unconventional Soldier），尼科尔森和沃森（Nicholson and Watson），1936年，第112页。

③ 原注：引自冯·海格尔（von Heigl）的《法意重型坦克》（Die schweren franzosischen Tanks;die italienisch Tanks），柏林：艾森施密特（Eisenschmidt）出版社，1925年。

改装成机枪运载车。然而，1915 年 8 月对 10 辆样车进行的实际测试表明，该车的越野能力太差。

直到 1915 年 8 月初，时为上校的第 6 师炮兵指挥官艾蒂安在前线目睹英国人用于拖曳重炮的履带式拖拉机（即上文中提到的“霍尔特·卡特彼勒拖拉机”）之后，法国人在这一方向上的努力才有了突破。这次见闻使上校产生了制造履带驱动的装甲车辆的想法。

在此前的两封信石沉大海后，艾蒂安上校于 1915 年 12 月 1 日第三次给法军总司令霞飞将军打报告。这份文件称 :“这一年来，我很荣幸两次写信给阁下，提请您高度关注机动装甲车辆的运用，以便于步兵顺利推进。上一次攻势促使我关注到了以不断增强的兵力进行此类协同作战所具备的无可比拟的价值。重新彻底分析这一问题的技术和战术条件后，我认为有可能制造一种由发动机驱动的车辆，它能以超过 6 千米的时速运输全副武装的步兵及火炮冲破障碍和敌军火力拦阻。”

于是，1915 年 12 月 12 日，艾蒂安受到了霞飞的总参谋长雅南（Janin）将军的接见。他在汇报中阐明，为了取得胜利，必须同时投入大量坦克，因为只有这样才能确保行动完全出乎敌人意料。他被准假去巴黎，说服权威机构（尤其是战争部）接受他的想法，并寻找愿意承担生产坦克风险的工业家。雷诺（Renault）起初予以回绝，但是艾蒂安联系上了施奈德（Schneider）工厂的工程师布里耶（Brillié），并且以这项工作的紧迫性说服了他。因为施奈德工厂反正要用“卡特彼勒拖拉机”作为火炮牵引车进行测试，所以布里耶愿意接手这个项目。在施奈德工厂首席工程师德卢斯（Delouse）和厂长库维尔（Courville）的帮助下，短短几天时间内就绘制出了设计示意图，确保大批量生产能够迅速进行。虽然在“汽车服务部”（Direction des Services Automobiles）被再次进行的“卡特彼勒拖拉机”测试耽搁了一些时日，艾蒂安还是在 1916 年 1 月受到霞飞的亲自接见，并说服对方接受了自己的想法。成果是法国战争部下达的 400 辆坦克的订单。

值得一提的是，艾蒂安此后就被专业机构冷落了。他在凡尔登前线重操旧业，困在那里达数月之久。

不过，战争部把第二批 400 辆坦克的生产订单交给了施奈德公司的竞争对手——圣沙蒙（St. Chamond）工厂，其负责人是大名鼎鼎的里迈卢（Rimailho）中校。圣沙蒙坦克明显比施奈德坦克大很多，重量约是后者的两倍，前端配有 1 门野战炮，此外还有 4 挺机枪。

1916 年 6 月中旬，法国陆军总司令部获悉英国也在制造坦克。他们现在想起了艾蒂安上校，并派他前往英国观摩对方制造的坦克。我们已经知道，艾蒂安立刻四处奔走，确保奇袭效果，并且等到英法两国同时能够迅速大规模投入坦克时再投入这种新武器。从英国返回后，他制定了一份双方大规模联合使用坦克的行动计划，内容和 1918 年实际实施时差不多。然而，英国人并没有耐心一直等到法国人跟上他们的进度。

第一批坦克即将完工时，艾蒂安却被任命为新成立的“突击炮兵”（Artillerie d'assaut）的指挥官，该单位隶属于汽车事务部。尽管他当时已被擢升为将军，但人们还是认为他遭受到了“解雇”的不公正待遇。

1916 年 8 月 15 日，首批坦克部队在马尔利勒鲁瓦（Marly-le-Roi）附近的特鲁恩费尔堡（Fort Trou d'Enfer）集结。这支部队的成员由刚从枫丹白露（Fontainebleau）完训的年轻军官和同样缺乏经验的士兵组成。其中很多人是从未见过装甲车辆的骑兵。他们必须先在沙隆（Chalons）和吕镇（Rupt）的载重汽车学校接受驾驶训练。9 月，施奈德和圣沙蒙生产的第一批坦克抵达。工作开始。没过多久就开设了第二

法军施奈德坦克

涂装迷彩图案的早期施奈德坦克

圣沙蒙坦克早期型号

圣沙蒙坦克

测试中的施奈德坦克

个和第三个训练中心，分别位于奥尔良（Orléans）附近的塞尔科泰（Cercottes）和贡比涅（Compiègne）森林南侧的尚普利安（Champlien）。

艾蒂安将 4 辆坦克编为一组，4 组编为一个群，由一名上尉或少校来指挥；几个坦克群再组成一个集群（“Groupement”）。第一个施奈德坦克群组建于 1916 年 12 月，第二个组建于 1917 年 1 月。

仓促之下形成的不成熟的设计方案尚有诸多技术缺陷必须克服。除此之外，起初选定的装甲厚度已经被证明只能抵御普通的德军高爆弹（S-Geschoß），抵挡不住钢芯穿甲弹（SmK, Spitzgeschoss mit Stahlkern）。因此，立刻提高装甲厚度至关重要。这样一来,无法按期交货就一点儿也不奇怪了。圣沙蒙坦克的问题尤其严重，它的履带太窄，无法充分分担沉重装甲的压力，坦克容易陷进松软地面无法动弹。这样一来，1917 年的春季攻势只好基本上采用施奈德坦克。

第一次投入战斗之前，艾蒂安就已经认识到，目前法军的两种坦克过于笨重。因此，他计划制造更为轻便快速的坦克，使其最高重量不超过 5—6 吨，携带 1 挺机枪或 1 门轻型火炮。1916 年夏天，他再次拜访工业家雷诺，这一次顺利地说服对方接受了自己的方案。到 1917 年 3 月，雷诺已经可以展示其著名的、异常成功的原型车了,并且于 5 月获得了 1150 辆的订单。其中 650 辆计划装备 37 毫米火炮，其余的坦克则装备机枪。而在艾蒂安的呼吁之下,订单于 10 月又被增加到 3500 辆,并且分别由雷诺(1850 辆)、贝利耶(Berliet,800 辆)、施奈德(600 辆)、德洛奈－贝尔维尔(Delaunay-Belleville,280 辆)四家公司生产。除此之外,还应美国人的建议生产了 1200 辆,另外还生产了 200 辆配有无线电的坦克。轻型坦克(Chars légers)编制与中型坦克不同,每个坦克连下辖 3 个坦克排,每排 5 辆坦克,共 15 辆坦克,还有 10 辆坦克作为预备队。

尽管如此,我们还是认为法国坦克是超前的。在"突击炮兵"的头三分之一订单尚未交付之前,和此前的英军一样,法军前线也响起了对坦克的呼声,军方高层对此无法再视而不见。

1917 年 3 月,在伯夫赖涅(Beuvraignes)一带发动坦克进攻的作战构想由于德军撤退到兴登堡防线(Siegfriedstellung)而告吹。此后,1917 年 4 月 16 日,法军坦克终于在埃纳河(Aisne)接受了战火的洗礼。①

法国轻型坦克雷诺 FT-17,第一辆"现代"坦克,第一次世界大战时期最成功的坦克,也是世界上第一款安装旋转炮塔的坦克,共生产了 3500 辆

① 英译本注:古德里安对法国坦克早期发展的描述似乎主要来源于法国官方战史和迪蒂的《突击坦克》。目前仍然没有关于法国在一战中发展和使用坦克的英文学术论述。

前进中的雷诺 FT-17

隶属加拿大军队的雷诺 FT 坦克

一战时期美国装备的法国雷诺 FT 坦克（前）和英国 Mark IV“雄性”坦克（后）

法国战役中两辆进攻中的坦克，1917 年

1917 年 9 月 5 日，比利时霍赫斯塔德（Hoogstade），法军装备的旋风铁道炮

3. 初试身手、失误与反思

在对协约国战线后方的活跃状况进行了一番考察之后，我们再将目光转回到西线的战事上来。鉴于此前“冬季战役”的经验，法军对“香槟秋季战役”做了长达数周的周密准备。在阿图瓦（Artois）地区的英军也是如此。与此前进攻方式差异最明显的地方在于：动用了实力显著增强的炮兵部队；弹药需求量猛增；炮火准备时间延长；还对战线后方实施了延伸射击。大量飞机承担了指示炮击的任务。

9 月 22 日，法军开始集火射击，25 日进攻开始。德军 1823 门火炮迎击敌军的 4085 门。[①] 在香槟地区前线，德军 6 个师面对法军 18 个师；在阿图瓦地区前线，德军 12 个师迎战英法联军 27 个师。敌军拥有强大的预备队，而德军的预备兵力则十分有限。在一场猛烈炮击过后（在香槟地区使用了毒气弹，阿图瓦的英军在毒气掩护下发动了进攻），敌人发起冲锋。进攻方第一天在两个战场上都取得了一些突破，在香槟地区的塔于尔（Tahure）至纳瓦兰—费尔姆（Navarin–Ferme）之间突破纵深最远达 3—4 千米，在阿图瓦地区的卢斯一带则最远推进 3.5 千米。尽管德军由于预备队兵力劣势明显而遭遇重大危机，但总体而言，协约国一方在这两个战场还是未能实现预定的突破企图。因此，战役又大部演变成零星战斗持续下去，在阿图瓦持续到 10 月 13 日，在香槟则持续到 10 月 14 日。防御期间，德军消耗了 3395000 发炮弹，损失 2800 名军官和 130000 名士兵。敌军则发射了 5457000 发炮弹（其中仅包含英军炮火准备阶段消耗的弹药量，而战役期间的弹药消耗量不详）。协约国方面伤亡 247800 人，占领的土地与这一损失完全不成比例。

敌人从这些战役中得出了一个战术结论：“未来很难一次性突破敌军防线，但是一系列前后相继的作战行动也许能够达成目的。”[②] 此外还必须继续提高炮兵和弹药的投入量，但是对军用毒气的威力没有清楚的认识。发动跳跃性攻势，将其拆分为一系列单个行动的意图符合防御方的要求，因为这样攻方便放弃了大规模的奇袭作战，给守军留出时间在遭受攻击的战线后方组织预备队，并建立新的防御阵地。盟军努力使自己相信，用这种方式可以逐渐歼灭敌人的预备队，最后迫使敌人消耗殆尽，阵地随即得到突破。因此，炮战就降格成了消耗战或物资战。最

---

① 原注：《帝国档案馆》，第9卷附件1。

② 原注：《帝国档案馆》，第9卷第101页。

戴防毒面具的澳大利亚步兵，伊珀尔，1917 年 9 月

高陆军司令部的思路也基本上与此相同，并且在 1916 年春季突袭凡尔登要塞失败后试图将这一思路付诸实践。“加速夺取凡尔登要塞的决定是基于各型重炮已经证实的威力，为此必须选定对我们最有利的攻击地域，成功之后再投入足够多的火炮，使步兵能够一举突破。”此次拥有“决定性力量”的进攻起初只在马斯河东岸进行，

前往凡尔登的法军骑兵，此时他们正在蹚过一条河

之后也只朝洛林高原（Côtes Lorraines）东北角发展。[①]

1200门弹药充足的火炮准备就绪。尽管有着“突袭”的意图，但进攻刚一开始就呈现出逐步推进的方式。而最高陆军司令部提出的要求则是“进攻绝不能陷入胶着，不给法军任何机会，使其在后方阵地重新部署，在一度被突破后再次组织防御”。二者构成了令进攻部队叫苦不迭的矛盾。最高陆军司令部和各师下达的进攻命令由于指令本身的缘故并不一致。德军取得了超出总部预料的胜果，于2月25日——进攻第五日——攻下杜奥蒙（Douaument）堡。这要归功于部队的战斗热情，他们承担了自身目标之外的任务。第24勃兰登堡步兵团的豪普特（Haupt）上尉、冯·布兰迪斯（von Brandis）中尉及拉特克（Radtke）预备役少尉无视上级

① 原注：《帝国档案馆》，第10卷第58页。

指示的当日目标与作战地域，自行决定攻克这座强大的要塞。

这场攻势至此达到高潮，消耗战取代了“加速夺取”。大获全胜的第 3 勃兰登堡军后方已经没有可用的预备队了。2 月 26 日，第 5 军请求增援并借此将攻势扩展到马斯河西岸的作战方案遭到否决。2 月 27 日，进攻部队明显已经精疲力竭。敌军抵抗加强，伤亡增加。此前 7 天里，德军在 25 千米宽的正面上损失了 25000 人，推进了 8 千米，掳获 17000 名战俘和 83 门火炮，但此后只能逐步向前推进，付出的代价与取得的战果再也不成比例。即便战事于 3 月初便扩展到马斯河西岸，6 月 23 日还在弗勒里（Fleury）发射了大量毒气弹，也没能取得决定性的战果。

在物资战无休无止地僵持了 4 个月后，敌军集结了出乎意料的强大兵力在索姆河地区发起进攻。凡尔登消耗战令人毛骨悚然地摧残着残存的德军步兵骨干，动摇了其对上级的信心。最后，德军在凡尔登投入了 47 个师（其中有 6 个师轮战两次），炮兵发射了 14000000 发炮弹，俘虏 62000 人，缴获 200 门火炮。法军在同一时段投入了 70 个师（其中有 13 个师轮战两次、10 个师轮战三次）。法军每个师下辖 4 个团，而德军每个师大多只下辖 3 个团，因此，双方兵力对比悬殊。德军伤亡失踪 282000 人，法军为 317000 人。[①] 消耗战中投入的兵力与收获不成正比。德军对凡尔登的进攻牵制了自身在西线的可用兵力，却完全没有削弱英军的攻击力，对法军攻击力的削弱也是有限的。无论如何，此次进攻没有强大到足以改变对手对索姆河两岸蓄谋已久的进攻决心。

1916 年 7 月 1 日，英法联军在索姆河对德军第 2 集团军的 12.5 个师发起进攻。3000 门火炮自 6 月 24 日就开始实施炮火准备。17 个师展开了第一波进攻，14 个步兵师和 3 个骑兵师作为预备队跟随在后。敌军在前线拥有 309 架飞机，牢牢掌握了制空权。“德国守军只能保卫己方实施抵近侦察。”[②] 它共拥有 104 架飞机和 844 门火炮。

尘土、硝烟和晨雾掩护了敌军的集结行动。上午 8 时 30 分，他们发起了冲锋。在第一天的进攻中，敌军已经夺取了德军宽 20 千米、最大纵深 2.5 千米的前沿阵地。7 月 2 日夜间，敌军扩大了这一战果。从 7 月 3 日开始，进攻声势先是减弱，随后

---

① 原注：《帝国档案馆》，第10卷第405页。

② 原注：《帝国档案馆》，第10卷第347页。

又逐渐加强。第 2 集团军调来特种机枪连及精锐神射手单位予以抵抗，这些部队的防御力经常被证明具有决定性。7 月 14 日，战事升级。一场新的大规模进攻开始了。这次攻势取得的战果微不足道，德军 7 月 18 日的反击还夺回了其中一部分。协约国方面随后于 7 月 20 日再度调集了 16 个师进攻德军 8 个师。攻势总体上被德军击退。在激烈的局部战斗过后，敌军于 7 月 30 日对索姆河北方大举进攻，战果不值一提。此次战役中，敌军又分别于 8 月 7 日、16—18 日及 24 日猛烈进攻，然而均徒劳无功。

至此，协约国军队损失 270000 人，德军损失 200000 人。协约国军队突入德军防线 25 千米宽，纵深达 8 千米，却依然未能一举突破。敌军共有 106 个师对抗德军 57.5 个师。

面对步兵的惨重伤亡以及公众舆论，英军高层认为，唯有使用新武器发动一轮新攻势方能予以回应。他们将下一轮攻势推迟至 9 月中旬，并决定将刚刚抵达战场的第一批坦克连投入作战。

第一批 32 辆坦克在 9 月 15 日的晨雾中发动了进攻。尽管数量稀少，这些坦克还是被分为两部分，一部分归第 4 集团军的罗林森（Rawlinson）将军指挥，另一部分由后备军的高夫（Gough）将军指挥。尽管被分散使用，一些坦克还出现了预料中的故障，但仅一小部分坦克的行动还是创造了英军迄今为止最大的战果。这主要归功于新式武器出其不意的亮相，并且迅速鼓舞了英军步兵的进攻士气。这一点从下面这段飞机上的无线电通话可以证明：“一辆坦克在弗莱尔（Flers）的公路上前进，后面跟着一群欢欣鼓舞的英军官兵。”[①] 前线传来的好消息也使国内的气氛为之一振。当然，仅凭少量坦克是无法突破守军奋战 10 周构筑的战线的，要实现突破，坦克的数量还远远不够。

在第一次行动过后，埃利斯上校被任命为英军战场坦克部队的指挥官。他掌管这一部队直到战争结束，并为这个兵种的发展做出了巨大贡献。现在英国陆军部要求建造 1000 辆坦克。

---

① 英译本注：对英军在索姆河首次使用坦克的标准论述，见巴兹尔·利德尔·哈特（Basil Liddell Hart）的《坦克》（The Tanks），第1卷，卡塞尔（Cassell），1959年，第71—81页。利德尔·哈特指出，英国报纸刊登过一则消息：“一辆坦克正在弗莱尔公路上行进，英军在它后面欢呼。”这则消息是由一位空中观察者报道的，后被古德里安记了下来。这一消息有现实依据，但经过了相当程度的美化。

9 月 25 日和 26 日，13 辆坦克穿越泥泞的布满弹坑的地带，投入了对蒂普瓦尔村的进攻。有 9 辆坦克陷入弹坑动弹不得，2 辆坦克出现故障，只有 2 辆抵达了村子。无论如何，其中一辆坦克在一架飞机的协同下突入敌军战壕超过 1000 米，俘虏了 8 名军官和 362 名士兵。不到一个小时，英军步兵就以区区 5 人的代价巩固了所占阵地。

所有这些战斗以及随后于秋季展开的坦克战都是小规模作战，甚至根本没试过将数量可观的所有可用坦克投入对单一目标的大规模行动。包括空军在内的所有其他兵种都在以逐渐扩大的规模被集中投入战场。尽管英军高层起初同意了斯温顿提出的集中使用坦克的建议，他们对待坦克的方式还是截然相反。斯温顿对此的看法很有道理："以德军犯下的严重错误为例，他们首先在狭窄的攻击地段施放毒气，就在我们眼皮底下。而目睹这一切的我们过了 16 个月竟然重蹈覆辙。我们将奇袭弃置不顾。"[①] 英军官方战史著作则写道："我们使用不恰当的手段进攻暴露了新方法，使奇袭不再可能。正像德军在第二次伊珀尔战役中首次使用毒气时挥霍了其威力一样，1916 年 9 月我们在索姆河首次使用坦克时也将其威力抛在一旁。"[②]

秘密终归还是泄露了。法国人，尤其是艾蒂安将军气得发狂。现在可以预料到，很快就会出现德军强大的反制力量，说不定还会有德国坦克。但是协约国军队太高看德国人了。尽管德国最高陆军司令部要求研制一辆坦克的试验车，尽管缴获第一辆英军坦克被悬赏 500 马克，但所有的举动暂时就这么多。无论穿甲弹药还是反坦克武器都没有被要求配发给步兵，甚至没有进行生产。1916 年 11 月 17 日，鲁普雷希特巴伐利亚王储（Kronprinz Rupprecht）命令麾下的第 6 集团军："即便现在步兵装备的反坦克武器相对较少，仍必须教育他们深信在坦克迫近时能够坚持住，并且炮兵很快就能使其摆脱面临的危险。"换句话说，德军步兵不得不用精神对抗物质！

炮兵方面至少进行了一些反击：调来了 12 个步兵炮连，组建了 50 个近程炮兵连（每连拥有 6 门野战炮）。它们被密集部署在前线后方，装备穿甲弹

① 原注：斯温顿的《目击者》，第80页及后续几页。
② 原注：斯温顿的《目击者》，第80页及后续几页。

（Panzerkopfgranaten）攻击坦克。工兵也挖掘了壕沟，设置了坦克陷阱，在合适地点布置了雷区，还用阻塞物将某些地段变成了沼泽坑。最后还为迫击炮安装了一种能平射炮弹的活动炮架。

在夏季战事结束后，英军与法军开始筹备 1917 年春季的大型攻势。他们的计划如下：首先通过进攻阿拉斯（Arras）牵制大部分德军预备队，随后突破香槟高地和兰斯（Reims）与贵妇小径（Damenweg）之间的德军战线，最后用强大的预备队巩固突破成果。对阿拉斯的进攻由英军坦克负责支援，对埃纳河畔贝里欧巴克（Berry–au–Bac）的进攻则由法军坦克提供支援。

在 4 月 9 日开始的阿拉斯战役中，60 辆可用的英军坦克被配属给各军使用。它们在局部战斗中发挥了作用，但过于分散导致无法取得大的胜利。英军也证实，德军除了近战炮使用穿甲弹以外尚无有力的反坦克措施。德军也缴获了一辆似乎是首批生产的英军坦克。他们证实，步兵部队只需要使用钢芯穿甲弹、高爆炸药与平射迫击炮就能击穿坦克的装甲。

1917 年 4 月 16 日，法军坦克在贝里欧巴克经受了战火洗礼。他们被分为两组配属第 5 集团军作战，该集团军的任务是在 24 小时以内或最多 48 小时内一鼓作气突破德军防线，随后向东侧推进。坦克作战的区域地形朝德军阵地方向逐渐抬升，一般而言没有任何阻碍。这一区域东面是埃纳河，西面是克拉奥讷高地（Craonne），中部被 3 米宽的米埃特河（Miette）杂草灌木丛生的河床隔开。战场东北方和北方是高耸的普韦山（Prouvais），南部是阿米方丹高地（Amifontaine）。坦克行进时需要担心的障碍只有己方和敌方阵地上的战壕以及炮弹留下的弹坑。在科尔贝尼 – 吉尼库尔公路以北，这些障碍也几乎不存在。最大的威胁是德军炮兵占据有利位置的观察所。

5350 门火炮持续 14 天的炮火准备拉开了此次进攻的序幕。无疑，进攻战线的拉长和进攻目标的扩大使德军能够为持久防御调整相应部署，调集有生力量，特别是一支强大的炮兵，并部署预备队待命反击。此外，德军第 10 后备师于 4 月 4 日在贝里欧巴克东南方的戈巴（Gobat）进行了一次成功的行动，除抓获 900 名战俘外，还获得了一批法军的进攻命令。在这一天中，法军从 250 个新筑的炮兵阵地上开炮还击。这一次，德军及时调集了比以往更多的火炮实施炮战。在成功实施“齐格弗里德机动”（Siegfriedbewegung）后，兴登堡和鲁登道夫组成的目标明确的战役指挥层收获了他们在西线的第一场大胜。这一次的进攻谈不上有什么奇袭的效果。

战场上，法国士兵正在使用口径为 86 毫米的迫击炮

法军此次进攻兵力为 16 个步兵师、2 个俄国步兵旅和 1 个骑兵师。3800 门火炮、超过 1500 门迫击炮以及最后投入的 128 辆施奈德坦克支援了此次进攻。这是到目前为止战场上最大规模的坦克行动。法军此次坦克进攻最重要的指令[①]如下：

> 坦克协同步兵发起进攻，为其扫清铁丝网障碍，开辟道路，并掩护其前进。
>
> 坦克装备了 1 门火炮和多挺机枪，但它最有力的武器其实是前进。它到了近距离才开火，最远 200 米以内开炮，300 米以内使用机枪，距离再远的话就只在特殊情况下才进行射击。
>
> 坦克与步兵在战斗中保持密切协同，但是只要坦克能够推进，它就不会等待步兵。坦克在进攻开始后就朝着攻击目标前进，只在遇到使用车上设备无法逾越的障碍时才停下来。己方步兵追上因此而停滞不前的坦克时，要想尽一切办法帮助坦克越过障碍。如果步兵在坦克到来之前因遭遇敌军抵抗而停滞不前，则要趴在地上等待坦克前来。坦克将越过步兵朝敌人冲去，并压制敌方火力。坦克与步兵必须在朝着共同的进攻目标前进时相互支援，一方只在另一方无法独立推进时才等待对方。

为了避免上述指令被误解，3 月 23 日又追加了一道命令，要求坦克适应步兵作战的条件。

16 辆坦克组成一个战斗小组。5 个小组组成“博叙”（Bossus）坦克群，在米

---

① 原注：此处引用了佩雷（Perré）中校1936年4月1日发表在《步兵评论》（Revue d’Infanterie）杂志上的文章《法军坦克第一役》（Le premier engagement des chars français）。

埃特河东面第 32 军地段作战。3 个小组组成“肖贝”（Chaubès）坦克群，从维莱森林（Villerwald）和米埃特河以西第 5 军地段向前推进。开始时成纵队行进，战斗时则排成一线前进，间距 45—50 米。每个坦克小组有一个特种步兵连伴随前进，以协助其翻越障碍和进行近战防御。进攻在炮火支援下进行，炮击每 3 分钟向前延伸 100 米。

直至攻击德军第三、第四道防线时，为了弥补无从施展威力的炮火并协助步兵推进，坦克才应加入战斗。这意味着自攻击发起后第 32 军已作战 4 个小时，第 5 军则是 3.5 个小时。两军在攻击前一日分别于库里莱绍达德（Cuiry–l è s–Chaudardes）西部及西南部集结，在攻击前夜则分别与博叙坦克群在蓬塔韦尔（Pontavert）西南、与肖贝坦克群在克拉奥讷东南森林待命。两个坦克群分别于进攻开始 30 分钟和 20 分钟后出击，此外：

> 博叙坦克群成一路纵队经蓬塔韦尔抵达肖莱拉（Choléra）之后，改成两路纵队分进。左路纵队由 3 个位置靠前的小组组成，在肖莱拉—吉尼库尔（Guignicourt）公路和米埃特河之间推进；右路纵队由 2 个靠后的纵队组成，先沿肖莱拉—吉尼库尔公路推进，在突破德军第一道阵地后再大致朝普韦山方向前进。直到突破德军第二道阵地后，两队合一成战斗队形前进，并等待炮火停止。此时距攻击开始过了 4—5 个小时，从这时抵达的战线出发向德军第三道阵地进攻，并继续向吉尼库尔和普韦山推进。最后，左路的 3 个小组攻击普维雪（Provisieux）。攻击目标要精确分配给各小组。完成进攻后在吉尼库尔西北方集结。修理小组跟在每个坦克小组后方，每个纵队还配有一个牵引小组。
>
> 肖贝坦克群同样成一路纵队，经过勒唐普勒农场（le Temple Ferme）西北朝阿米方丹方向推进。突破德军第一道阵地之后成两路纵队，突破德军第二道阵地后成战斗队形推进，准备进攻。进攻后的集结地点位于阿米方丹西部。

指挥层的计划就是如此。

猛烈的炮火准备只打击了德军第一、第二道阵地，而且并没有完全摧毁，纵深阵地未受严重损害。4 月 16 日，各坦克群在规定时间就位，其中博叙坦克群全数上阵，肖贝坦克群却有 8 辆坦克陷入泥沼，损失在路上。按照进攻计划，起初只有步兵跟在支援炮火后面向前推进。在相对轻松地占领德军第一道阵地后，他们经过激烈战斗，损失惨重，于 10—11 时从凯撒营地（Cäsars Lager）—莫尚农场（Mauchamp Ferme）—瑞万库尔（Juvincourt）以南老磨坊这条道路的两侧抵达德军第二道阵地。从这里开始，战线朝着维莱森林向后缩进，法军未能占领该森林。在更靠西边的位置，对德军第一道阵地的进攻没什么重要进展，在克拉奥讷一带则完全失败。

在此期间，博叙坦克群于 6 时 30 分排成一列 2 千米长的纵队出发。由于步兵和炮兵挤满了公路，行军速度较为缓慢。8 时许，先头部队抵达肖莱拉以西的米埃特河桥。他们遭遇了密集炮火的袭击，但只有 1 辆坦克被击中。有 2 辆坦克最终退出战斗，另有 2 辆暂时因故障退出。由于有随行步兵的准备工作，通过己方前线时十分顺利，但在德军第一道阵地耽搁了 45 分钟。直到 10 时 15 分，第一批坦克才抵达肖莱拉农场，随行步兵已经被炮火打散，大部分与坦克失联。11 时，左路突前的坦克小组行进到莫尚农场以西的米埃特河河床中，准备发起攻击。这时，指挥官博叙少校的座车顶部被一发炮弹直接命中，所有乘员阵亡，坦克中弹后燃起大火。在这关键性的时刻，进攻失去了指挥官。几分钟后，突前的坦克小组通过了德军第一道防线，其左翼的法军步兵似乎正向瑞万库尔进发，侧翼却空无一人。进攻步兵序列中有部分人战斗力较弱。7 辆坦克成功越过了德军战壕，另有 7 辆发生故障。12 时刚过，幸存的 7 辆坦克抵达德军第三道阵地前的 78 高地，但由于无法召唤步兵跟上，只能在那里来回游弋。2 辆已退出战斗的坦克的乘员占领了一个德军卫生所，并捕获了一些俘虏。又有 2 辆坦克分别于 13 时 15 分和 13 时 30 分被击毁。最后，剩下的 3 辆坦克于 14 时回撤，以和步兵重新取得联系。它们与紧随其后的第 6 小组的 9 辆坦克和 1 辆本小组准备重新开动的坦克会合。紧随其后的第 6 小组在通过德军第二道阵地时因故障损失了 2 辆坦克，攻击了米埃特河畔阻碍步兵前进的火力点。随后，1800—2000 米外的炮兵火力又使小组损失了 5 辆坦克。最后，小组与右翼突前的（第 2）小组剩余的坦克一同前进。14 时 30 分左右，这两个突前小组的 13 辆坦克在 78 高地前遭到德军猛烈反击。由于左右两翼的步兵都未能跟进，两个小组的指挥官沙努安（Chanoine）上尉决定不再孤军深入，而是在 78 高地以南徘徊，以躲避敌军火力。没过多久，他和当时位于莫尚农场和米埃特河之间的第 15 步兵团的团长取得了联系，并且商定发动一次进攻，目标仅限于夺取 78 高地。17 时 30 分—18 时，这一目标在步兵协助下得以完成。随后，与该步兵团团长达成一致，坦克部队沿着米埃特河向肖莱拉撤退。此次进攻中又有 1 辆坦克遭敌炮火击毁，还有 4 辆坦克陷入弹坑动弹不得。

第 5 坦克小组第三个投入进攻。它在右侧与第 6 小组一同进军，炮火支援停止后，于 12 时发起进攻。小组顺利夺取了德军第三道阵地，实力弱小的随行步兵成功占领了该阵地。9 辆坦克继续进攻，一路驶过并占领了位于战线东北方的一处树林，最后没有遭遇障碍或火力阻击就抵达了吉尼库尔—阿米方丹铁路。此地有一辆坦克因遭炮击而退出战斗，还有一辆因故障报销。在此期间，第 5 小组的指挥官徒劳地联络了跟随在后的第 162 步兵团团长。对方宣称，他的团由于损失惨重无法继续推进。17 时后不久，坦克击退了德军对第 162 步兵团的反攻，随后于夜间撤至步兵后方。

第 9 坦克小组第四个进攻。在肖莱拉被其他部队耽搁了许久之后，他们在莫尚农场与 13 辆坦克会合，并于 13 时左右从该地发起攻击。他们陷入炮火之中，在铁路西南部被歼灭。步兵没能跟上一同进攻。

最后，第 4 坦克小组成两路纵队，分别沿米埃特河河床东侧和埃纳河河床西侧行进。两路纵队在位于埃纳河河畔的德军第二道防线处合并。在拖延了很长时间，付出巨大损失后，5 辆突前的坦克于 15 时转入进攻，以支援阵地东北方约 600 米处陷入险境的步兵。有 2 辆坦克被击中着火，其他坦克在击退一次德军反击后撤退。小组剩余坦克沿着埃纳河推进，并于 15 时 30 分成功肃清了一条德军战壕。2 辆坦克退出战斗，不过第 94 步兵团的步兵成功巩固了战果。之后，小组坦克回到了待命阵地。

由 3 个小组组成的肖贝坦克群于 6 时 20 分从待命阵地出发。该坦克群成一路纵队前进，途经勒唐普勒农场时被德军飞机发现，德军炮兵观测员报告了其位置，该坦克群遭遇集火射击。由于伴随步兵无法及时使己方和被占领的敌军战壕畅通无阻，出现了道路堵塞。突前坦克的指挥车被一发炮弹命中，动弹不得，紧随其后的坦克小组与这辆坦克相撞。德军炮火越来越密集。无法行动的那辆坦克的乘员取下他们的机枪，与同样被压制而停滞不前的步兵们一同战斗。肖贝坦克群只有 9 辆坦克得以凭借自身力量于傍晚抵达出发阵地。这个坦克战斗群在 3—6 千米

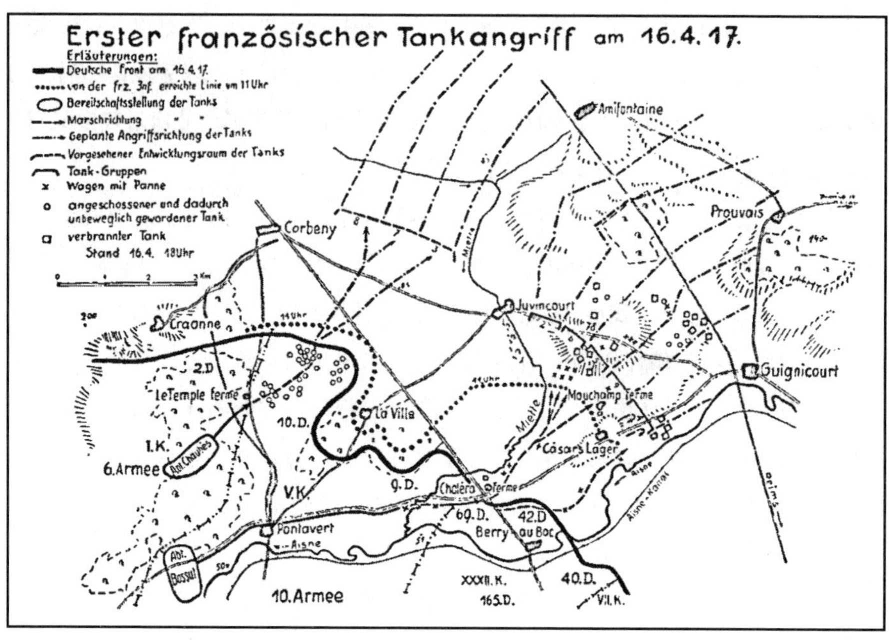

1917 年 4 月 16 日法军第一次坦克进攻

的区域内被德军炮兵（1 个野战炮兵连、2 个重型榴弹炮连、1 个 100 毫米炮连和 2 个迫击炮连）的间接火力消灭。坦克的推进速度和步兵行进速度一样。

1917 年 4 月 16 日的进攻以惨重损失而告失败。720 名坦克乘员中有 180 名阵亡、负伤或失踪，占总数的 25%。121 辆离开待命阵地的坦克战损 81 辆，其中 28 辆故障，17 辆被炮火直接命中，35 辆遭炮击起火。部分坦克未被击中就燃起大火。有 20 辆坦克被抢修而得以复原。最终，132 辆坦克中战损了 76 辆，占总数的 57%。

针对此次失败，法军得出了以下教训：

（a）坦克的越野性能不足。

（b）伴随步兵实质上无法提供有效支持。

（c）没有一辆坦克被当时德军的步兵武器攻击至瘫痪，坦克的装甲防护符合预期。

（d）52 辆坦克被炮火袭击而退出战斗，其中 15 辆被直接命中，37 辆为间接火力造成，后者大多是大口径火炮所为。这一结果是德军炮兵良好的观测条件造成的，而且 4 月 16 日时德军炮兵并未被进攻方炮兵干扰。后续补救措施是压制守军炮兵，以及使炮兵观察所成为瞎子。

（e）大部分坦克是在行军期间纵队行进或道路堵塞而损失的。而从紧挨着步兵出发阵地的待命阵地展开行军可以减轻这些损失。

（f）坦克进攻战果匮乏的主要原因是整体攻势的失败，导致坦克陷入不可预知的艰难局面。在先前战斗中已经筋疲力尽且为大量伤亡所削弱的步兵无力再巩固坦克在吉尼库尔—普韦山方向取得的战果。

（g）即便独自出战，坦克对移动中的步兵所取得的战果也非常大。敌军在吉尼库尔以西发动的反击就被迅速击退。

（h）相反，在迎战阵地中的步兵时，要想取得持久成果，步兵就只能立即巩固所取得的战果，否则坦克将付出极大的损失而战果仍然毫无价值。由此形成了一种观点：坦克部队只能在步兵的密切协同下投入战斗。这一观点时至今日仍然主宰着法军战术。

现在我们还要补充德军方面的观点：

（a）避免使坦克在未经其他部队清空的道路上成一路纵队以步兵的行军速度长时间行进，对于由此产生的道路堵塞也是一样。

（b）应该在米埃特河和己方战壕上架设几座桥，并让坦克从待命阵地展开推进。

（c）不应该只依靠伴随步兵，而应该更有目的地使用工兵部队协助坦克越过德军战壕。

（d）11—15 时，各小组的进攻前后间隔几个小时，很容易成为德军炮兵集火射击的猎物。各坦克小组本应从待命阵地出发，在清空的道路上同时发起攻击，提高德军炮兵的反制难度。

（e）如果坦克在步兵攻击德军第二道阵地时即投入战斗，可能会与步兵形成更好的协同作战效果，使其不至于经历漫长战斗损兵折将而被削弱。

（f）炮火掩护被证明是坦克快速推进的障碍，炮火支援必须采用其他方式进行。

（g）尽管此次进攻的准备与实施阶段都有错误，坦克还是比步兵多深入了 2—2.5 千米；尽管步兵遇到的敌人抵抗较少，且坦克行动缓慢，却还是未能跟上坦克。从这一事实出发可以得出结论：坦克展现了进攻的首要打击力，问题的关键是如何发展其他兵种，使其能够适应由坦克主导的快速进攻。

（h）如果能够正确地运用坦克，并使其他兵种在攻击方式上完全适应这一新兵种的效能的话，4 月 16 日完成突破应该是可能的。

1917 年，防御成功的志得意满使德方走向了迥异的结局：反坦克效果显著的德军近战炮兵逐渐解体。因为有人认为，近距离由步兵使用钢芯穿甲弹药和高爆炸药，远距离依靠火炮尤其是重炮，就完全能够胜任反坦克的任务了。

对 4 月 16 日失败的失望情绪使法国人极力反对这一新兵种。然而坦克部队还是在后续战斗中显露了自身价值。[①]

1917 年 5 月 5—6 日，未被投入 4 月 16 日香槟战役的勒费布尔（Lefèbvre）坦克群（下辖 2 个施奈德坦克小组、1 个圣沙蒙坦克小组）在马内让（Mannejean）农场和拉福（Laffaux）磨坊开始作战。第 158 师、混编的布雷卡尔（Brécard）师和第 3 殖民地师（Kolonialdivision）受命对贵妇小径高地以北进行有限的进攻。在所有可用坦克中，一个圣沙蒙坦克小组和一个施奈德坦克连（4 辆坦克）被配属给 158 师，一个施奈德坦克小组被配属给布雷卡尔师，其余坦克待命。在这次行动中，为了应急而根据地形分散投入坦克被证明是合理的。各坦克小组和连队被赋予了细致规定的任务。作为伴随步兵的第 17 猎兵营与坦克一起进行了长时间的协同作战训练。贵妇小径的台地地形很适合行驶，南坡是一个有利的集结区域，而且也增加了敌军炮兵观测的难度，特别适合坦克行动。进军道路路况不良，再加上法军炮兵为了摧毁铁丝网障碍而徒劳地使用延时引信进行炮击，致使地面弹坑累累——这些都给坦克行动制造了障碍，并且后来给不少坦克造成了致命后果。进攻成果并不是很显著，但是有限的进展都要归功于坦克的威力，坦克和人员的损失远远低于埃纳河战斗的损失。指挥部和其他兵种对此结果表示满意，确保了这一新兵种的存续。与埃纳河战斗一样，此次战斗也表明，只有在步兵立即跟进时，坦克的行动才能取得持久性的战果。但坦克发出约定好的跟进信号后，这一切却依旧没有发生，坦克甚至要自己折返回去催促步兵占领已扫清的敌方阵地。

法军于 1917 年 10 月 23 日对拉福突出部（Laffaux-Ecke）的进攻更为成功，

---

① 原注：不过，其功绩还是在之后下达的命令中得到了正式承认："在首先突入瑞万库尔的敌军第二道防线后，突击炮兵巩固了自身战果，其表现符合人们的期待。自从首次在战场上亮相以来，它们的作战表现为自己在战士们之间赢得了荣誉。"《1917年4月20日陆军总司令部第76号通令》（G.Q.G. Ordre général Nr.76）。

这一次有数量较多的坦克参与行动。1917年春季作战的损失迫使法军在当年秋天决定等待美国人的介入，在此之前仅进行一系列规模较小的行动，以扩大战线，并检验新的作战方式。除此之外，法军还企图在1918年夏季之前将其重炮增加一倍，生产2000—3000辆雷诺坦克，并改进所装备的毒气弹和烟幕弹。

计划中的一个分支行动就是夺取贵妇小径，随着进攻宽约11千米的拉福突出部而拉开序幕。不能指望此次行动能令守军猝不及防，因为进攻方在战役开始前已知晓德军新部署了7个师和64个炮兵连。德军阵地得到了充分加强，某些地段的铁丝网障碍甚至有10米深。大量掩体及散兵坑护卫着守军。艾莱特河（Ailette）北岸的后方阵地已经位于法军攻击目标之外。然而，贵妇小径陡峭的北坡常常让阵地失去纵深与足够的射界，迫使炮兵观察员移至前线。

法军的第一波进攻就动用了6个师，第二波又投入了6个师。部队的装备和训练程度达到了自春季作战以来的又一个高峰。法军还着重训练了步坦协同作战，并通过预先行动摸清了进攻地形。法军为此次进攻准备了1850门火炮和3000000发炮弹，68辆坦克领衔突击。

坦克部队被分成3个施奈德坦克小组（每组12辆坦克）和2个圣沙蒙坦克小组（每组14辆坦克），此外还有一些预备队。每个小组都有一个作战辎重队和维修部队，每个坦克群都配有一支维修队和补给队。8月底，有2个营的重骑兵被指派担任伴随步兵，并接受了步坦协同训练。参与进攻的步兵也与坦克进行了同样的演练。航空照片被不间断地研究，进攻路线也得到了勘查和修正。持续6天的炮火准备拉开了此次进攻的序幕。在坦克预定的突破地段，对道路上的障碍只能用瞬发引信炮弹进行射击，以避免造成过深的弹坑。飞机对步兵和坦克的攻击进展进行观测。炮兵观测飞机则监视着敌军预备队和反坦克炮的运动，有一批火炮专门准备对付它们。

参与进攻的6个师中有5个师都配属了坦克。各步兵团长都配备了联络官。坦克部队指挥官则与师长和指挥将领待在一起。

进攻前夜进入集结阵地时，坦克部队蒙受了一系列损失：配属给右翼第38师的第12坦克小组有一半坦克因故障和德军炮火而退出战斗；配属第43师的第8小组的情况与之类似；配属第13步兵师的第11小组没遭遇到什么麻烦就抵达了集结阵地，配属第27师的第31小组（圣沙蒙坦克）和配属第28师的第33小组

一战时期不同口径的德制炮弹

也是如此。68 辆坦克中只有 52 辆成功抵达出发阵地。尽管德军在夜间并不知道坦克进军路线，只能对道路进行分散射击，但在炮兵火力有效射程范围内待命仍被证明是极为危险的。

清晨 5 时 15 分，天还没亮，坦克就从步兵后方开始推进，并根据步兵速度调整自身速度。右翼第 12 小组的所有坦克在抵达第一进攻目标之前就都退出了战斗。第 8 小组在向第二进攻目标推进时有 6 辆坦克投入战斗，这些坦克在炮火掩护和第一波冲锋步兵之间行驶，还有一些被故障耽搁的坦克随后跟进。截至 11 时，这个小组已有 8 辆坦克抵达目的地，随即掩护步兵就位。第 11 小组按计划随第 13 师行动。他们为该师取得的战果贡献良多，有 12 辆坦克抵达目的地。第 31 小组

在法国北部弗里库尔（Fricourt）附近的轻型铁路上装载并运送炮弹的英国军队

表现尚可，第 33 小组却连德军第一道战壕都没能跨过。

10 月 25 日，法军没有坦克的帮助就推进到了艾莱特河畔。截至 1917 年 12 月 1 日，德军撤出了整个贵妇小径。除了惨重的伤亡外，他们还有 12000 人被俘，损失火炮 200 门。法军损失 8000 人，占投入兵力的 10%。

在 68 辆投入作战的坦克中，有 24 辆未能离开出发阵地；战损 19 辆，但其中只有 8 辆遭敌摧毁，其他的则因受困于地形而退出战斗；有 20 辆完成任务；5 辆是指挥坦克。

坦克部队人员伤亡 82 人，伤亡率 9%，与步兵伤亡率一致。大多数伤亡发生在坦克之外，或乘员打开舱盖确定方位时。

法军对此战的总结是：

（a）坦克在进攻设防阵地时，必须先越过弹坑地带，才能发挥出全部威力。

（b）侧翼受到敌军反击的程度最高，因此尤其需要掩护。

（c）坦克进攻需要纵深。不应当让个别坦克执行作战任务，而应当始终由整个作战单位，即以队列或小组的形式来执行任务。

（d）用旗语与步兵联络不起作用，只有口头传达才有效。

（e）坦克在敌前停留会遭受惨重损失，因此只能在万不得已时才要求它们这样做。

（f）与步兵保持密切联系已被证实非常有效，这一点直至今日（1937 年）仍然是法军坦克战术的基本原则。①

最后一点值得一提。1917 年 10 月 23 日之战中，与步兵之间保持密切联系之所以没有使坦克被消灭，是因为德军当时没有反坦克武器。不良的观测条件几乎完全妨碍了当时唯一有效的反坦克武器——火炮发挥作用。否则这些移动缓慢的庞大目标基本上很难避免 4 月 16 日战役中坦克的命运。此种战术在未来将是自杀行为。

以上是法军坦克部队的首批战例。现在我们再次将目光转向英军，他们决定对佛兰德的德军潜艇基地发动大规模进攻。这不是一次奇袭，事实正好与之相反。英军想要逐步推进，并且只在进行了充分的炮击，施放了足够多的毒气，甚至在某些地段进行爆破之后才这样做。英军要的就是一场有生力量的消耗战，严格避免使用任何新的、未经检验的作战方式，甚至故意放弃巩固通过奇袭取得的战果。第三次佛兰德战役就是这样展开的。

1917 年 6 月 7 日，英军将位于韦茨哈特突出部的德军阵地爆破，歼灭了德军 5 个师，并一直推进到利斯河（Lys）。此次初战告捷使英军确保了此时开始的攻势右翼的安全。经过近 4 周的火力准备，这场攻势一直持续到 12 月上旬。复盘这场可怕厮杀的细节之后，这场战役已经脱离了我们的考察范围。因为英军坦克部队虽然被多次投入战斗，但始终只是为了进攻明确限定的目标，而且是以小分队的形式，被投入到有时尤为不利的、被雨水和弹坑化为一片泥沼的地形中。尽管在韦茨哈特战役中有 76 辆可用坦克②，在佛兰德一役中有 216 辆可用坦克，由于被迫使用错误战术，它们取得的战果还是很少。

---

① 原注：见指挥官佩雷撰写的文章《马尔迈松之战中的坦克》，载于《步兵杂志》（Revue d' Infanterie）。

② 英译本注：古德里安所说的韦茨哈特战役有一个大家更熟悉的名字——梅西讷（Messines）战役。这次有限的行动是英军在一战中所有进攻中计划和执行最出色的行动之一。对坦克在梅西讷表现的当代官方分析见公共档案馆（PRO）裘园分馆档案WO 158/858。

那么其他兵种在付出沉重代价后取得了怎样的战果呢？将近 4 周的猛烈炮击，消耗了 93000 吨炮弹，4 个月的浴血奋战，付出了 400000 人的代价，而占领的土地最多 9 千米深、14 千米宽。虽然德军也损失了 200000 人，但阻止了敌军突破。其潜艇基地始终岿然不动。巨大的牺牲被毫无意义地挥霍了。尽管如此，英军指挥层也不认为其进攻方式不当，从未考虑掩饰这种规模的进攻准备，因此也从未阻止敌军的反制措施，从未考虑在每次付出高昂代价向前推进后不得不消灭一条新出现的敌军防线，也从未考虑过用这种作战方式不会迅速地结束战争。

由于固执地投入有生力量，以及死板重复的不当方法，奇袭和速决的概念都被束之高阁了。地形、天气、军队乃至人民的肉体和精神力量，都变得微不足道。指挥层的狭隘也解释了他们为何缺乏远见：决不改变战术！决不使用新式武器！[①]此时的英军坦克部队和法军的突击坦克部队一样都面临着解散的危险，因为他们和步兵一样都无法决定佛兰德的那场泥泞战役。

4. 大批量生产

尽管英军统帅部对任何战术革新都持反对态度，但是英法两国的兵器制造商还是开足马力准备大批量生产坦克。1917 年的实战经验在技术和战术领域都做出了总结。截止到 1918 年夏，英国将有 1200 辆坦克、法国将有 3500 辆坦克能够投入前线。此外,美国也有意交付编成 25 个营的 1200 辆坦克。[②]虽然由于交付困难，坦克部队到 1918 年时还未能将这些数字变为现实，但是这支发展中的部队必然能够壮大到足以超越狭隘的既成战术限制，对胜利具有巨大的战略意义。相比既有的坦克，生产中的新型坦克展现出了下列根本性优势：更强的越野能力，更大的行程，更快的速度，更出色的装甲、武器和定位手段。营连级的编组模式便于进行更有力的指挥。

下列数据体现了 1918 年时作战坦克（Kriegspanzerkampfwagen）在战术和战

---

① 英译本注：这种对英军统帅部的非常极端的谴责似乎主要源自富勒的《回忆录》，尤其是第136—142页，但斯温顿的《目击者》中也有一些对统帅部充满敌意的段落。

② 英译本注：对于盟军为准备1918年战役而计划在1917年晚些时候大规模生产坦克，相关的英国陆军部文件是（PRO）WO 158/813。古德里安忘记说的是，在战争的这个阶段，各盟国之间对坦克生产已达成协议。这种合作最显著的特征是一家英美合资的大型坦克工厂，该工厂于1918年初开始在法国沙托鲁（Châteauroux）组建。见斯特恩备忘录，1918年4月26日，《富勒文件集》（Fuller Papers），坦克博物馆，博文顿（Bovington）。

略上的适用性：

坦克型号	马克V型（MarkV）	小灵犬（Whippet）	雷诺（Renault）
重量（吨）	31	14	6.7
武器	2门57毫米炮，4挺机枪	3挺机枪	1门37毫米炮或1挺机枪
最大速度（千米/每小时）	7.5	12.5	8
最大行程（千米）	72	100	60

然而，在指挥层考虑于 1918 年将新武器用于防御与进攻之前，1917 年秋末又发生了一件对坦克价值具有崭新意义的事。时至今日，我们都不能对此事避而不谈。

第四章
新兵种的诞生

1. 康布雷

自从 1916 年 9 月首次投入战场以来，英军坦克部队不仅在数量上逐渐增长，而且在编制和人员构成上也发生了诸多变化。部队从最初的 6 个连发展成了 9 个营，自 1917 年 7 月起被称为“坦克军”（Tank Corps）。当时组建了 3 个旅，每个旅由 3 个营组成，每个营编为 3 个连，每个连下辖 4 个排，每个排有 4 辆坦克。此外，部队还拥有一支机动维修队。

1917 年秋季的制式装备是马克 IV 型（Mark IV）坦克。其外形类似于 1916 年秋季的马克 I 型，但是配备了抵御钢芯穿甲弹的装甲，并且安装了加固在履带上的爬坡梁（Kletterbalken），以协助车体跃出战壕。该坦克重 28 吨。配备了 105 马力的戴姆勒（Daimler）发动机，平均时速约为 3 千米，最大时速为 6 千米。乘员由 1 名军官和 7 名士兵组成，“雄性”坦克的武器是 2 门 58 毫米火炮、4 挺机枪，“雌性”坦克则配备了 6 挺机枪。最大行程为 24 千米。11 月，有 378 辆马克 IV 型坦克和 98 辆旧式补给坦克可供投入作战。①

坦克军由埃利斯将军指挥。他指挥部的主要成员有：后升任将军的参谋长富勒（Fuller）、后升任中校的马特尔和后升任上校的霍特布拉克（Hotblack），霍特

① 英译本注：现代对一战中英国坦克技术发展的最佳论述散见于大卫·弗莱彻（David Fletcher）的《陆地战舰》（Landships），HMSO, 1983年。

布拉克负责通信事项。[①] 佛兰德战役败局已定，坦克军的指挥官们开始在英军统帅部贯彻自己的意图，要求统帅部以一种在他们看来最恰当的方式运用坦克。他们的建议与斯温顿上校 1916 年 2 月在备忘录中提出的想法相符。这些想法当时也为统帅部所认同，然而一年后就被束之高阁。[②]

机动运输仍处于起步阶段，整个战争期间大部分火炮都是用马运输的

坦克进攻要想获得成功要满足三大根本前提：合适的地形、大规模投入和奇袭。对这三大前提有必要展开论述。

坦克部队时常遭受指责，人们认为它们无法适用于所有地形，会受到高山、陡坡、较深的沼泽和水流的阻碍。这些指责是有道理的，因为现在还没有能够跨越这些障碍的载具。历史上也从未有过这样的载具，此前已有的武器对此也无能为力。尽管如此，还是要使用它们，因为没有更好的选择。想要跨越这些障碍就必须架设渡桥或者飞过去。当然，人们也不断追求在技术上提升军用载重车辆，特别是坦克的越野能力。这一领域在近期正好取得了很大的进展。我们也坚信未来还会取得更大的进步。尽管如此，还是要考虑地形因素。

在坦克无法推进的地形上发动进攻是大错特错的。同样大错特错的是，在坦克进攻之前先用过于猛烈的炮火对一片地域狂轰滥炸，形成月球表面一样的地形，即便是最先进的载具——也包括马拉的载具——在其中也动弹不得。对坦克的快速推进来说，重要的是在进攻进程中没有明显的高差需要克服。因此，在绘制我

---

① 英译本注：对于这群真正了不起的人物，当代最好的资料来源是一本私人印刷的小册子《坦克军总部》（Tank Corps H.Q）。该书在博文顿的坦克博物馆图书馆中。所有人物都用假名来称呼，但坦克博物馆图书馆的工作人员已设法提供了破解线索。

② 英译本注：事实上，富勒声称他当时根本没有见过斯温顿1916年2月文件的副本，尽管他在1918年初看到它时对其表示钦佩。富勒的《一位非传统军人的回忆》（Memoirs of an Unconventional Soldier），尼科尔森和沃森（Nicholson and Watson），1936年，第112页。富勒的《一个非常规士兵的回忆录》，尼科尔森和沃森，1936年，第169页。

们偏爱的作战轴线（Gefechtsstreifen）时，不能千篇一律地翻山越岭、渡河穿林，而必须考虑坦克能适应的地形和地貌。如果仅从步兵或炮兵的角度出发而没有贯彻这一点的话，那么仅仅出于这一理由就有必要让坦克脱离步兵的进攻路线，而从良好的行进地域发起进攻。重点始终是让坦克接近敌人。

与合适的地形联系最紧密的是大规模投入的问题。我们从前文援引的所有战史例证中可以看出，小规模使用坦克是无法取得决定性战果的。无论是手头上只有少量坦克，还是将数量相对较多的可用坦克逐次投入战斗（就像 1917 年 4 月 16 日那样）都是一样。无论哪种情况，敌人都能及时投入兵力进行充分的抵抗。对世界大战时移动缓慢的坦克来说，只需要炮兵实施集火射击就能将其攻势瓦解。

大量坦克同时进攻时，火炮的威力就会分散。这一点不论对世界大战时的火炮还是现在的反坦克炮都一样适用。但是，大量坦克着实需要与大规模投入相匹配的进攻地形。

进攻达成决定性胜利的第三个先决条件是奇袭。它一直是思想灵活、充满自信的将领的辅助手段。使用这种手段能够实现以少胜多，绝处逢生——而且这一手段对敌我双方的士气影响是不可估量的。这种不确定性也许就是那些死板的人害怕将其行动建立在奇袭基础上的原因，也是即便旧武器的缺陷显而易见，他们也不愿意迅速接纳新武器的主要原因。

奇袭只能建立在战争手段全新的基础上。将领们首次运用它时的确需要冒着非常高的风险，但一旦成功，新武器将具有空前的威力。我们发现，不论在德军使用军用化学毒剂，还是在英军使用坦克时，都没有承担大规模使用全新武器达到奇袭效果时的风险。错过这一千载难逢的机会，就只能运用使用旧武器时惯常的方式来实现奇袭了。当然，这种方式也不是毫无希望或者绝无可能的。

表面上似乎微不足道的技术进展或许能在战术上产生令敌军痛苦万分的奇袭效果。前膛枪在投入使用 25 年后，也不可避免地开始向后膛枪、击针枪转变。也正是这一转变，确保普鲁士取得了 1866 年战争的胜利。因为他们的敌人没有认识到这种武器的意义，对其强大的威力感到震惊。另外，德军 420 毫米臼炮只是意味着既有型号火炮在口径上的提升而已，但它却在 1914 年击穿了敌方要塞的钢板和水泥掩体，使德军得以攻陷此前被认为是坚不可摧的要塞。和击针枪一样，它在被投入战场之前也只是在射击场上进行了测试。没人会有这样的想法，即等到其他国家在实战中进行测试后才进行测试，或者询问其他国家是否已经拥有了同样的武器——这无异于把奇袭效果拱手让人。正相反，420毫米臼炮得到了谨慎和成功的保密，因而取得了完全的奇袭效果。正如我们将会看到的那样，尽管德军在一年之内本应对坦克的出现——无论是数量还是经过改进的型号和作战方式——保持镇定，坦克进攻却并不因其存在为人知晓这一事实而失去奇袭的希望。这一希望只是一定程度上被减弱了，程度大小则大大取决于德军的表现。

在旧式武器宣告失败，以及坦克一年以来不顾其缔造者的呼吁而被错误投入之后，英军统帅部终于决定，满足坦克指挥官们的愿望，并令其听候耗费巨大的佛兰德战役残存的战斗部队调遣。为了历史上的首次坦克战，下列部队被调拨给了宾（Byng）将军指挥的英军第3集团军：

2个步兵军，每个军下辖2个步兵师

1个骑兵军，下辖5个骑兵师

1个坦克军，下辖3个旅，每旅2个营

1000门火炮和大量飞机

这就是全部兵力。即便意料中的奇袭侥幸成功，而且面对的只是疲惫不堪的德军师，这些兵力还是不足以实现大规模的突破。此外，主攻部队还缺少必要的预备队。进攻命令的原话是："在坦克的协助下，在贡内略（Gonnelieu）和阿夫兰库尔（Havrincourt）之间两个军的正面上突破，打穿防御体系后开辟通道供骑兵通行，以巩固步兵取得的战果。"英军很可能有夺取康布雷（Cambrai）的意图，但是否还有后续目标则不得而知。

贡内略和阿夫兰库尔之间向东北方延伸的地形适宜进攻。连绵起伏的开阔地带，缓缓延伸到斯海尔德河（这条河在法国境内叫埃斯科河）。该河从邦特、贡内略东侧流至克雷沃克尔（Crèvecœur），确保了攻势右翼的安全。随后，河道由东北向西北急拐了一道大弯，经马尼耶尔（Masnières）、马尔宽（Marcoing）、努瓦耶尔（Noyelles）穿越进攻区域，最后朝康布雷方向平缓地向东北方拐回。斯海尔德河和与其平行的斯海尔德运河都只能利用河上的渡桥才能通过。在左翼的前方，方丹圣母村（Fontaine-Notre-Dame）和布尔隆村（Bourlon）与其间的布尔隆森林构成了一道坦克难以攻克的坚固要塞。直到斯海尔德河与所谓的要塞之前，只有一些村庄是进攻方的真正障碍。守军可以在围墙后面和地窖里躲避坦克，而要夺取或摧毁它们却必须采取特殊措施。英军已经获知，进攻地段主要由德军第 54 步兵师防守，估计自身步兵与炮兵是敌军的 6 倍。这还没有把坦克部队计算在内。

按照计划，英军第 3 军辖第 12、第 20 和第 6 师将从里贝库尔（Ribécourt）西侧——纳夫树林（Bois des Neufs）西侧边缘以东发起进攻，第 4 军辖第 51、第 62 师从该线西面发起进攻。首要目标是拉瓦克里（la Vacquerie）—里贝库尔北方的铁路—阿夫兰库尔北方一线，第二目标是勒帕韦（le Pavé）—弗莱斯基埃（Flesquières）北方一线，第三目标是康坦（Cantaing）西南方的拉瑞斯蒂斯（la Justice）—格兰库尔（Graincourt）一线。第 3 军推进至斯海尔德河地段时确保右翼安全，第 4 军继续向方丹圣母推进。第 56 师则向德军阵地左半部分，对凯昂（Quéant）—安希（Inchy）地段发起佯攻，转移德军的注意力。英军也下令对进攻正面右侧的吉尔孟（Gillemont）农场和左侧的比勒库尔（Bullécourt）发动佯攻。第 29 师作为预备队跟在第 3 军后方，并夺取马尼耶尔—吕米伊（Rumilly）—马尔宽一线。随后由骑兵来巩固战果。骑兵第 2、第 5 师从康布雷南部及东部，骑兵第 1 师从康布雷以西合围该城，后者协助步兵夺取康坦和方丹圣母村，从东北方出发夺取布尔隆，最后分别占领位于康布雷西北和北面的萨伊（Sailly）与蒂卢瓦（Tilloy），包围康布雷城，并与该师派往东部的骑兵部队会合。后续还计划以一部向桑西河（Sensée）北方推进，目的是扰乱德军后方交通线。

炮兵不再进行长时间的效力射击和精准试射。火力打击发生在进攻开始时，对德军炮兵阵地、指挥所和观察所实施压制或发射烟幕遮挡，远程火炮则对德军阵地后方的进军道路、村庄与火车站实施轰击。此外，炮火掩护覆盖进攻方向的前方，炮兵也实现了悄无声息地进入阵地。

飞机的数量基本与坦克相等，其任务重点是侦察敌军预备队动向，并及时报告敌军发起的反击。

在这一进攻计划中，坦克被统一部署使用。具体情况如下：

第 3 军：

第 12 师——2 个坦克营，第一波进攻 48 辆坦克，第二波进攻 24 辆坦克，12 辆坦克作为预备队；

第 20 师——2 个坦克营（欠 1 个连），第一波进攻 30 辆坦克，第二波进攻 30

辆坦克，10 辆坦克作为预备队；

第 6 师——2 个坦克营，第一波进攻 48 辆坦克，第二波进攻 24 辆坦克，12 辆坦克作为预备队；

担任预备队跟进的第 29 师——1 个坦克连，第三波进攻 12 辆坦克，此外有 2 辆坦克作为预备队。

第 4 军：

第 51 师——2 个坦克营，第一波进攻 42 辆坦克，第二波进攻 28 辆坦克；

最后，第 62 师——1 个坦克营，第一波进攻 42 辆坦克，第二波进攻 14 辆坦克。

每支部队都获得了特定的任务，并以排为最小的战斗单位。某些部队受命尽快突破至最危险的敌人——敌军炮兵阵前，为此还部署了轰炸机配合行动。

部分进攻流程已预先和步兵演练过。英军准备了便于越过德军宽阔战壕的柴捆，由坦克携带。为了跨过德军阵地，英军发明了一种特殊战术，以配备火炮的"雄性"坦克开到阵地前方，捣毁障碍，并以火力消灭守军；同时令一辆"雌性"机枪坦克[①] 趁机在战壕上方铺上柴捆，让跟进队伍从此处越壕，到下一处战壕再重复这一操作。坦克以火力压制已攻下的战壕，直至步兵抵达实施占领为止。

进攻准备工作甚至对己方部队也进行了保密。坦克部队打着冬训的幌子在阿尔贝（Albert）集结。坦克部队于进攻前两夜才在前线附近进入待命阵地，主力位于阿夫兰库尔森林。部队直到进攻前夜才进至紧靠最前线的出发阵地。11 月晦暗的天色加重了德军空中侦察的困难。这样便完全实现了奇袭的效果。

德军自 1917 年 3 月起即坚守着兴登堡防线。该防线并不像其他战区的阵地一样偶然产生于此前的战事，而是经过周密的勘测选定位置，并基于两年的阵地战经验构筑的。最靠近敌人的是一条为铁丝网所拱卫的前哨阵地。在此阵地和第一道战壕之间的地域散布着一系列火力点。第一道战壕宽度超过 3 米，其间有大量掩体，与后方间距 200—300 米的第二道战壕一样，由平均纵深达 30 米的铁丝网所保护。两道战壕都有良好的射界。众多交通壕使防线内部能够进行隐蔽的联系。第一条防线后方约 2 千米是一条居间防线，然而并未完工；第二条防线从布尔隆

---

① 译者注：德语原文为M. G. Panzerkampfwagen，直译为机枪坦克，即主武器为机枪的坦克。

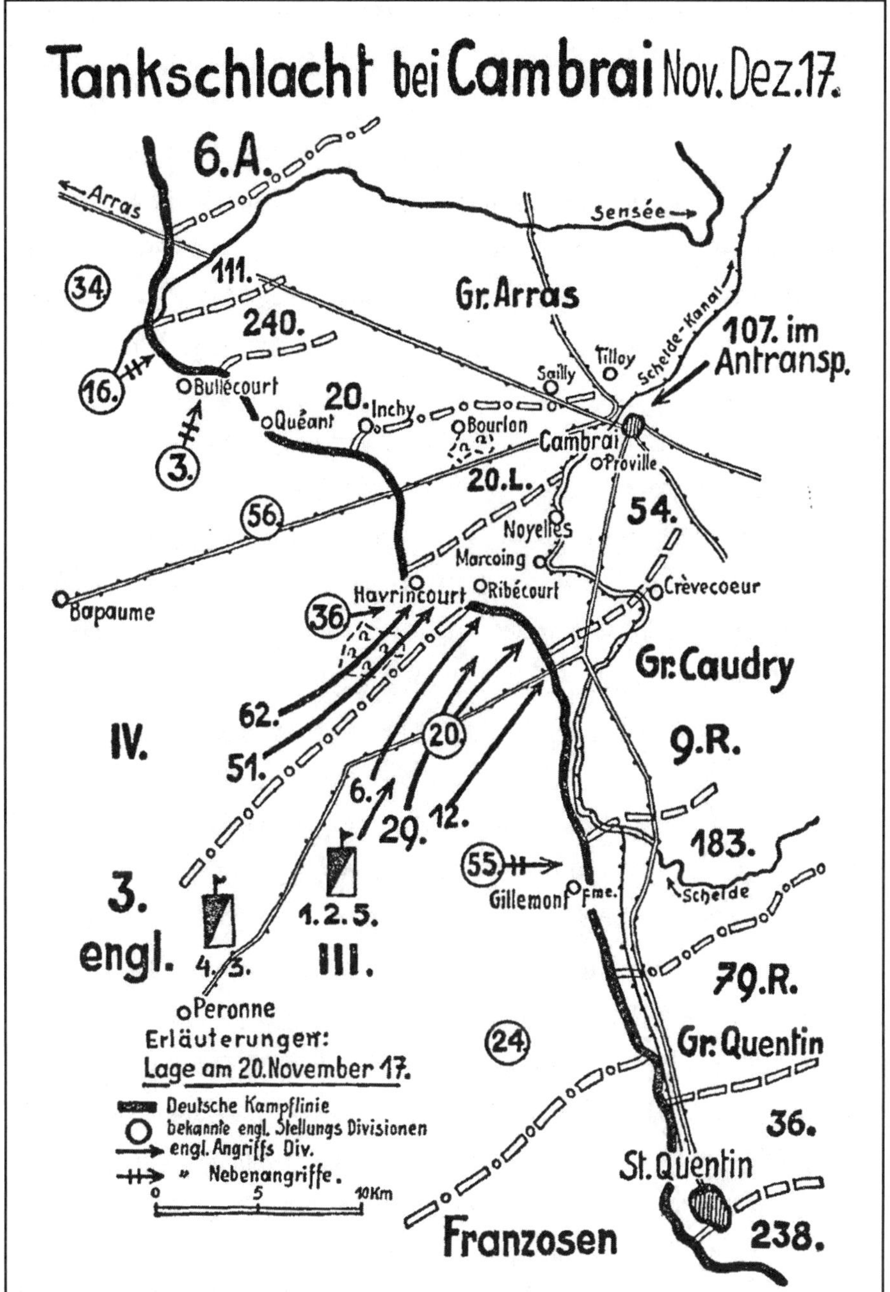

示意图 7：1917 年 11—12 月的康布雷坦克战

向敌一侧一直延伸到纳夫树林。由于劳动力短缺，从该树林位于斯海尔德河北岸的地段开始只建成了部分防线。康布雷是一处平静的战线，佛兰德战役后精疲力竭的德军各师在此地得以休整。

1917 年 11 月，驻守在这条平静战线上的是第 13 军指挥下的考德里（Caudry）集群，其第 20 乡土防卫师部署于康布雷—巴波姆（Bapaume）公路两侧，第 54 步兵师驻守在从阿夫兰库尔到拉瓦克里之间 8 千米宽的战线上，紧邻步兵师的第 9 后备师部署于南方。第 54 步兵师的 3 个步兵团并排部署，每个团都以两个营在前，第三个营在后待命。只有第一条防线驻有守军，居间防线空无一人。直至 1917 年 11 月 16 日，靠前的第 2 集团军还认为未来几天不会有大规模进攻发生。11 月 18 日的侦察行动确认，此前的敌人——英军第 36 师位于特雷斯科尔前线。在此地捕获的战俘供认，该师即将与英军第 51 师换防，而且他们在阿夫兰库尔森林中看到了坦克的踪影。他们还提到一场计划于 11 月 20 日实施的进攻将会有几个小时的炮火准备。11 月 19 日，一名战俘证实了已查明的英军第 20 师的存在。敌军的空中活动和地面交通活动也较以往频繁，在阿夫兰库尔森林中发现了新出现的炮位。不过，11 月 19 日还是平静无事。并未查明英军炮兵进行过试射。

尽管没有发现此前那种大规模进攻的迹象，尽管从其他位置带来的俘虏提到所在地段上有行动企图，上述情报还是促使德军采取了一系列措施：11 月 19 日深夜，德军命令部队提高战备程度。第 54 步兵师对敌军前线实施了摧毁和扰乱性射击，并对阿夫兰库尔森林、特雷斯科尔与各条进军路线实施炮火急袭。集群指挥部命令将驻守阿夫兰库尔地段的第 20 乡土防卫师左翼的 1 个团配属给第 54 步兵师指挥，以确保对预计作战区域实施统一指挥。考德里集群从集团军预备队中抽调了第 27 后备步兵团、1 个野战炮兵营指挥部和 2 个炮兵连。还预计于 11 月 20 日调来几个经过增援的重炮连。第 27 后备步兵团部署在第 54 步兵师右翼两个团的后方准备实施反击。该团 1 营部分配属第 84 步兵团指挥，向弗莱斯基埃推进，另一部分兵力则在方丹圣母村扎营；团部及 2 营则向马尔宽转移，3 营仍作为集群预备队在康布雷待命。此外，第 54 步兵师得到了刚从东线移防的第 107 步兵师的 2 个野战炮兵营，2 个营分别在格兰库尔和弗莱斯基埃进入阵地。

德军似乎并未认真对待英军的大规模进攻。他们非常信任兴登堡防线。因此，第 2 集团军、考德里集群和第 54 步兵师迅速而充满干劲的应对措施就更加值得一

在 1917 年 11 月 21 日的康布雷战役期间，坦克正在前进。这是坦克集中参战的第一场战役

提了。可惜的是，德军并未对即将面临的坦克攻击采取十分重要的应对措施：并未在近距离部署拥有足够射界的反坦克炮以直接抵御坦克，步兵似乎很晚才得知坦克出现的可能性，因此他们在进攻开始时拥有的钢芯穿甲弹很少。

11 月 20 日清晨天色灰蒙蒙的。6 时许错发了警报，德军先是对阿夫兰库尔实施了炮火封锁，随即重归平静。7 时 15 分，英军炮火开始轰击德军阵地。所有部队进入掩体，只有哨兵仍在掩体外部。按照此前的经验，敌军步兵还得等上好几个小时才会发动进攻。在清晨的烟尘中，德军炮兵对前哨阵地前方进行了不算猛烈的封锁射击。此时，哨兵惊讶地发现眼前突然出现了一群难以分辨的黑色物体，它们吐着火舌，埋藏极深的强大障碍物在其重压下就像火柴一样脆弱。战壕守军拉响了战斗警报，迅速奔向机枪，试图展开防御。一切都是白费力气！出现的不是零星坦克，而是长达几千米的整个坦克编队！钢芯穿甲弹毫无作用；封锁炮火落在前哨阵地前方，无法向后延伸；只有少数手榴弹能击毁开火的机枪。也就是说，阵地上是不设防的！德军步兵恐惧地发现，自己要手无寸铁地迎战拥有装备优势的敌军。人们只能在战死和被俘之间做出选择，在这种火力下，向后突围的企图毫无成功希望。

但预备队的反击将会制造喘息之机！第 54 步兵师命令第 27 后备步兵团团长以两个营兵力发动反击，重新夺回丢失的第一道战壕。这是一个合乎规定的任务。只是指挥步兵作战的第 108 步兵旅要求立刻取消这一命令，它是无法被执行的。能够被调动的只有第 27 后备步兵团第 3 营，该营是此前驻扎在康布雷的集群预备队。

9 时 40 分，刚刚抵达的第 107 步兵师派出两个营向马尼耶尔进军，另一个营向克雷沃克尔进军，分别由第 54 步兵师和第 9 后备师指挥。该师一个团向方丹—康坦—普罗维尔（Proville）一线移动，归考德里集群指挥。第三个团则作为集团军预备队开赴康布雷。

前线情报极为匮乏，空中侦察由于地面烟雾也无法进行。英军的掩护炮火势不可挡地向前延伸，遮住了视线。

期间，基层部队指挥官按照防御准则尝试进行了反击。第 27 步兵师第 2 营沿着两条抵近交通壕，从弗莱斯基埃向阿夫兰库尔推进。虽然详细战报缺失，但伤兵报告有大量坦克出现。各连部分士兵为展开队形而离开战壕。在试图前进时，该营遭到坦克攻击，大部被歼。第 84 步兵团左翼的第 387 本土防卫步兵团阵地遭到突然袭击并被突破。相邻的第 90 后备步兵团的情况也好不到哪里去，连团部全员被俘。直到能见度终于有所改善，坦克进入了驻守在马尔宽附近炮兵的射程之后，情况才有了些许改观。

第 9 后备师右翼的第 19 后备步兵团也遭到坦克攻击，据报被歼灭。不过该师成功守住了邦特和运河防线。

在极短的时间内，整个进攻正面上的全部防御体系土崩瓦解。由坦克担任先锋的英军攻势已经突破了居间防线，只有一个例外：弗莱斯基埃村被守住了。原因是村庄本身的房屋坚固，地窖为守军提供的防护一定程度上阻挡了坦克。大约 9 时，第 27 后备步兵团团长克雷布斯（Krebs）少校在弗莱斯基埃接到命令，采取了一系列适当的措施。他首先阻止没有防护的步兵继续对坦克实施毫无意义、伤亡惨重的反击。他至少保住了第 2 营的机枪连和一个步兵连一部，还命令第 1 营的一半兵力（原本正要向前推进）停止前进，与从方丹圣母村乘卡车抵达康坦西南的另一半兵力会合，并部署在村中。第 84 步兵团和第 108 工兵连的部分兵力也都由其指挥，并准备了集束手榴弹。由于其条理清晰的指挥、600 名守军的牺牲精神，特别是第 108 和第 282 野战炮兵团出色的火力支援，该地被成功地守到入夜时分。

我们从弗莱斯基埃的防御中得到的经验教训是，正确评估并利用地形，且在大量地点拥有适宜的掩护时，步兵能够抵御坦克的攻击；只靠坦克部队并不总是能够彻底消灭防御步兵。① 我们在后文中会回顾这一论断。

10 时 50 分，考德里集群再次动用了预备队——第 52 后备步兵团，并且命令第 54 和第 107 步兵师无条件守住现有阵地，停止再尝试发动反击。卡车被调来接回步兵，轿车则被用来运送指挥人员，直到傍晚之前不会再有任何的增援。战况仍然相当危急。鲁登道夫将军对此评论道："缺乏运兵卡车在此时体现得极为明显。" ② 进攻各师的招募兵被迅速接回，而第 54 步兵师师部甚至还派出 30 人去保卫斯海尔德运河。

纵然身陷危机，第 9 后备师第 18 后备步兵旅旅长冯 · 格莱希（von Gleich）上校仍然保持镇定，守住了尚在掌控中的斯海尔德运河上仅存的桥头堡，以便将来发动反击。因此，邦特和奥讷库尔（Honnécourt）始终掌握在德军手上。在运河西岸，第 9 后备师在邦特北部至克雷沃克尔之间重建了一条薄弱的防线。

在一些炮兵连进行了顽强抵抗之后，马尔宽还是落入英军之手，英军坦克从这里渡过了运河。残余守军撤往康坦，已无希望抵御有力的进攻。努瓦耶尔已经易手，不过当地的斯海尔德河桥尚能被炸毁，但其他地方的桥梁就无能为力了。第 27 后备步兵团第 3 营余部占领了运河东边的糖厂到弗洛（du Flot）农场之间的地带。再往南是第 107 步兵师第 227 后备步兵团，也同样挡住了在马尼耶尔准备强渡运河的敌军。一个加拿大骑兵连朝康布雷急进并袭击了一个德军炮兵连，但

---

① 英译本注：这个结论对于德国装甲兵学说来说至关重要，正如古德里安所宣扬的那样。古德里安敏锐地意识到坦克的局限性，以及它们需要与步兵和炮兵协同。然而，在20世纪20年代末和30年代的英国，皇家坦克兵的一些主要人物对卡车步兵和牵引炮兵（机动特性各有不同）的协同问题缺乏耐心。埃里克 · 奥福德（Eric Offord）上校在接受美国历史学家哈罗德 · 温顿（Harold Winton）采访时的讲话便充分反映了皇家坦克兵领军人物所形成的思维习惯："我们不想要一支全坦克部队，但我们还能怎么办？步兵在公共汽车（即卡车）上，他们不能和我们一起行动。炮兵……很碍事。他们从不把炮弹打到你需要的地方；当你呼叫炮火支援时，他们总是姗姗来迟。"〔温顿（Winton）的《改变一支军队》（To Change An Army），布拉西（Brassey's），1988年，第110页，注23。〕皇家坦克兵越来越倾向于自行操控坦克，很少考虑与步兵和炮兵的协同。这种趋势后来在利比亚沙漠（the Western Desert）的一些战场产生了灾难性的后果。

② 原注：鲁登道夫的《我的战争回忆》（Meine Kriegserinnerungen），第394、395页。

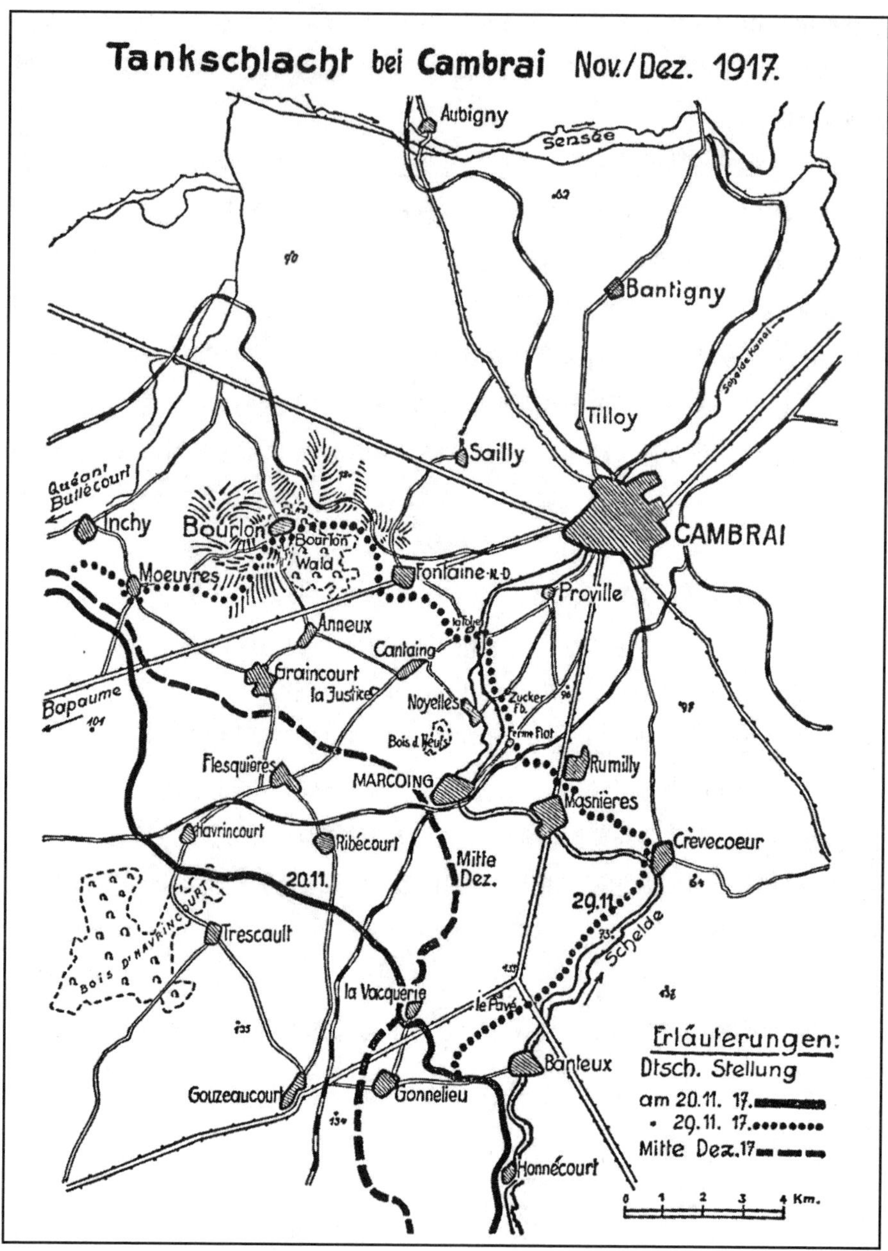

示意图 8：1917 年 11—12 月的康布雷坦克战

该骑兵连随后便被赶来的第 54 步兵师火线补充的新兵歼灭，损失惨重。事实上，凭借现有的弱小兵力，德军即便在此时也毫无希望抵挡住英军的强力进攻。但令人费解的是，英军并未发动这样的进攻。

直到黄昏时分，第 107 步兵师的后援才抵达康坦。他们到得非常及时，并挫败了英军第 1 骑兵师向北突击的企图，阿讷（Anneux）与康坦之间现在形成了一条薄弱的新阻击线。11 月 21 日上午 4 时 15 分，在未受敌军阻拦的情况下，克雷布斯少校率军撤出了曾英勇坚守的弗莱斯基埃，向康坦方向退却。

11 月 20 日夜，德军陷入了一种恐怖的前途未卜的状态。敌军是否会认清并利用当前局面巩固战果？他们是否有预备队来实施战略突破？德军试图摸清前线的情况，并努力使已陷入混乱的部队恢复秩序。

介绍过德军方面的事情经过之后，我们转过来看看进攻方的情况。

从此前英军各突击师中坦克的分配情况可以看出，坦克基本上被编为两路纵队发起进攻，只有作为预备队的第 29 师中有一个连形成第三路纵队跟进。但由于坦克与步兵的梯队交错在一起，因此无法立刻对第一波进攻的坦克提供援助，或迅速巩固取得的相应战果。总体而言，进攻方式过于线性，缺乏纵深配置和坦克预备队。坦克部队的指挥层和集团军指挥层一样，在耗尽所有兵力后就无法干预进攻进程了。埃利斯将军别无他法，只能亲自在位于中央的坦克旅的先锋坦克中指挥进攻。

7 时 10 分，英军坦克从距敌 1000 米远的出发阵地发起攻击。7 时 20 分，在坦克通过前线的同时，英军炮兵开始进行夹杂着高爆弹和烟幕弹的掩护射击。虽然烟幕弹遮挡了德军炮兵视线，但也一定程度上扰乱了坦克队形，因为坦克很大程度上必须依靠罗盘确定前进方向。英军在短时间内轻而易举地夺取了西线此前最坚固的野战工事，坦克摧毁了障碍物，在柴捆的帮助下越过战壕，消灭或俘虏了前沿阵地的全部守军，为反攻准备的德军预备队也难逃前线战友战死沙场的命运。尽管英军跟在徐进弹幕后面缓慢推进，除弗莱斯基埃之外的整个德军防御体系还是于 11 时左右落入进攻方手中。对守军炮兵的战斗以其覆灭而告终。然而，由于进攻速度缓慢，到处都有精干的德军炮兵指挥官将零星火炮撤出被切割的阵地，实施直瞄射击，并给英军坦克造成了相当程度的损失。

接近午时，英军即将取得决定性的胜利。从克雷沃克尔到拉佛利（la Folie）

以南的斯海尔德运河西南岸大部分桥梁落入英军之手。德军防线在克雷沃克尔到马尼耶尔，以及康坦到弗莱斯基埃之间被撕开了两个大口子。进攻者从默夫勒（Moeuvres）以东开始向北侧击第 20 乡土防卫师的防线。在 12 千米的正面上，德军防线不复存在，只剩下一些孤立据点。突破业已成功。一切都取决于进攻者是否会巩固这一战果。任何迟疑与等待都会给守军以可乘之机，调集预备队，构筑新防线，给如此容易且能迅速夺取的胜利打上问号。此时，英军的有生力量只剩下第 29 步兵师和配属该师的 12 辆坦克。但英军指挥部还有一个下辖 5 个骑兵师的完整骑兵军可供调遣，这是一支非常适合巩固战果的部队。为了穿过德军布下的障碍物，英军为骑兵开辟了宽阔的进军道路。这一任务由 32 辆补给坦克完成，有 2 辆坦克携带了为骑兵架桥的设备。从 13 时 30 分起，30 辆坦克就在马尼耶尔等待骑兵到来，第 29 师则在马尔宽桥头堡等待这出戏剧的最后一幕。然而人们翘首以盼的骑兵直到 16 时 30 分才有一个连出现在马尼耶尔，主力却在康坦被德军第 54、第 107 步兵师残部奋力击退。骑兵与坦克协同作战的首次尝试与经长期休整后在西线大规模运用骑兵机动作战的首次尝试都失败了。足以决胜的稍纵即逝的时机已经错失。5 个骑兵师连少量步枪、机枪镇守的薄弱防线都冲不破。

11 月 20 日晚，历史上首次大规模投入坦克的战斗宣告结束。几个小时之内，西线最坚固的防线正面宽近 16 千米、纵深达 9 千米的地域被突破，8000 名士兵和 100 门火炮落入敌手，英军损失 4000 人和 49 辆坦克。康布雷之役是英军的一次大捷。伦敦在战时首次响起了钟声。坦克取得了压倒性的胜利，证明了自身存在的价值。斯温顿和埃利斯还互致电报庆贺。

但是，该如何处置此前打击德军防线的成果呢？不必发动同等强度的第二次打击了吗？尽管给宾将军调来了计划开往意大利的 2 个师，尽管法军将一个预备战斗群——2 个步兵师和 2 个骑兵师，由德古特（Degoutte）将军指挥——用火车和卡车运抵佩罗讷（Péronne）地区，然而英军预备队还是被逐次投入战斗，而法军预备队更是按兵不动。接下来的几个作战日中，坦克军只有部分兵力能够参加战斗。

此时，德军则在源源不断地调兵增援。11 月 21 日，德军形势还很危急。当日上午，集群指挥官科德里将军报告："毋庸讳言，一旦敌军炮兵在增援抵达之前继续发动坦克进攻，很难阻止阵地被进一步蚕食，从而被名副其实地突破。"第 20

1917 年，康布雷战役期间德军缴获的英军坦克

1917 年，康布雷附近被德军摧毁的英军马克 IV 坦克

1917 年，康布雷战役期间，德国人回收了英国坦克

1917 年西线战场上，德国人通过铁路运输缴获的英军坦克

乡土防卫师战损约三分之二，第 54 步兵师几乎被全歼，战争女神再次向英国人露出了自己战袍的一角。但愿佛兰德之战不会重演！但愿当时牺牲在那里的消耗战中的各师官兵能够复活！但愿不必在那里消耗 2200 万磅（约合 998 万千克）弹药，而是制造等重的坦克！ 11 月 21 日，英军花了一整个上午准备发动一场意见不一的攻势。由于只有 49 辆坦克参战，支援并不充分，这场攻势在下午收获有限。不过战斗中英军还是动用了 21 个炮兵营进行火力支援，而指挥官骑马往来于格兰库尔与马尔宽之间制造的声音竟没有招来德军炮兵的射击。坦克拿下了康坦，突入方丹圣母村。尽管 11 月 21 日夜在该村与布尔隆森林之间出现了一个缺口，但英军步兵却没有充分巩固坦克取得的战果。个别坦克企图从马尔宽火车站向康布雷推进，但被及时抵达的一个德军炮兵连击退，英军付出一些代价后撤退。

11 月 23 日及随后几日，又有 67 辆坦克参加了进攻，作战重点是布尔隆山。11 月 27 日，布尔隆和方丹圣母村仍在德军手中，不过布尔隆森林被英军拿下。虽然这最后一次攻势中只有少量坦克参战，却还是给守军预备队带来了艰难的考验。此时，一些勇敢的指挥官沉着有力的指导让部队克服了恐慌，做到这一点是参战部队了不起的成就。

11 月 27 日，英军开始将坦克撤到战线后方以进行彻底休整。部分坦克是用火车运回去的。同日，鲁登道夫将军在勒卡托（le Cateau）举行的作战会议中决心即刻发动反击。现准备工作进展十分迅速，以至于在 29 日就已对布尔隆森林施放了毒气，并于 30 日在一个小时的炮火准备之后发动进攻。此次攻势——尤其是在南部——在英军意料之外，只得投入骑兵，将已经在运送过程中的坦克又火速运回。12 月 4 日夜间，德军经过艰苦反击又重新夺回了布尔隆森林。到 12 月 6 日，失地大部被重新占领，德军大举进占拉瓦克里以南地区，甚至越过了旧防线。此次反击仍然没有取得更大的战果，原因是缺少预备队、投入战斗的各师战斗力不足，以及后勤补给组织失当。德军俘虏了 9000 人，缴获 148 门火炮和超过 100 辆坦克。这些坦克在 11 月 20 日以来的作战中受到了不同程度的损伤，都横卧在战场上。英军则宣称有 10500 人被俘，损失火炮 142 门。德军一雪 11 月 20 日的耻辱。

在总结此次战役的教训之前，还需对英军在 1917 年 11 月 20—30 日的损失清单做一概览：

第 3 军：672 名军官、5160 名士兵

第 4 军：686 名军官、13655 名士兵

骑兵：37 名军官、674 名士兵

坦克军 11 月 20 日单日的损失：118 名军官、530 名士兵

第 2 坦克旅 11 月 20—12 月 1 日的损失：67 名军官、360 名士兵

这些数字表明，投入坦克作战之后，要占领和此前佛兰德战役中同样大的地盘，付出的牺牲要少得多，而且耗时短得过分。它们还表明，坦克军以 9 个兵力薄弱的营出战，表现出最大限度的牺牲精神，为夺取战役胜利不惧死亡。[①]

现在我们来探讨攻守双方在此次战役中的收获与教训。

英军得出的结论是，坦克出色地履行了自身职责。他们还在技术层面提出了一些要求，如：驾驶坦克只需一人，更强劲的发动机，更好的越野能力。此外，军方还要求研制快速的新型坦克，以在穿越敌军防御体系后巩固已取得的战果。1918 年，马克 V 型坦克实现了前三项要求，马克 A 型（Mark A）中型坦克——即所谓的“小灵犬”坦克——和装甲车则实现了最后一项要求。在组织编制上，坦克军扩军为 5 个旅 13 个营，在冬季换装了新型坦克，并进行了良好的训练。

在预料到德军将发动春季攻势后，英军面临的问题是如何在防御中运用坦克。

① 英译本注：当时并没有关于康布雷战役的正式文件或学术研究，古德里安的论述似乎是基于已在德国发表的报告和富勒的《回忆录》。利德尔·哈特在《坦克》第1卷（卡塞尔，1959年，第128—153页）的短篇论述似乎进行了仔细的研究，极具可读性，但自然非常偏袒坦克军的行为，并且完全没有文献依据。1967年布莱恩·库珀（Bryan Cooper）在《康布雷的铁甲舰》（The Ironclads of Cambrai）中的较长论述也没有可靠依据。

一种方案是将坦克作为全军的预备队置于后方，待判明德军主攻方向之后，再统一投入反击作战。这一方案显然是吸取了在康布雷大规模投入坦克的成功经验和先前分散成小部队使用的失败教训。另一种方案则将坦克分散成小部队，部署于战线后方作为局部性的预备队，以防止产生这样的危险：大部分坦克在危急时刻身处未受攻击的战线而无所事事，而在主要突破口却可能没有足够的坦克来阻击敌军。英军指挥层选择了第二种方案，在抵抗中只取得了局部性战果，并从自身采取的错误措施中得出结论：坦克不具备充分的作战价值。那些聪明的批评家们保证，在康布雷所取得的“空前绝后”的奇袭胜利将不可能重演，并且将坦克在抵御德军春季攻势时由他们本身所招致的所谓失败当作例证。坦克军扩军的计划被搁置，个别单位甚至为了填补步兵的损失而被解散。[①] 直到 1918 年 7 月 4 日的阿梅勒（Hamel）之战时，对坦克的评价才再次出现转变。

我们看到，英军在自身的胜利中并没有吸取太多经验。就我们的观察而言，首先，当坦克于 11 月 20 日在康布雷被首次大规模投入到宽阔正面时，取得的战果大得惊人；其次，这些战果本质上应当更大。这需要坦克进攻有更好的纵深，有机动性和战斗力强大的预备队，而且英军不应满足于只夺取德军防御体系，而应从一开始就把全纵深攻击守军，同时摧毁炮兵、预备队和指挥所作为目标。除坦克之外，还应在战术行动中大规模使用空军支援。但是，当坦克被迫单独或以小部队进攻早已严阵以待的敌军时，其进攻的能力迅速减弱。其损失逐渐上升，而其数量越少，步兵在两翼的交叉火网中所能巩固的战果也就越少。对某些旧式武器的作战价值，特别是其攻击力的抱残守缺，导致这些武器被错误地、代价惨重地大规模投入作战——而鉴于新近的火力效果，它们已无法再被大规模投入战场。相反，新型武器却几乎只被允许逐个出现在战场上，当这种逐次的、分散的投入没能符合过高的预期时，一些人还为此感到惊讶。

德军在 11 月 20 日遭受了一次惨重的失利。即便在随后几天中迎战零散出现的坦克时，损失也很严重。此前构筑的障碍对坦克无效，炮兵战术则毫无用处。

---

① 英译本注：1918 年 4 月 30 日，海格下令将坦克军在法国的编制减少约五分之一，即1个旅和3个营。然而事实上，坦克军远远低于其预定编制，海格的方案也似乎没有涉及解散现有单位。鉴于法国步兵短缺，一些坦克军人员（3个营）被暂时充当刘易斯机枪分遣队。对于海格的命令和富勒可预见的敌对反应，见《海格致陆军部》，1918年4月30日，富勒文件集，B45，坦克博物馆，博文顿。另见富勒的《回忆录》，第269—277页。

自从敌军不需要炮火准备就能出其不意地冲向德军阵地之后，远在后方的炮兵阵地进行的炮火封锁就失去了意义，不再有效。失踪人数表明，步兵常常束手无策，从前线退却的个别步兵团残部集结时甚至手无寸铁。

显然，一旦坦克像在康布雷那样大规模亮相，就必须使其具有决定战役走向的作用，因为 1918 年敌方坦克数量更庞大且经过改良。对此需要采取两项措施：必须用尽一切合适的手段增强部队的反坦克能力，尤其是在德军要发动进攻的情况下，还必须组建自己的坦克部队。

在反坦克方面，德国人研制了发射 13 毫米口径子弹的单发反坦克步枪和反坦克机枪。然而在 1918 年只有反坦克步枪被送往前线使用，反坦克机枪未能及时完成，迫击炮则装上了可以平射的活动炮架。西线的每个集团军都配属了 10 门装载在商用卡车上的反坦克炮。制造了坦克陷阱，某些地域还设置了雷区，新构筑的阵地更加强调反坦克的功能。炮兵战术也开始改变，其标志是：防御时将各门火炮位置大幅提前，以完成反坦克任务；进攻时则将火炮配属给各步兵团使用。直瞄单发射击相对于大规模炮击的重要性也得到提升。

如果说上述反坦克措施已经不太有成功希望的话，坦克部队的组建工作就更不到位了。最高陆军指挥部将正在生产中的 A7V 坦克列为迫切实现的首要目标，在康布雷缴获的英军坦克也被尽可能重新修复。尽管如此，仅凭 15 辆 A7V 坦克和 30 辆缴获的坦克（其预备队很少）是无法在 1918 年实施决定性打击的。鉴于步兵 11 月 30 日在康布雷进攻中的表现，德军指挥层认为坦克对于胜利只起了很小的作用。他们对这一新兵种并不信任，而康布雷出现的补给困难使他们更希望以越野能力强劲的补给卡车取代坦克。于是，一部分已经完工的坦克底盘被改造。所谓的马里恩装甲车（Marienwagen）诞生了，但数量也还是不足。

毫无疑问，11 月 30 日康布雷反攻的胜利使德军指挥层更加坚信，步兵和炮兵的攻击力即使在西线也足以突破敌军防线。其前提是获得必不可少的宽阔正面和纵深以发动出其不意的进攻。这一信念很大程度上是有道理的，但在 1918 年春季攻势出色的准备工作中，只有一种情况被忽略了：能否以现有的兵种在按计划突入敌军防区后迅速巩固和扩大战果，从而形成突破？能否以可供支配的手段将战术胜利提升为具有战略意义的胜利？尤其是考虑到敌军有办法用卡车运载部队迅速填补产生的缺口，考虑到预计会出现大量速度更快、行程更远的敌军坦克，这

上图：战场上恢复后的 A7V 坦克

右图：德国坦克博物馆中的 A7V 复制品

一点是否有可能实现？

1918 年的战例给上述所有问题提供了一个明确的答案。

2. 1918 年德军在苏瓦松及亚眠的攻势

在经过周密准备之后，德国陆军在 1918 年春季攻势集中全部力量，竭尽全力以战场上的军事胜利冲破以其他手段无法突破的包围。在时断时续的无限制潜艇战[①]成效不足，而外交斡旋无功而返之后，除了在西线以武力取胜之外，已经没有别的办法能动摇敌人毁灭德国的意愿了。德军最高指挥层很清楚，自己面临着一项艰巨的任务。特别是鲁登道夫将军，在预先进行的作战讨论中多次表达了这一观点。他以毫不动摇的执行力和不知疲倦的勤奋拟定了作战命令，并认为要想进攻获胜，它们是不可或缺的。整个陆军完全信任自己的最高陆军指挥部筹划此次

① 英译本注：无限制潜艇战对非军事目标的舰船实施政击，此举并未让英国屈服，反而因击沉了美国的油轮而促使美国参战，让德国的处境更加不利。

决战。全军完全认可指挥层的观点，并且愿意共同努力来完成这项非凡的任务。

在当时主流的战术观点中，胜利不外乎是先进行简短的炮战，再由根据战争经验而改进的步兵作战所取得的。考虑到美军部队大量涌入战场，看起来有必要提前发动攻势，因而在佛兰德发动第一波进攻的计划被放弃了，那里潮湿的土地要到4月才可以通行。而圣康坦（St.Quentin）两翼的战线有着还算合适的进攻地形，只是索姆河战役遗留下来的布满弹坑的地域会有所影响。如果进展顺利，选定的主攻点有可能将英军与法军分割开来，将其各个击破，最后再连续发动一系列提前准备好的攻势，迫使敌人求和。但这项进攻计划必然会在南部加速且更便于法军预备队的干预。德军进攻部队机敏地停止前进，并且进行了经过精心伪装的集结，成功地欺骗了敌人，使其无法得知进攻开始的地点和时间。约有50个德国师能够全员机动地进行运动战，而对其余各师的要求由于缺乏装备和马匹而受到限制。[①]3月21日，在6000门火炮的火力掩护下，第一波37个师向索姆河两岸突进。第一波进攻之后，4月6日进攻瓦兹（Oise），4月9日进攻阿尔芒蒂耶尔（Armentières），并使德军占领了伊珀尔突出部大部地区及控制战场的凯默尔高地。德军的攻势造成英军伤亡约300000人，65000人被俘，769门火炮落入我方之手，数量远多于此的火炮和军用装备被摧毁。这是自堑壕战开始以来德军在西线取得的最大胜利。英军只剩下140000人的补充兵力，原计划在巴勒斯坦发动的攻势被迫取消，并从巴勒斯坦和意大利各抽出2个师调往西线。英国人服兵役的年龄也被降低。

主动权还在德军手里，但到目前为止却未能实现预定的突破。[②]面对由于进攻中陷入旧弹坑区、速度自然越来越慢的德军各步兵师，主要使用军用卡车运输部

---

① 英译本注：古德里安在这里正确地指出了1918年德军尚未解决的大问题，即在敌人被赶出防御阵地后立刻猛烈追击敌人。在英国军事术语中，这被称为“扩张战果”（exploitation）。通过运用技术〔由他们的炮兵专家布鲁赫米勒（Bruchmüller）上校开发〕进行时间相对短但极为密集的炮击，加上突击队的渗透战术，德军得以突破盟军防御阵地，并在1918年春和初夏几次到达炮兵阵地。然而，德国追击安排得不当，使得盟军以较好的秩序撤退，并最终重新集结起来。约翰·特林（John Terraine）的《赢得战争》（To Win a War），西奇威克和杰克逊（Sidgwick and Jackson），1978年，第59—74页。

在本书中强调1914—1918年德军步兵战术的进展，并未达到古德里安的预期。近来的叙述见布鲁斯·古德蒙松（Bruce Gudmundsson）的《突击队战术》（Storm Troop Tactics），普雷格（Praeger），1989年。

② 英译本注：古德里安写道，德国人从未在1918年实现“Durchbruch”（突破）。这里有些使英语读者感到困惑。德国人确实突破了防御阵地，例如，3月就突破了英军第5军在索姆河的阵地。问题是，没有一支盟军部队真正崩溃（如果德国人找到了某种更猛烈的追击方式就可能发生），因此盟军能够保持一定程度上连续，有时甚至非常不规则的战线。古德里安在这里使用“Durchbruch”（突破）一词来表示整个战线无法挽回的瓦解，而不仅仅是穿透了特定的防守阵地。他将后者称为“break-in”（突入）。大多数英国军事作者倾向于使用“突入”一词来描述对防御阵地的部分穿透，用“突破”来描述完全穿透，用“扩张战果”来描述对阵地的穿透具有决定作用的追击敌人的过程。英国军事作家更可能认为1918年的德军屡次取得突破，但没有找到有效的扩张战果的手段。

1918 年 3 月 21 日，米夏埃尔行动（Operation Michael）期间，德国的 A7V 坦克在索姆省鲁瓦（Roye）市

1919 年，澳大利亚缴获的 A7V 墨菲斯托（Mephisto）坦克被两辆蒸汽压路机拖入昆士兰博物馆

陷进战壕里的英军坦克

一辆法军的雷诺 FT-17 坦克

队的敌军始终能调集兵力前来迎战，并逐渐遏制德军的攻势。当然，我们没有把握判定德方的快速部队是否真能完成突破，但在回顾研究时不可避免要提出这个问题。德军战线后方道路状况极差，炮兵和各步兵师的补给运输非常繁忙，因此可能只有越野能力完善的装甲部队才有希望成功。而且，就敌军暂时的衰弱和崩溃情况而言，这一希望确实很大。

4 月底，突破亚眠的第二次尝试失败了，鲁登道夫将军遂决定越过贵妇小径直取巴黎。这一次，法军成为进攻目标，这给了英军可以利用的喘息之机。德军调集 41 个师、1158 个炮兵连，向 55 千米宽的正面发动进攻，并在 5 月 27—6 月 1 日迅速推进至蒂耶里堡（Château-Thierry）至多尔芒（Dormans）之间的马恩河地段。德军俘虏 50000 人，缴获 600 门火炮。为减轻第 7 集团军右翼的负担，下一波在努瓦永（Noyon）发动的攻势直到 6 月 9 日才开始，遭遇顽强抵抗后失败。第

7 集团军在苏瓦松以及第 1 集团军在兰斯的侧翼的威胁依然存在。佛兰德旧进攻阵地和亚眠的突出部也引发了守军的担忧，对贵妇小径的进攻成果显著。但值得一提的是，进攻在马恩河桥与维莱科特雷（Villers-Cotterêts）森林一带面对法军坦克和用卡车运来的新征步兵师时就止步不前了。这也是雷诺式轻型坦克首次在 1918 年的战事中亮相。

鲁登道夫将军准备再发动一次进攻，以避免在面临美国人及其他对手干预时失去主动权。按照计划，第 7、第 1 集团军及第 3 集团军从两翼进攻兰斯，以确保马恩河畔突出部的安全。这次攻势后，德军还计划对佛兰德再发动一次攻势。47 个师及 2000 个炮兵连将按既定进攻方式强渡马恩河，占领兰斯，以稳固对法军的态势。然而此次进攻走漏消息，失去了奇袭效果，敌军绕开进攻地域东部，并在兰斯以西复杂的地形中借助步兵有生力量和坦克构筑防线。7 月 17 日，鲁登道夫将军下令停止进攻，随后开始向佛兰德运兵。这一步本不应当付诸实施。

德军坦克在这些进攻作战中表现相当活跃。当然，区区 45 辆坦克是无法决定战役胜败的。德军坦克以 5 辆为一组。本来应当鼓励的做法是，将数量有限的坦克集中起来，投入特别注重快速决胜的地域，并选择没有大障碍阻挡前进的地形。遗憾的是，尽管有康布雷的教训，但德军并没有决定这样做，依旧以小股兵力的方式使用坦克，甚至常常将其完全拆散，单独配属步兵行动。虽然坦克在局部地带的单车战绩不错，但仍然无法影响战事的整体进程。直至世界大战结束前，简短的炮战都是德军作战方式的一个特征。正如 1918 年春季的经验所示，即便此种战术在进攻时还能派上用场，但一旦转入防御，面对使用其他手段和方法进攻的敌人时，它便被证明是无效的。

自 6 月初开始，敌军使用新作战方式的迹象令人不安地显现出来，但因为起初规模较小，因此没有引起足够的重视。

1918 年 5 月 31 日，连日进攻作战而精疲力竭的德军 9.5 个师已在瓦兹和马恩河之间与大部为新征调的法军 11.5 个师对峙。德军第 7 集团军企图于该日向克雷皮昂瓦卢瓦（Crépy-en-Valois）—米隆堡（La Ferté Milon）方向发起进攻，然而遭遇猛烈抵抗，敌人生力军甚至在某些地段成功反攻。从米西（Missy）到绍丹（Chaudun）之间，第 9 步兵师出乎意料地遭到了新式雷诺轻型坦克的几波进攻，此次进攻也席卷了第 14 后备师右翼。炮兵很晚才发现法军坦克，因此出现了暂时性的危机。即便法军攻势被击退，两个遭袭德国师的实力还是被打残了。由于法军有生力量被卡车直接运到战场，第 7 集团军当日的进展颇为有限。德军不得不投入预备队。

新征调的第 28 后备师被部署在上述进攻地段以南，奉命向舒伊（Chouy）方向西北方进攻。其间该师发生了相当程度的混乱。6 月 1 日，该师成功渡过萨维耶尔溪（Savières），并驻扎在西岸。不过，该师未能夺取左翼由 3 辆坦克守卫的特罗埃讷村（Troësnes），全师进攻停滞。6 月 2 日，这个在宽阔正面作战、处境艰难的师被派去夺取维莱科特雷。但该师在上午就已经遭到敌军的猛烈反击，敌方还投入了坦克。在炮兵的全力支援下，该师才击退了敌人，部队损失惨重。第 28 后备师左翼有一个师的生力军投入战斗，减轻了该师的负担，使其得以将部分部队作为师预备队撤出战斗。

6 月 3 日，法军投入了更多的坦克实施反击，给德军造成了惨重损失。第 28 后备师分成右翼的第 111 后备步兵团和左翼的第 110 后备步兵团于 5 时 30 分向科尔西（Corcy）—武蒂（Vouty）—法沃罗勒（Faverolles）一线发起进攻。得益于晨雾的掩护，避开了麻烦的侧射火力，因此推进之初相当顺利。随即，部队遭遇了由机枪、火炮和战斗机扫射织成的猛烈火网。最后，还有 5 辆坦克于 6 时 30 分从武蒂森林以北突然向第 111 后备步兵团杀来。该团第 3 营的前沿阵地被突破，部分官兵被迫后撤。有 2 辆坦克被迫击炮击中而无法行动，但还是继续开火；另外 3 辆坦克则转向北面，将第 2 营驱回。科尔西失陷。除了第 111 后备步兵团第 3 营之外，该团第 1 营，第 109 后备步兵团的第 1 营、第 3 营和第 150 猎兵团第 3 营的步兵都在攻击这 3 辆坦克。最后，这 5 个营完好无损地控制了坦克，并俘虏了乘员。试想一下，5 辆坦克与 10 名乘员加在一起居然使一个整师陷入混乱！ 2.5 个小时之内，第 111 后备步兵团就损失了 19 名军官和 514 名士兵，其中有 2 名军官和 178 名士兵失踪，第 28 后备师不得不终止所有后续进攻尝试。除该师之外，第 2 近卫师也同样深受坦克之苦。奥古斯塔（Augusta）团当日损失了 12 名军官和将近 600 名士兵。6 月 4 日，3 辆坦克挫败了德军突击队意在将其缴获的行动。

这几天中，法军坦克显然被赋予了严格限定的目标，其意图只是阻止德军突入维莱科特雷森林，并为计划中的反攻守住己方出发阵地。这些目标都实现了。但是，德军步兵对坦克的防御力又如何呢？自从这一新武器 1916 年 9 月 15 日首次在战场上亮相以来，已过去了一又四分之三个年头，自康布雷战役以来也已过去6个月。德军在协助步兵方面究竟做了什么？步兵学到了什么？在数月的攻势中，步兵的战斗力已经被严重削弱，他们到底应该怎么做？

尽管每次德军突入时，前线都迫切要求出动坦克，但法军坦克直到6月初还是按兵不动。而法军坦克部队指挥官在德军进攻开始前对这些请求无动于衷，坚决不让步，并且不重蹈英军1916年9月的覆辙。他们只想在整个主攻集团军各师都能装备坦克之后才将其大规模投入作战，但由于生产方面的困难，这一装备过程并不像人们所希望的那样迅速。1918年5月1日，除16个施奈德坦克小组和6个圣沙蒙坦克小组外，法军已拥有216辆轻型坦克，但其中只有60辆可以立即投入作战。这个数量并不多，但唯独有一件事触动了兵工厂以及坦克部队的成员——现在对立即将坦克投入对敌作战呼声最迫切的人，正是先前对坦克的应用制造最多障碍的那批人。

我们知道，法军下级指挥层是遵循坦克指挥官的准则行事的，但在个别情况下会有所偏差。4月5日，6辆坦克奉命去支援对索维莱尔（Sauvillers）—蒙吉瓦勒（Mongival）发动的一次限定目标的攻势。只有1辆坦克抵达目的地，进攻因此失败。

4月7日，又有6辆坦克与1个步兵连协同进攻格里韦讷（Grivesnes）公园。步兵未能利用坦克的威力，公园未能守住。4月8日，12辆坦克成功地协助部队占领了莫勒伊（Moreuil）—莫里塞勒（Morisel）西北方的两片森林。5月28日，12辆坦克协助美军占领了康蒂尼（Cantigny），自身无一损失。5月31日，在未提前掌握敌情或与步兵联络的情况下，6个排的轻型坦克在绍丹与摩洛哥师一部一起偏离进军路线向东挺进，以阻止德军前进。进攻于中午时分在开阔地进行，没有炮兵支援，没有烟幕掩护，没有飞机助战，甚至没有己方步兵跟进。坦克退回与步兵会合，接着重新进攻。它们再三进行尝试，却始终徒劳无功。由于步兵没有跟进，也由于步兵精疲力竭，面对正朝着狭窄进攻正面的侧翼开火的机枪无法跟进，坦克所占领的宽度与纵深均为2千米的区域得而复失。

接下来几天，这种拉锯战在萨维埃溪和维莱科特雷森林东部反复上演。最终，9个坦克连在阻止德军向巴黎进军这一对法军最具威胁性的行动中做出了巨大贡献。

在阻击德军“格奈森瑙攻势”时，法军坦克的投入力度更大。此次攻势于6月9日爆发，从努瓦永开始，大致朝贡比涅方向延伸。6月10日，攻击已进至梅里（Méry）—贝卢瓦（Belloy）—圣莫尔（St. Maur）一线，先锋部队甚至已进抵阿隆德（Aronde）。法军决定于6月11日一早投入4个新兵师以及4个坦克群（施奈德坦克和圣沙蒙坦克各2个坦克群）发动反攻。160辆坦克在夜间成功就位后，于10时左右从库尔塞勒（Courcelles）—埃帕耶勒（Epayelles）—梅里—瓦凯穆兰（Wacquemoulin）一线发动奇袭，任务是将对手驱赶进马茨（Matz）河谷。德军大量机枪被摧毁，步兵伤亡甚重。不过坦克在德军炮兵视线良好或能够直瞄射击的地方也处处被动挨打，坦克部队有46人阵亡，300人负伤，70辆坦克被毁。法军反攻开始太晚，而且是在晴朗阳光下进行，步兵很快被德军发现，并为机枪和炮火所阻，无法迅速跟上坦克，因此坦克在抵达目标后要等很长时间。法国人宣称是这两种情况造成了惨重损失。法军占领的土地有8千米宽、3千米深。

随着坦克数量激增，法军于1918年设置了坦克团一级和旅一级的指挥部。坦克团由坦克数量不等的营组成，每个坦克旅下辖3个团。

自6月中旬起，马恩河和埃纳河之间的作战特点发生变化：法军以夺取良好的进攻出发阵地为目标。各坦克排和坦克连成功参与了这些战斗，但所遭受的损失促使坦克部队指挥层坚信,进攻只有用大量坦克实施才奏效。7月16日和17日，502坦克团的3个坦克营再度被用来抵御德军对若尔戈讷（Jaulgonne）以南和多尔芒的马恩河发动的攻势，不过损失了总量的五分之一。当德军又把目光放在跨度很大的马恩河突出部的南部和东南部时，在埃纳河和马恩河之间正酝酿着一场猛烈的暴风雨，它的到来对德军来说非常不是时候。法军指挥部命令2个集团军，即位于乌尔克河（Ourcq）以北由芒然（Mangin）指挥的第10集团军和位于乌尔克河以南由德古特指挥的第6集团军，在没有炮火准备的情况下发动奇袭，以康布雷战役为榜样，配属大量坦克发起进攻。

本次攻势成功的关键前提之一在于对准备工作进行保密。第10集团军坦克部队指挥官接到命令，于7月14日午夜将坦克运抵战场。16日和17日，为避免在运输过程中被阻击，坦克在皮埃尔丰（Pierrefonds）、维莱科特雷和莫里安瓦尔（Morienval）卸车，而第6集团军的坦克则于7月15日完成集结。7月17日夜间，猛烈的暴风雨盖住了所有行进噪音，在它的掩护下，坦克部队进抵出发阵地。

104、105 页图表显示了此次进攻中各师所分配的坦克数量情况。

法军指挥部集中 490 辆坦克用于主攻的同时，还将数量可观的 180 辆坦克部署于次要战线或闲置不用。第 6 和第 10 集团军将同时展开奇袭，企图歼灭“蒂耶里堡口袋”内的德军，至少也要力求使德军无法使用苏瓦松的交通要点。第 6 和第 10 集团军由西向东进攻，除此之外，位于韦勒河（Vesle）南方的第 5 集团军将由东向西朝着阿尔西勒蓬萨尔（Arcis-le-Ponsart）进攻。然而在查明德军 7 月 15 日进攻失败后，该师才接获相应命令。

第10集团军

军	第一梯队各师	第二梯队各师	预备队	可用		
				火炮	坦克	飞机
1军	第162师 第11师 第153师	— 第72师	— — —	228门野战炮 188门重炮 —	— — 27辆施奈德	40架
20军	美第1师 摩洛哥师 美第2师	第69师 第58师 （集团军预备队）	— — —	276门野战炮 172门重炮 （包括第69师和第58师）	60辆圣沙蒙 48辆施奈德 48辆施奈德	50架
30军	第38师 第48师	第19师 第1师 （集团军预备队）	— —	216门野战炮 112门重炮 （包括第19师和第1师）	30辆圣沙蒙 —	50架
11军	第128师 第41师	第5师	— —	114门野战炮 128门重炮	— —	40架
预备队			第2骑兵军下辖 骑2师 骑4师 骑6师 轻型坦克 6辆以卡车运输的步兵营		第1、第2、第3雷诺坦克营 130辆轻型坦克	301架 （集团军）
合计	10个师	6个师	—	1545门	343辆	481架

法国第 10 集团军计划于 7 月 18 日 5 时 35 分在炮火掩护下发起进攻。首要进攻目标是贝尔西勒塞克（Bercy–le–Sec）—绍丹—维耶尔济（Vierzy）一线。目标达成后，第 2 骑兵军将负责巩固战果。为此，第 4 骑兵师将从距战线后方 12 千米的塔耶方丹（Taillefontaine）出发，经绍丹—阿尔泰讷（Hartennes）向费尔昂塔德努瓦（Fère-en-Tardenois）挺进。第 6 骑兵师则从距战线后方 18 千米的沃穆瓦斯（Vaumoise）出发，经韦尔特弗耶（Verte Feuille）—维耶尔济—圣雷米（St. Rémy）

向乌希堡（Oulchy-le-Château）挺进。第 2 骑兵师和第 4 骑兵师作为军预备队在后方跟进。战斗机就位待命，此外还有 6 个步兵营及工兵部队搭乘卡车分别在莫特方丹（Mortefontaine）和维莱科特雷待命，第 6 集团军将与第 10 集团军同时出击。

第6集团军

军	第一梯队各师	第二梯队各师	预备队	可用		
				火炮	坦克	飞机
2军	第33师	—	—	144门野战炮	—	40架
	1/2个美第4师	—	—	108门重炮	—	—
	第2师	—	—	—	45辆	—
		第63师（集团军预备队）	—	—	30辆	—
	第47师	—	—	—	45辆+12辆	—
7军	1/2个美第4师 第164师	— —	— —	36门野战炮 84门重炮	— 15辆	30架 —
美1军	第167师 美第26师	— —	— —	84门野战炮 84门重炮	— —	30架 462架 （集团军）
合计	7个师	1个师	—	588门	147辆	562架

其他部署还包括：

第 9 集团军：90 辆轻型坦克

第 5 集团军和第 1 骑兵军：45 辆轻型坦克

可能的后续部队：45 辆轻型坦克

总计约 180 辆轻型坦克

5 时 35 分，在炮兵轰击过后，坦克和步兵同时发动冲击。一团薄雾挡住了行军路线，对德军的奇袭成功了。8 时 30 分，沿着 12 千米宽正面突进的第 10 集团军就已经在局部地段占领了纵深超过 3 千米的地域；12 时左右，该军已在关键方向上突入德军防线达 6 千米之多。法军在下午只取得了很有限的进展，直到新一批坦克部队于傍晚抵达时，才再次为攻势带来了新的动力，并又越过维耶尔济向前推进了超过 2 千米。第 10 集团军沿着 15 千米宽的正面平均前进了 5—6 千米，局部地区深达 9 千米。而第 6 集团军又向南前进了约 5 千米。

此次攻势重创了德军第 9 和第 7 集团军的 10 个师，在其后方还有 7 个师待命。

1918 年在伦敦展出的德国野战炮

德军各师防御正面宽约 4.5—5 千米，法军进攻各师正面宽度则为 2 千米。德军部队情况令人非常不满：此前进攻作战时的惨重损失还未得到补充，阵地大部丧失，补给匮乏。部队的战斗力和抵抗力已不在往日水平上。法军向这批部队发动奇袭时，阵地中的士兵大部被歼，火炮被缴获。

这些工作主要是 8 时 30 分左右完成的。是什么使法军进攻的力度此后不再明显呢？是什么使法军此后进展甚微呢？位于德军右翼的施塔布斯（Staabs）集群地段的第 241 猎兵师南翼在下午被坦克蹂躏之后，为什么该师半数官兵能够在几乎未受阻拦的情况下，从此前坚守的前线出发，经埃纳河谷向苏瓦松撤退呢？为什么法军炮兵从中午开始时就完全停止开火了呢？面对得胜之敌，第 11 巴伐利亚猎兵师残部如何能占领并坚守沃比安（Vauxbuin）以西的山脊呢？该师曾有一段时间只有 2 个炮兵连，下午增援抵达后有了 7 个连，傍晚时已有 9 个连！尽管敌军于中午时分在第 11 巴伐利亚步兵师阵前重组队伍发动一场新的攻势，并转移了炮兵阵地，还出动了坦克甚至骑兵，但攻势未能奏效。德军有了一个晚上时间来调集部队进行持久防御。

紧靠南方的瓦特（Watter）集群的情况与此类似。炮击开始后，警备部队和预备队进入警戒状态，并进行炮火封锁。集群右翼的两个师都成为敌军的重点进攻对象。法军已于 8 时 20 分占领米西。第 42 步兵师炮兵尽力攻击了高大麦田中很难发现的坦克，却也还是没能抵抗很长时间。8 时 30 分左右，德军部署于绍丹—米西防线上的火炮已被全数消灭。第 14 后备师发现（第 46 后备师的 3 个团也在该师防区作战），敌军竟然出乎守军意料，绕开了幽深的、树木茂密的萨维埃溪溪谷。敌军用炮火压制这条溪谷，从其南北两面向高地展开进攻。这样做的原因在于，萨维埃溪溪谷只会限制坦克的展开及威力的施展，为保证进攻成功，只好对其实施两面围攻。德军在考虑法军进攻方式时未纳入对地形的评估，因而提高了敌军奇袭的成功率，也降低了对方突破沃卡斯蒂耶（Vauxcastille）的难度。而英勇坚守萨维埃溪溪谷的第 159 猎兵师在法军双重包围下损失殆尽。当法军于 6 时成功突破后，左翼第 53 后备猎兵师作战的一个营中，只有 1 名军官、4 名士官和 6 位士兵逃脱。第 14 后备师的炮兵已经被歼。在投入最后的预备队兵力——其中甚至有乡土突击军（Landsturm）连队——之后，维耶尔济地区于 7 时 30 分被占领。

在第 14 后备师左翼，第 115 步兵师得以击退法军小股兵力突击。原因是什么？因为对方没有坦克。不过该师也陷入法军的双重包围，只得在傍晚撤退。

8 时左右，德军总司令部基本掌握了前线的恶劣形势，并下令占领和守住绍丹—维耶尔济—莫洛瓦（Mauloy）一线的阵地。为此给每个师增调了一个步兵团，但手头已经没有炮兵了。研究这些措施如何发挥作用是颇有教益的，因为敌军在以坦克进攻瓦特集群时极其猛烈与迅速：

（a）归第 42 步兵师指挥的第 109 掷弹兵团的 2 个营抵达太迟。大规模投入坦克的敌军在 9 时 30 分左右就已夺取了绍丹阵地。随后，对方坦克的进一步推进，但被配属 109 掷弹兵团的第 14 野战炮团第 2 营击退。

（b）第 40 燧发枪兵团（Füsilierregiment）被配属给第 14 后备师。该部于 8 时 45 分从维西尼厄（Visigneux）赶到莱谢勒（Léchelle），并冒着猛烈炮火抵达绍丹西南方高地边缘，正好与敌遭遇。该团在其团属炮兵（第 14 野战炮兵团第 3 营）和 2 个反坦克排的协助下守住了阵地。从 13 时 30 分开始，敌军进攻逐渐式微。德军部队得以重整秩序，建立联络。进攻开始时的炮兵部队还剩下 1 个连。在作战间隙，第 40 燧发枪兵团和第 16 后备步兵团的团属炮兵前来增援，使炮兵数量增加了 5 个连。

（c）第 2 后备步兵团被配属给第 115 步兵师。该部此前已作为军预备队被部署于紧靠前线后方的莫洛瓦森林中，并早在 7 时 30 分就将两个营投入战斗。第三个营同时也进入待命。该团是唯一及时在未受坦克攻击的师后方就位的部队，其炮兵部队只损失了一个小队。

瓦特集群此时依然有一个步兵团在维勒蒙图瓦尔（Villemontoire）和蒂尼

（Tigny）担任军预备队。14 时，集群指挥部下令将大批辎重队及所有多余车辆撤往埃纳河北岸。此次机动调遣完全未受敌人阻拦。第 42 步兵团于下午和傍晚击退了敌军的零星进攻，大量坦克成为炮兵部队的猎物。第 14 后备师则于 20 时 30 分受到了更大规模的进攻，敌坦克部队生力军越过维耶尔济，取得了上文提到的胜利。为什么法军坦克预备队这么晚才发起进攻？他们从皮瓦瑟（Puiseux）和弗勒里之间的待命阵地出发去维耶尔济的路程并不远，不过 12 千米。

温克勒（Winkler）集群在瓦特集群左翼奋战。该集群与友邻部队采取了同样的反制措施。敌军在这里也跳过了难以攻击的地段，例如德克雷斯内灌木丛（Buisson de Cresnes）。该集群北面的第 40 猎兵师因此未受坦克攻击，得以坚守相当长的时间。相反，在 9 时 30 分出动坦克后，法军与第 10 巴伐利亚步兵师交火，并深入讷伊圣弗龙（Neuilly-St.Front）方向约 3.5 千米。随后，攻势为一群德军下级军官的自主行动所遏止。考虑到敌军还使用了坦克主攻该师，这一战绩就更显著了。为什么被用来与第 10 巴伐利亚步兵师作战的总共 132 辆坦克没能取得更大的胜利？

这个问题的答案就是坦克与步兵的编组问题。第 10 巴伐利亚猎兵师受到了法军第 2、第 47 师的第一波攻击和第 63 师的第二波攻击。第 63 师按计划可能不再参加第一天的战斗，因此配属给该师的 30 辆坦克并未参与 7 月 18 日的任何行动。其他的 102 辆坦克分别有 45 辆配属给第 2 师，57 辆配属给第 47 师。各师又将这些坦克分配给各进攻波次使用。第一波进攻只投入了这些坦克的一部分。随着炮兵转换阵地而造成的进攻间歇，德军得以重整其部队，法军直到 17 时 45 分才发动了一次新的进攻，无功而返。或许是没有发现，又或许是缺乏勇气，在炮兵转移阵地的关键时刻，法军未能善加利用坦克冲击创造的机会，以致前功尽弃。

南侧的第 78 后备师正面遭遇的坦克造成的直接压力并不大，然而其北面却被包抄，不得不在损失了部分火炮后撤退。

第 52 后备师于 7 时 30 分从伯瓦尔德（Beuvardes）地区出发向西北方行军，给温克勒集群带来了重要的增援。该师先遣部队于 11 时即抵达乌希堡东南方的阿尔芒蒂耶尔，此地位于当前前线后方 11 千米。此地和更往北面的情况一样，都只用了几个小时便成功调集强大的预备队，这说明不论时间多短，即便在奇袭完全成功后都足以供进攻方实现真正的突破。这是在 1918 年，德方大多数情况下都只能靠步行调动预备队！ 7 月 18 日，只有第 10 步兵师乘坐卡车从伯瓦尔德前往南普特伊苏米雷（Nampteuil-sous-Muret）—米雷和克鲁特（Muret et Crouttes）—德鲁瓦济（Droizy），并于当日傍晚投入战斗。在摩托化和空中机动预备队的时代，我们要远比以往更加注重进攻的快速实施。

舍勒（Schoeler）集群驻守于圣让古尔夫（St.Gengoulph）和马恩河畔之间的蒂耶里堡，只有右翼最外侧遭受攻击，并丢掉了库尔尚（Courchamps）。

7 月 18 日晚，法军在整个 40 千米宽的进攻正面上成功突入德军防线，众多德军师几乎被歼，其余各师则遭受重创。

为什么突入防线后却并没能完成突破？这一问题的答案对装甲兵未来的应用及编成都有着重要意义。我们的研究必须首先从以下几点展开：

（a）部队，尤其是坦克投入进攻的方式；

（b）遵循的坦克战术；

（c）预备队的组成及运用。

关于（a）：在明确马恩河突出部的庞大德军部队所处的困境，尤其是明白德军主要依赖苏瓦松的补给线的脆弱性之后，法军指挥层决定从西边的维莱科特雷森林开始发动主攻。这项任务交由第 10 集团军执行。法军指挥层还决定，此次攻势不按照此前的奇袭方式，而遵循“康布雷模式”，即大规模投入装甲兵来实施。明确了维莱科特雷—苏瓦松是攻击方向，现在的关键是将全部可用进攻兵力，主要是坦克和飞机集中投入这一方向。为了加强第 10 集团军，不再给第 5、第 9、第 6 集团军配属坦克作战。可用坦克的数量也绝不能过大，以免第 10 集团军没有足够的部署空间，尤其是集中投入的其他兵种的数量只应在阵地战条件下发动进攻时形成优势。再加上乌尔克河南方与北方的地形均对坦克造成了同样的困难，因此坦克分属 2 个集团军也起不到决定性作用。既然决定将所有坦克部队交给位于乌尔克河以北的第 10 集团军，那就应该特别注意从埃纳河谷向南延伸的深谷，即佩尔南（Pernant）峡谷、萨科南布勒伊（Saconin-et-Breuil）峡谷和克里斯（Crise）山谷及其分支。大部分坦克无论如何都必须从前两座峡谷以南经过，从而向大罗祖瓦（Grand-Rozoy）和阿尔泰讷挺进。

关于（b）：法军从先前的坦克战中得到的经验是，坦克只有和步兵保持最密切的联系才能使进攻成果得到巩固，也只有这样才能对整个作战行动有利。按照

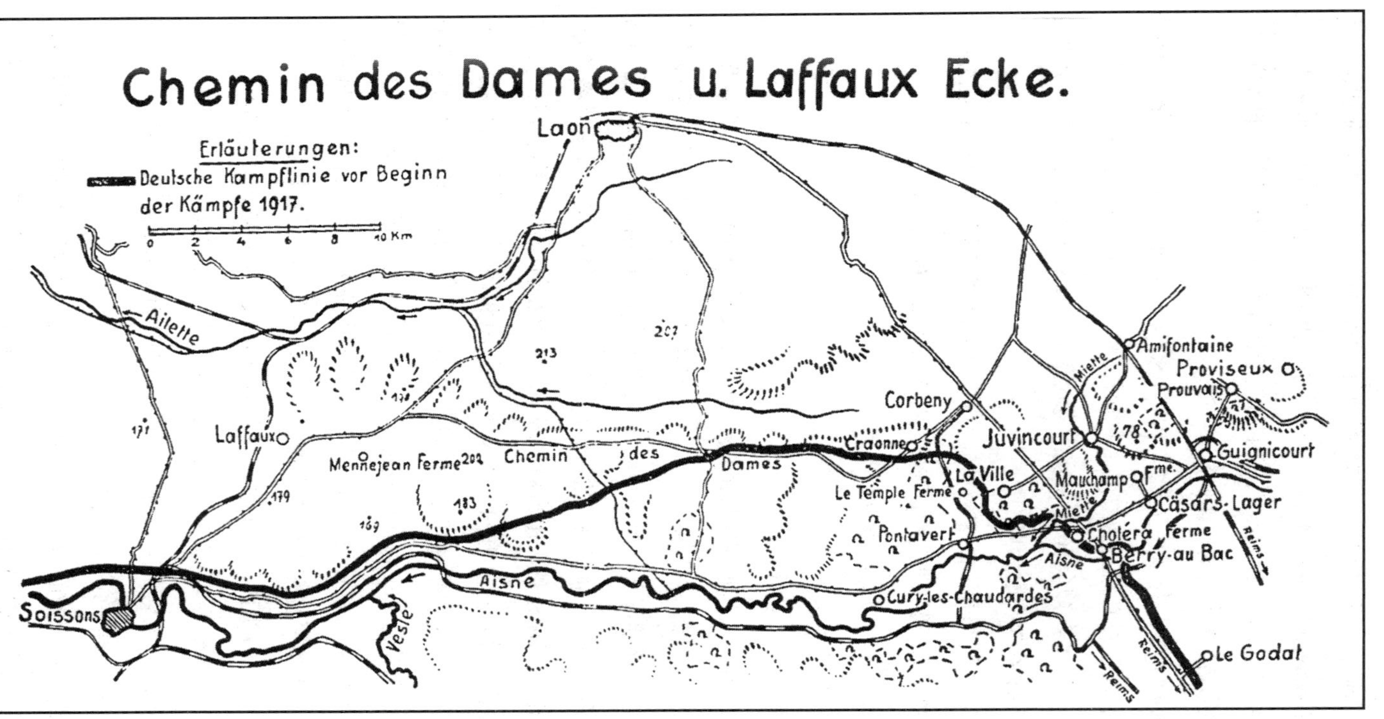

示意图 9：贵妇小径与拉福突出部

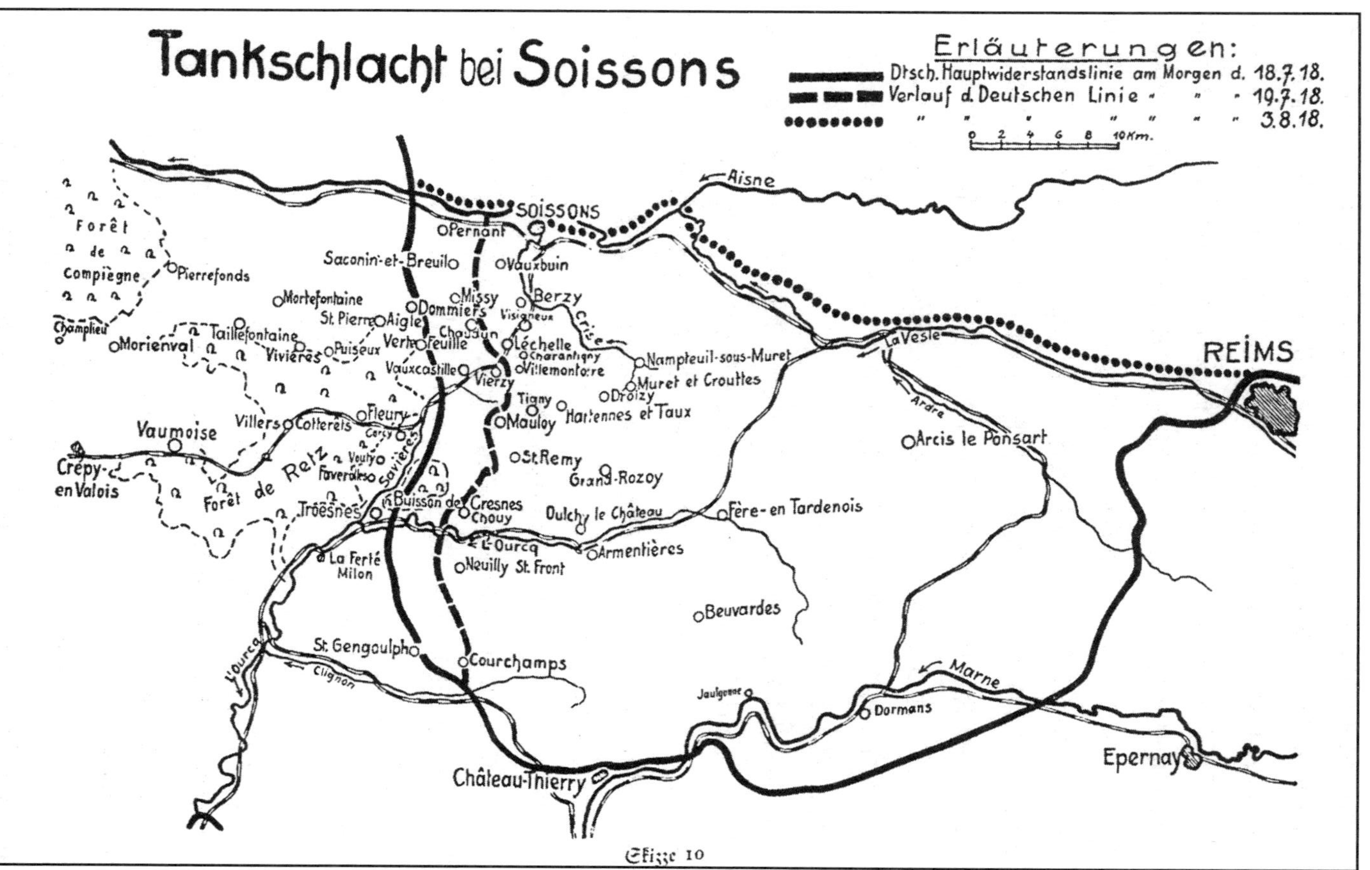

示意图10：苏瓦松坦克战

这一经验，坦克被配属给每一波步兵，只有装备最新的、速度最快的坦克的 3 个营被作为集团军预备队排除在外。此外，法军还认为，尽管没有炮火准备依旧有可能取得进攻胜利，但没有炮兵开火却无论如何也不可能取得成功。只有一种办法能够取胜，那就是炮火掩护。一旦炮火掩护完成，炮兵就必须转移阵地。但由于身处战马拖曳火炮的年代，大群炮兵转移阵地需要几个小时。在转移阵地期间，进攻部队——坦克和步兵——在进攻士气最高时停止并等待。此时他们并不总能找到掩护，反倒是常常暴露在守军的视线和逐渐增强的武器威力之下。另外，守军如何利用所获得的时间，上文已经阐述过。奇袭取得的全部战果就此拱手让人。某些地段的炮火掩护似乎极为死板。预期中的碉堡和据点始终无法打击到，而这些区域的反坦克地形又是坦克无法进攻的。由于受到侧射火力，进攻步兵在这些未受压制的守军碉堡前动弹不得。只要把坦克进攻与无掩护的步兵和靠马拖曳火炮结合在一起，这一情况就会一再上演。

由于坦克被配属给各波步兵，第一波坦克所取得的战果也无法被迅速而坚决地巩固。坦克部队的高级指挥官们受到排挤，被降格为上级指挥部的“顾问”，也常常领受吃力不讨好的任务：战役之中，他们会用战术要求和技术思考干扰作战设想，这让他们很不受欢迎；战役之后，他们又得沮丧地拼凑自己引以为傲的部下的残部，还要忍受各种指责。

关于（c）：7 月 18 日法军第 10 集团军预备队主要兵力构成为：

4 个步兵师，其中 2 个师部署于第 20 军后方，2 个师部署于第 30 军后方；

3 个骑兵师，其中 2 个师部署于第 20 军后方的塔耶方丹，2 个师部署于第 30 军后方的沃穆瓦斯；

由卡车运载的 3 个营，部署于第 20 军后方的莫特方丹；

由卡车运载的 3 个营，部署于第 30 军后方的维维耶尔（Viviéres）；

3 个坦克营部署于第 30 军后方的弗勒里和皮瓦瑟之间。

按照当时的观点，法军指挥层显然坚信他们事先为组建快速机动的预备队做了非常充分的准备。必须承认，事实的确如此。不过预备队的组织和行动中却产生了诸多摩擦。

8 时 15 分，集团军指挥官已命令骑兵军下辖各骑兵师向前推进。各师开始行动，但在挤满了其他部队的道路上只能缓慢前行。无论如何，他们此时完全堵塞了道

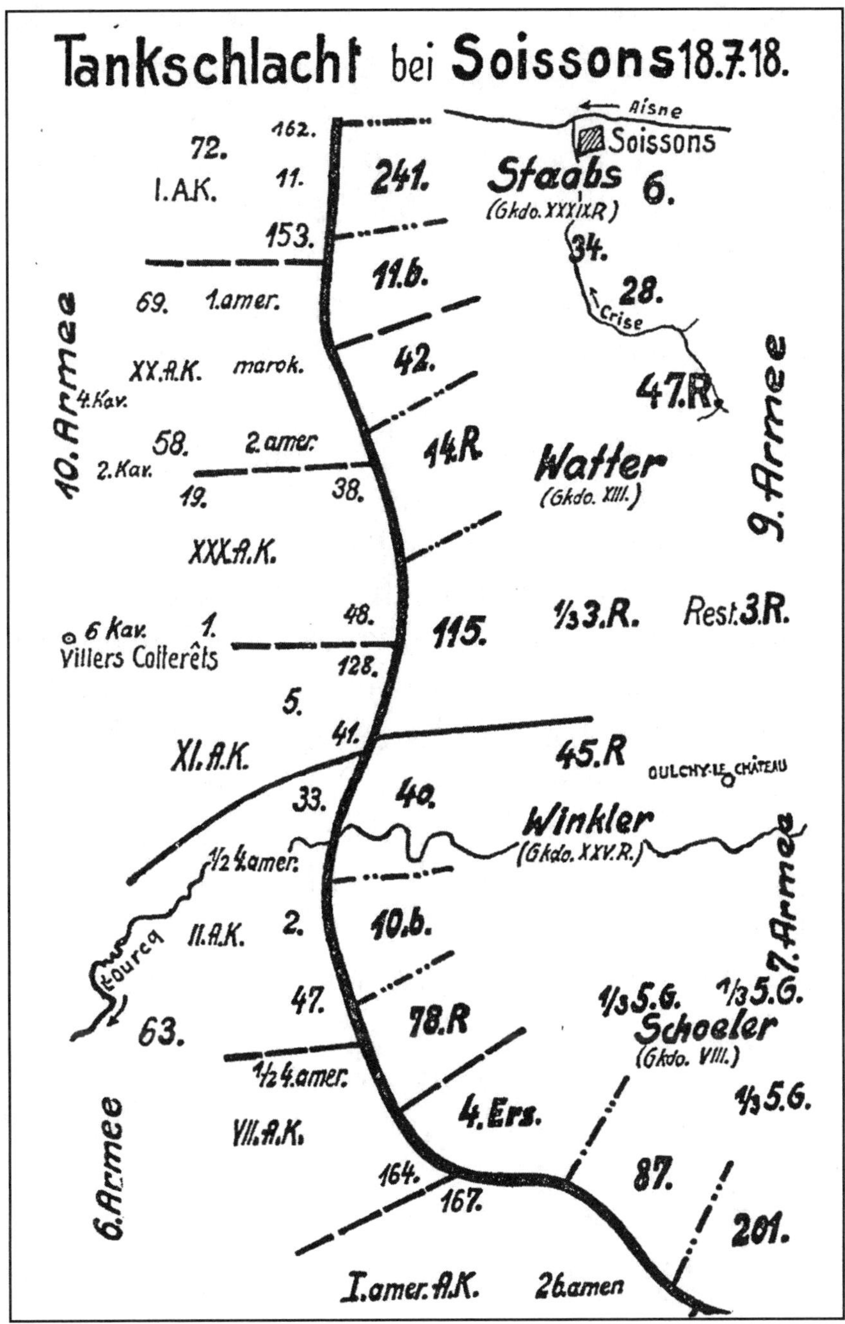

示意图 11：1918 年 7 月 18 日苏瓦松坦克战

路。15 时，第 4 骑兵师抵达多米耶（Dommiers）和圣皮埃尔艾格勒（St. Pierre-Aigle），第 6 骑兵师抵达韦尔特弗耶农场以西地区。此时，卡车运载的各步兵营才刚刚离开其位于莫特方丹和维维耶尔的待命区域，距法军旧战线后方仅 7—8 千米。没过多久，继续骑马前进已不再可能。法军不得不满足于让几个步兵营向维耶尔济和南部步兵正在奋战的区域穿插。卡车运载的各营和第 2 骑兵师毫无音讯，也许他们正堵在行进途中。

至于之前提到的那 3 个装备最新的、速度最快的坦克营，他们在 10 时以后接到命令，以 2 个营跟随第 20 军、1 个营跟随第 30 军前进。但是，只有在第一波进攻的坦克无法推进时，这些坦克才投入战斗。第 1 营于 20 时支援了从沃卡斯蒂耶向阿尔泰讷托推进的美军第 2 师，该营成功协助步兵推进了 3—4 千米。除该营之外，只有第 2 营的一个连在莱谢勒投入战斗，战果不详。其余坦克并未作战。

整编为 501 团的这 3 个营的轻型坦克由团长指挥，统一且同时在进攻推进速度最快的地方，也就是朝阿尔泰讷方向投入战斗，本来是有可能取得战果的。命令越早下达，效果就越好。团长或其他下级军官所受限制越少，所能指望的独立性就越强。就整个进攻与炮火掩护之间及与炮兵实施阵地转换之间所表现出来的普遍联系而言，即便是最勇敢的如塞德利茨般能干的指挥官也会被束缚。

在这批紧靠着前沿部队的坦克预备队后方，应该配属由坦克预备队指挥、由卡车运载的步兵营和工兵，他们已经前进到敌方火力所能允许的最远位置。与已在早晨的战斗中精疲力竭的第一波步兵相比，生龙活虎的他们可能更有能力快速伴随坦克进攻。

骑兵的投入应选准时机。需要等到突破取得成功，开阔地被清理出来，没有铁丝网、战壕、机枪的阻碍之时。

7 月 18 日，步兵预备队中有 3 个师投入作战，为此还抽调了前线的一个师和骑兵军。为 7 月 19 日的作战安排了 7 个师的生力军，将其运往战场——大部分乘坐卡车。

进攻方在进攻首日俘虏了 12000 人，缴获了 250 门火炮。

现在我们来研究一下法军 7 月 18 日首次遵循奇袭方式实施的大规模进攻的战果。

在遭受了当日的重大不幸后，德军方面自然立即深入探究了失败原因。有一个原因得到了一致赞同：法军的行动是一次彻底的奇袭，而且不仅使德军部队感到意外，似乎在很大程度上也令德军高级指挥层感到意外。既然法军 7 月 15 日以前在苏瓦松以南没有发动任何攻势，德军可能认为敌军兵力已受到己方对埃佩尔奈（Epernay）的进攻的牵制。这是一个误判。不过这个失误并没有继续造成灾难性的后果。的确，如果法军手中没有强大的新式武器坦克的话，估计他们是完全不敢发动奇袭的。法军在马恩河突出部首次投入了数量相当充足的坦克，并且设定了战略性目标，而不仅仅限于局部性目标。1917 年的康布雷有 400 辆坦克投入作战，在马恩河突出部却有 500 辆坦克。攻击行动的正面显然也比当时更宽，但打击力度并没有强出多少。尽管如此，这次攻势的实际攻坚能力所产生的奇袭效果——不论血腥程度，还是对士气的影响——和 1917 年 11 月 20 日的攻势完全一样。

一个不幸的事实是：康布雷之役过去 8 个月后，德军步兵和炮兵还是没有装备反坦克武器，而更加不幸的事情也许是这些兵种自此以后的作战方式同样没有针对坦克做出调整。在认清失败原因以及有效抵御坦克这一新式进攻手段的必要性之前，还需要付出很多血的代价。可惜德国认识到这一点已经太晚了，以至于无法在战争期间发挥作用。在《凡尔赛和约》的限制下，这一观点的影响甚至又开始减弱。7 月 18 日，步兵在苏瓦松完全未能抵御进攻方装甲部队的攻击。炮兵部队直到下午才在精心挑选的新射击阵地上对其实施抵抗。一些人曾梦想坦克奇袭具有“无与伦比的威力”，现在则表示自己只是痴心妄想。而且这一表现还会反复出现。

战壕兵力不够与步兵士气消耗殆尽也被列为防御失败的原因。然而，面对敌军此次使用的进攻方式，即便提高战壕兵力也很难扭转灾难，反倒可能加重损失。部队的士气状况则不得不使人表示钦佩：尽管流感和欠佳的伙食导致身体状况不佳，但他们还是表现出了超乎常人的忍受力与充满活力的主动性，这一点已经清楚地体现在前文对战事的粗略描述中。随着对各师、团作战行动的深入研究，这种钦佩之情还会不断增加。

在对战事进行细致的分析后，我们认定 7 月 18 日作战失败最重要的三大原因是：

（a）法军成功的奇袭；

第二次马恩河战役（苏瓦松战役）中德军将缴获的英军坦克运用到战斗中

（b）独自完成法军奇袭战术的坦克部队的攻击力；

（c）德军步兵和炮兵尤其是炮兵缺少反坦克的武器和作战方式。

德军此次灾祸的影响甚大，接下来几天，战术失败升级为明显的战略失败。这是由于法军对苏瓦松的突击对驻扎在马恩河突出部的德军部队后方交通线形成了极大的威胁，迫使德军指挥层立刻撤出刚刚占领的马恩河南岸地区，并将战线移至韦勒河后方。由于死伤和被俘甚多，德军有10个师的番号被撤销。原定在佛兰德发动的"哈根攻势"（Hagen-Angriff）也被放弃。德军在整个西线转入防御。主动权落入敌手。①

法军方面需要回答一个问题：为何没能在进攻第一天完成突破，并就此切断

① 英译本注：古德里安在这里认为苏瓦松战役是1918年西线战役的关键转折点，并暗示它也是整个战争的关键转折点。古德里安对这场战役的称呼在英国几乎完全不为人知。对一战军事史感兴趣的人们所熟知的称呼是"第二次马恩河战役"。但值得注意的是，此战的意义如此重大，可用的英语资料却很少，没有一本专门研究它的现代学术著作，仅1927年索顿·巴特沃斯（Thornton Butterworth）所著的《马恩河的两次战役》中包含了福煦和鲁登道夫的简要叙述。

马恩河突出部？我们已经知道，在进攻战线的关键地段，也就是第10集团军的进攻区域大规模集结可用的坦克是可能的，这样便能大大加强该集团军对苏瓦松以南高地这一关键方向的打击力。但仅凭这一措施是无法使整个攻势加速，并巩固奇袭战果的。只要坦克进攻始终从属于推进缓慢、受到未被发现的敌军机枪牵制的步兵进攻，并受制于炮兵方式死板的掩护射击和需耗费数小时的转移阵地，那么就始终只能突入敌军防御体系，绝不可能实现突破。坦克与缓慢的步兵联系密切，等待马匹拖曳的火炮重新部署又需要几个小时，再加上有效射程内不断增强的反击火力，使守军在1918年总是能建立起新的防线。这样法军势必要发起一场全新的攻势，只是无法在一夜之间准备完毕，因而完全丧失了奇袭的希望。至少就1918年的战例而言，由于坦克部队已在进攻首日消耗严重，它无法为这样的攻势提供有效支援。与步兵进攻配合紧密还造成了一个后果：第10集团军进攻首日的343辆可用坦克中事实上只有223辆投入战斗，另外的120辆则始终跟随着后方的步兵与预备队，因此毫无作用可言。尽管坦克在7月18日取得了战术进展，可是法军远远未能完全利用这种新武器在速度、装甲防护和火力方面的强大打击力。

法军随后的攻势没有取得根本性的新进展。7月19日，第10集团军原本有241辆坦克，在损失102辆后，只有105辆投入战斗。7月20日，有32辆坦克作战;7月21日，有100辆坦克作战;7月23日，有82辆坦克作战。7月18—23日，第10集团军总计损失了248辆坦克，其中至少有112辆毁于炮火。第6集团军损失了58辆坦克，其中12辆是永久性损失。“坦克的头号敌人始终是在近程和远程开火的火炮。而确保作战取胜的关键问题就是坦克对敌方炮兵的防护力。”①

8月初，法军坦克部队在数量上已有10个轻型坦克营和8个中型坦克群（施奈德坦克和圣沙蒙坦克）。

在法军首次突破企图失败后，德军付出惨重损失，在血战中逐个地域地将战线向韦勒河后方移动。他们直到8月2日才抵达那里。

德军指挥部现在寄望于敌军攻击力已经耗尽，使其损失殆尽的各师在接下

① 原注：迪蒂（Dutil）的《突击坦克》（Les Chars d' assaut），巴黎：贝尔热-莱夫罗尔（Berger-Levrault）出版社，1919年。

炮兵正在索姆省巴扬库尔（Bayencourt）附近战场上装填 9.2 英寸榴弹炮

来几天中得以稍加休整。德军是否已经清楚地认识到苏瓦松战役的教训，同时依照此前的有益惯例将其通报给其他战线，在现有资料中无法确知。至少在接下来数周中，没有任何迹象表明作战方式，特别是炮兵的运用方式发生了根本改变。和以往一样，炮兵针对已查明或疑似聚集物的反击战术仍仅限于“远程拦阻射击”（Sperrfeuer weit）、“近程拦阻射击”（Sperrfeuer kurz）和“歼灭射击”（Vernichtungsfeuer）。康布雷战役已经表明，苏瓦松战役更是淋漓尽致地体现出，这种射击方式对以坦克发动的奇袭根本毫无作用，这两次战役以及成功的埃纳河防御战都证明，直瞄射击、直瞄单发射击，必要时再加上重炮在良好观测条件下的射击才是最让坦克头疼的死对头。尽管如此，炮兵的部署和射击方式在 8 月初并未发生根本改变。

第 2 集团军驻守在德军亚眠防线最西端。战壕中步兵兵力极为短缺，防御工事颇为薄弱。即便如此，该军前线所有 10 个师在 1918 年 8 月也仍然采用了坐等被粉碎的、纵深配置极高的步兵，其炮兵阵地的部署也不适合反坦克作战。无论防御工事或工兵布设的障碍物，还是地形的天然障碍，抑或是炮兵的防御射击都无法对敌军坦克构成值得一提的阻碍。但我们不能就此指责步兵自 4 月 24 日大规模进攻作战结束以来没有更好地固防。撇开德军始终希望有朝一日重启进攻不谈，也与第 2 集团军前线大多数部队精疲力竭的状态及其兵力劣势无关，只是由于整个集团军防线遭受了持续性的重炮轰击，才使修筑工作极为困难且代价高昂，部分刚完成的工事转瞬间即遭摧毁。此外，大部分阵地在无止境的战斗中丢失，使其中费了很大力气修筑的防御工事为敌所用，特别值得一提的是维莱布勒托讷（Villers–Bretonneux）和阿梅勒。

1918 年 4 月 24 日，维莱布勒托讷是第一次坦克战的战场。我们将在后文中论述此次战斗。这里只需指出，德军坦克在战场上的首次亮相加快了英军将坦克调往法国的速度。英军对此有着极为明确的认知："最出色的部队也只能在坦克进攻面前退却，唯一能抵御此种进攻的办法便是己方拥有更多的坦克。"①

英军 7 月 4 日对阿梅勒的进攻也许给德军提供了一个了解对方作战方式的机会。英军现在每周有 60 辆新式坦克从国内开来。新式坦克属马克 V 型坦克，是应埃利斯将军的要求，在澳大利亚军攻取阿梅勒这一限定目标时接受战火考验的。突击步兵和新式武器之间要通过协同演练建立互信。

富勒上校细致地策划了坦克的进攻方式。4 时 10 分，在混合着烟幕弹与高爆弹的掩护弹幕下，3 个澳大利亚旅得到 60 辆坦克的支援，没有进行先期炮火准备就发起了进攻。坦克在最前沿步兵后方 1000 米处出击，不过很快就赶上了步兵，并向目标急进。在约 4 千米宽的进攻正面上，此次冲击凭借奇袭优势突入德军防线，肃清了绝大多数守军，摧毁了 200 挺机枪。德军被俘 1500 人。澳军伤亡 672 人，坦克部队 16 人负伤，6 辆坦克轻微受损。在达成进攻目标半小时后，运载了 25 吨工兵器械的 4 辆补给坦克就赶到了新前线后方。这场本身可能无关紧要的战斗促

---

① 英译本注：目前还不清楚古德里安有什么依据认为德军坦克袭击维莱布勒托讷加快了英军坦克的交付速度，但在此战过后不久，坦克军的削减计划确实被取消了。利德尔·哈特的《坦克》，第1卷，卡塞尔，1959年，第167页。

使英军指挥部考虑发动一场新的大规模坦克战。[①] 德军指挥部是否从防御中吸取了任何教训？似乎没有。

7 月 23 日，法军 3 个师在英军 1 个坦克营的支援下对莫勒伊以西的桥头堡发动进攻。由于此次进攻违背了原计划，在日出后过了一段时间才开始，因此当天损失严重。35 辆坦克中有 15 辆受损，该营有 54 名官兵非死即伤。然而进攻目标还是达成了，1800 名战俘、275 挺机枪和一些火炮被掳获。

这些战果使英军指挥部对坦克部队的打击力信心大增，并着手准备用该部队发动一场大规模打击。英军数星期以来完全掌握了制空权，因此对德军防线有了细致入微的了解，战俘交代及其他情报也使德军的状态及兵力分布毫无秘密可言。为进攻德军 9 个师，英军和法军分别投入了 8 个师和 5 个师。3 个英军步兵师、2 个法军步兵师和 3 个英军骑兵师担任预备队跟随在后。而德军只有 5 个后备师。敌军联合部队得到了充分休整且齐装满员，而德军除 2 个师外都做不到。

即便兵力数量、火炮与炮弹占有极大优势，如果后续只有炮兵火力和步兵进攻的话，也不足以撕裂德军防线。德军步兵、机枪射手已击退过完全不同的攻势。8 月 8 日的晨雾并不能对我军所遭受的不幸负责，因为索姆河和佛兰德一带经常有雾，就连敌人也没有将其转换成战术优势！是的，不论英澳加法联军步兵，还是其占据优势的炮兵，抑或是 1918 年 8 月 8 日的晨雾，独自或是合在一起都无法使久经战阵、即便不再无坚不摧的德国陆军在几小时内就遭受这样的一场失败。很遗憾，在德国陆军这个黑暗的日子里，它再次完全出乎意料地发生了。我们将会看到，其中情形绝不止于此。在这一天之前，我军步兵还有守住阵地的坚定决心，尽管当时的大量记载中提到了所面临的困境，却也描述了军人的勇武精神。后世可能不会公正地承认成千上万官兵捐躯的勇气与奉献精神，他们会满足于说着“惊慌失措、坦克恐惧症或面对敌人时失职”这样卑劣的空话。个别失败者不能抹杀绝大多数战士英勇无畏的悲壮表现。正是从这一观点出发，我们才提出研究 8 月 8 日的战事。

康布雷战役的教训第三次摆在德军面前，他们也是第三次遭遇奇袭了。敌军

---

① 英译本注：古德里安可能使用了富勒对阿梅勒一战的描述。他对此战的看法与富勒的观点完全呼应。富勒的《回忆录》，第289—290页。

在突击前夜才小心翼翼地完成了部署。欺诈性质的运输、无线电通信与行动都是为了隐蔽集结作为进攻部队的加拿大军与坦克军。

下表反映了坦克的分配情况（部队位置由北向南）。

英军

军	师		预备队	坦克		数量	
	第一梯队	第二梯队		旅	营	第一梯队	第二梯队
第3军	第12师 第18师 第58师	— — —	— — —	—	— 第10营 第10营	— 24 12	— — —
澳大利亚军	第3师 第2师	第4师 第5师	— — — —	第5旅	第2、第8、 第13、第5营	24 — 24 —	— 54 — 42
加拿大军	第2师 第1师 第3师	第4师	— — — —	第4旅	第14营 第4营 第1营 第5营	36 36 — 36	— — 36 —
骑兵军	— — —	— — —	第1师 第3师 第2师	第3旅	第3营 第6营 —	48 48 —	第三梯队 位于骑兵 军后方

8 月 6 日夜，坦克军在战线后方 3—4 千米处集结，在 8 月 7 日夜进至前线后方约 1 千米处的突击出发阵地。可以看出，坦克一定程度上被重点分配给了进攻各师中的澳大利亚和加拿大部队。坦克在各师间的分配又和苏瓦松、康布雷一样，紧跟着步兵进攻梯队前进。最现代化、速度最快的两个坦克营——3 营和 6 营装备了“小灵犬”坦克,被配属给骑兵军指挥。该军的 3 个师被部署在卡希（Cachy）和亚眠之间，准备巩固战果与完成突破。进攻定于 5 时 20 分开始。与此同时，随着突击步兵和坦克的推进，一部分炮兵发射高爆弹和烟幕弹，在攻击队形前方形成徐进弹幕，另一部分炮兵则负责压制德军炮兵或远程目标。500 架飞机中，一部分负责射击指示与作战侦察，另一部分则按进攻计划打击远程目标。

7 时 20 分，第一进攻目标达成，深入德军防线 1.5—3 千米。但整个德军炮兵在英军第 3 军面前始终毫发未损。澳军的攻势直到那时为止只打击了德军最前沿的炮兵阵地，加拿大军打击了一大部分，法军则又只有微小进展。在第一个目标达成后，面对着大多数德军炮兵的炮口，进攻在索姆河以北的英军第 3 军那里停

1918 年 8 月 8 日，昂日昂桑泰尔，第 2 营的英国马克 V 坦克（B569003）正在跨过路边的沟渠

止了 1 小时，在索姆河以南停止了 2 个小时，目的是等待继续进攻的后续梯队向前推进，同时炮兵完成阵地转移。在这个间歇（如前所述，这时是面对着德军炮口）过后，所谓的移动射击也开始了，进攻不可避免地受到了炮兵依照运动战方式提供的支援。

随后，第二个目标是在整个 30 千米宽的进攻正面上消灭德军炮兵。第三进攻目标正是毫无疑问被敌掌握的德军后备师宿营区域。进攻自 9 时 20 分重启后便未再停歇。骑兵军将在 9 时 20 分与吕斯河（Luce）以北和以南各一个师一同推进，赶上步兵，达成第三进攻目标，攻占后坚守到步兵前来会合，最后一直推进到最终目标——绍讷（Chaulnes）—鲁瓦（Roye）铁路。

法军也配合英军于 5 时 20 分开火，但直到进行了 45 分钟的效力射击之后，才以 3 个没有坦克支援的步兵师发动第一波进攻。直到占领阿弗尔河（Avre）以西的中心高地之后，配属了 2 个轻型坦克营的第 153 师才越过第一梯队的步兵，向昂日昂桑泰尔（Hangest–en–Santerre）方向进攻。由于法军比毗邻的加拿大军推进速度更慢，耗时更久，因而使友军陷入险境。德军得以从侧面攻击加拿大军，炮兵也充分利用了机会，专门轰击了右翼加拿大军的坦克。

敌军再一次犯下错误，坦克依旧未能摆脱步兵和炮兵的桎梏。这一次他们还硬是把制胜希望最高的武器——2 个速度最快的“小灵犬”坦克营与在现代战场上没有用武之地的骑兵结合在一起。这种死板的部署能否在战役中实现突破？恐怕很难。但此战引发的后果依然足够危险。

协约国陆军满怀信心地投入作战，守军却在压抑的气氛中日复一日地等待着自身的命运降临。8 月 6 日，德军一架飞机报告，有上百辆坦克正从努瓦河畔阿伊（Ailly–sur–Noye）向莫里塞勒行进。这一消息并未使德军采取特殊措施。8 月 7 日，维莱布勒托讷的果园中有 22 辆装满弹药和油料的补给坦克意外中弹而被炸飞。此事没有引起足够重视。8 月 8 日 5 时 20 分，敌军在晨雾中从 32 千米宽的正面上发动了完全出乎意料的进攻。守军对坦克的大规模投入毫无准备，也完全不具备反坦克能力，刺刀面对这样的进攻无能为力，机枪、手榴弹、迫击炮也只是碰巧有效。只有火炮能派上用场，前提是它们能够被恰当地运用。但对火炮而言，在拂晓时自然和人工的雾气中，在弹幕射击制造的尘土中，要击中眼前出现的大量令人眼花缭乱的目标也是一项艰巨而难以完成的任务。然而德军步兵的作战区域中根本就没有这样的火炮。于是就产生了一个问题：一名步兵在自己可怜的散兵坑中目睹坦克攻向自己时，究竟能做些什么呢？如果他向坦克或其后方跟进的步兵开火，就会被坦克发现从而被消灭；如果不开枪，可能不会被坦克发现并打死，但敌军步兵就会完好无损地跟上来并将其俘虏。不论怎么做，在 8 月 8 日的战场条件下，步兵都只能无助地走向毁灭。

英军坦克在进攻时越过己方前线行进。支援炮火先对德军前线持续射击 3 分钟，之后每 2 分钟向前延伸 100 米。随后节奏放缓，每 3 分钟，最后是每 4 分钟向前延伸 100 米。坦克和步兵紧跟着弹幕前进。除此之外，英军炮兵还对炮兵阵地、进军路线、村落、营地和指挥所进行猛烈轰击。所有的交通线在很短时间内被摧毁，电话线被炸断，闪光信号灯无法使用。只剩下无线电通信大部分还能使用，然而其报告已无法提供前线战区的明确情况了。传令兵与通信员都有去无回。只有一件事是确定的：敌人发动了一场大规模打击。

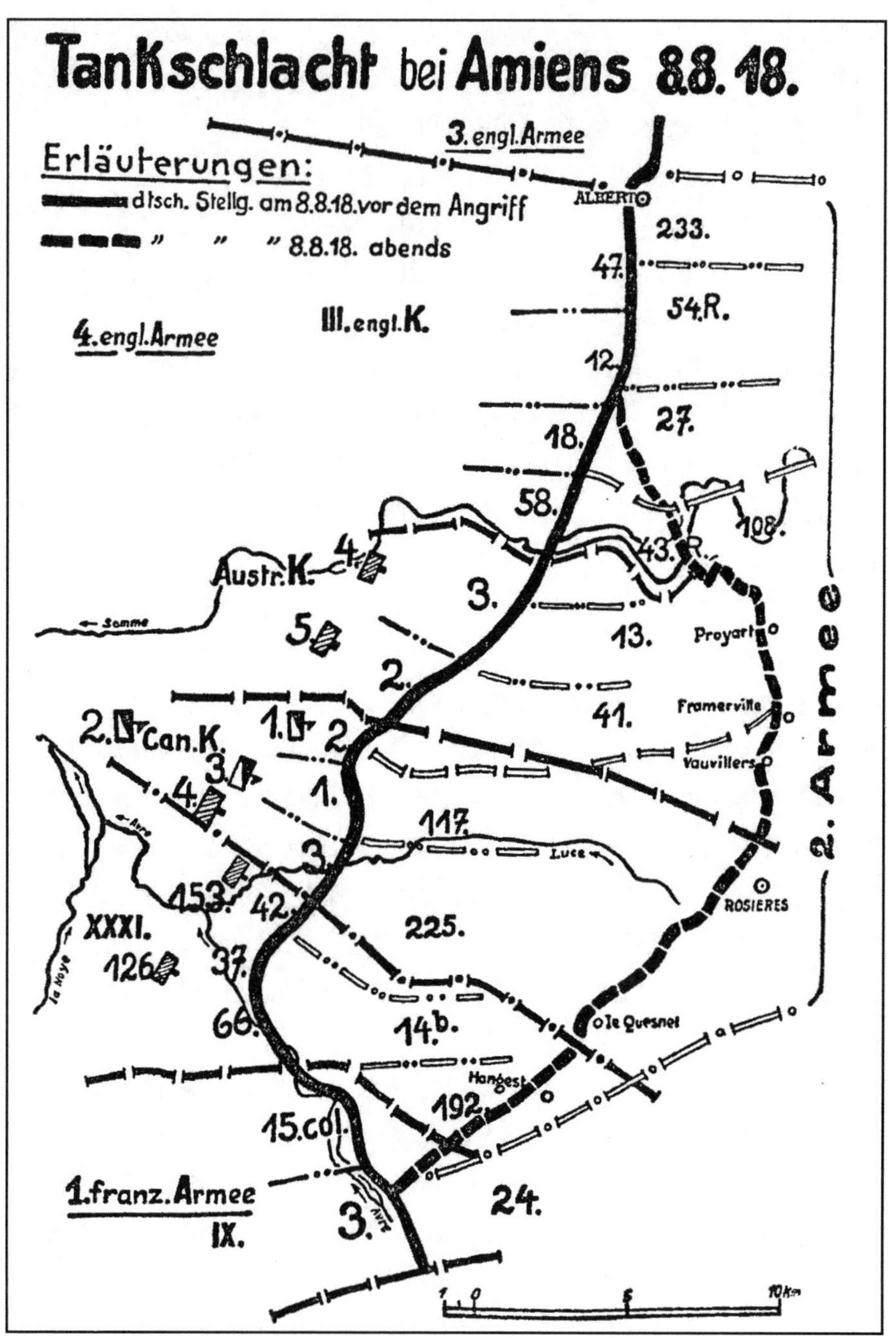

示意图 12：1918 年 8 月 8 日亚眠坦克战

所有部队都做好了作战准备，所有未被摧毁的火炮和迫击炮都向烟雾中进行歼灭射击。遗憾的是，这次极其微弱、威力颇小的炮击打在了已不再有敌人的地域。敌人肯定早就已经到了更远的地方。可是要向哪里射击才能不伤及己方部队呢？敌人藏在哪里？预备队该向哪个方向实施反击？后方的机枪是否应该在尚未明确敌人踪迹时就开火呢？不确定性在增长，困扰着预备队和炮兵部队的官兵们。

我们来看看英军由北向南的进攻进程：

第3军方面，第12师和第18师于7时20分、第58师于7时30分—8时攻占第一进攻目标。在第18师的进攻地段，唯一可用的坦克连沿着科尔比（Corbie）—布赖（Braye）公路进发，歼灭了在当地作战的第123步兵团第2营和第3营的大部兵力，清出了一条十分开阔的道路，直通塔耶（Tailles）森林和格雷塞尔（Gressaire）森林中毫无防备的炮兵阵地。然而英军指挥官却在隐蔽良好的预定进攻目标前停下脚步，中止进攻，并一直等到大雾散去。这使没有步兵保护的德军炮兵抓住机会守住了阵地。英军第58师在2个坦克连的支援下抵达了目的地，比赶来保卫炮兵的德军预备队早了很多。然而，英军进攻的停止使德军在11时15分之前未受干扰便占领并守住了希皮利（Chipilly）东北方的卡纳尔山（Kanalberg）这处重要阵地。当雾于9时45分散去后，他们用侧射炮火严重迟滞了索姆河以南的澳军的推进。英军整个军的正面上，因攻势陷入停顿已无法再继续进行，第二进攻目标也就无法达成了。迅速继续进攻的绝佳机会就此失去。尽管少部分英军已经杀到德军前沿炮兵阵前，但炮兵还是守住了阵地。

澳大利亚军方面，144辆可用坦克中有48辆被配属给第一波进攻步兵（澳军第3和第2师）的4个旅，分布在6千米宽的正面上。7时20分，这一波部队在突入3千米后抵达了第一进攻目标。随后，在2个小时的间歇中，澳军第4、第5师与96辆坦克组成的第二波进攻部队越过第一波部队继续推进。尽管第一波进攻中投入坦克很少，澳军还是按计划在7时20分之前夺取了阿梅勒—瑟里西（Cérisy）公路一线及公路以南的德军阵地。坦克似乎违背了命令继续前进，自主决定利用有利形势，位于瑟里西西南方、第一进攻目标对面的炮兵阵地就这样在雾中被其攻克。此后不久，战斗就在瑟里西东南方第202后备步兵团的防御阵地上打响了。在摧毁多辆坦克后，战斗以该团勇敢的守军越过索姆河向东北撤退而告终。坦克突袭了第13步兵师的各战斗营和预备队营，第13步兵团团长于6时30分重伤被俘。

6时20分，一个炮兵连已被歼灭，第15步兵团团部军官也负伤被俘。当澳军于7时20分按计划攻占进攻目标时，他们与第13步兵师炮兵部队之间、守军已完全撤出的区域上空仍弥漫着浓雾。这支部队还拥有10门轻型火炮和8门重炮可以开火。就在此时,攻势停顿了2个小时。然而守军没能抓住机会派出预备队保护炮兵。9时20分—10时，炮兵悉数被歼。10时30分左右，预备队还试图守住莫尔库尔（Morcourt）东南的山谷；11时，守军已遭坦克包围，局面无望。在敌飞机、坦克和机枪的火力打击下，预备队于11时30分左右被歼灭，澳军如期攻占第二进攻目标。德军只剩部分微弱兵力还占领着普罗亚尔（Proyart）以西的84高地。12时30分，飞机和坦克对其发动了一次协同攻击，给澳军步兵开辟了道路。英国人就此完成了当日的目标并停止前进。索姆河以北未被攻取的德军炮兵有效的侧射火力可能打消了他们进攻的念头。

澳军第2师也按计划在第3师南部发动了进攻。7时—7时30分，进攻方已突入德军前沿炮兵阵地。进攻在此时中止。天气转晴、坦克重启攻击后，后方德军炮兵在巴约维莱（Bayonvillers）的某些地区取得了不错的射击成果。他们一直坚守到9时50分为止。在维莱布勒托讷—阿尔博尼耶尔（Harbonnières）—利翁（Lihons）铁路沿线始终有德军步兵残部活动，这些部队在澳军和加拿大军的坦克重启进攻后才避让至阿尔博尼耶尔以东。位于马塞尔卡沃（Marcelcave）附近的6个德军炮兵连处于第一进攻目标范围内，稍早前被歼灭了。处于进攻目标之外、位于皮埃尔（Pierret）森林中的炮兵阵地继续射击了2个小时，于10时被占领。当澳军第5步兵师及坦克生力军于9时20分越过第2步兵师向第二个目标推进时，德军迎战的尚有7个步兵连和3个机枪连，外加靠后的1个虚弱的营。炮兵已不复存在。向巴约维莱突进准备反攻的德军预备队被敌军坦克和飞机阻挡在该地东北2.5千米处的“罗马人山谷”（Römerschlucht）。“由于毫无成功抵御坦克的可能，这个营在战斗中瓦解了，四散奔逃。”[①] 此时，第17坦克营的装甲车出现在罗马人公路上，由于速度飞快而未被德军炮兵命中，它们对正在奔逃的德军车队给予了致命打击。英军飞机对阿尔博尼耶尔以北的罗马人山谷投掷了烟幕弹，使该地东

---

① 原注：《世界大战战役》（Schlachten des Weltkriegs），奥尔登堡（Oldenburg）：施塔林出版社（Verlag Stalling），第36卷，第124页。

侧的守军视线受阻，掩护了坦克的接近。阿尔博尼耶尔落入进攻方之手，第三进攻目标于 12 时达成。

加拿大军也是一支久经考验的进攻部队，他们在澳军南方发起进攻。加军第 2 步兵师在 1 个坦克营的带领下主攻德军第 41 步兵师第 148 步兵团。加军第 1 步兵师也同样在一个坦克营的支援下进攻尤为出色的第 117 步兵师，该师在赫费尔（Hoefer）少将的卓越指挥下以战斗力完备而著称。该师有 2 名步兵团团长被俘，另一名英勇战死。加军无视德军本来就不太猛烈的拦阻炮火，于 8 时左右将第一进攻目标连同大部分德军火炮一并夺取。加军随后继续向北包抄，击破了德军所有抵抗。直到加军夺取第三进攻目标后停止进攻时，德军才在罗西耶尔（Rosières）以西成功建立了一条新的防线。加军第 3 步兵师向德军第 225 步兵师发动进攻。加军很早就推进到吕斯山谷。由于坦克无法在森林中施展，南边的德军才在吕斯河畔多马尔（Domart–sur–la–Luce）—梅济耶尔（Mézières）公路以南的所谓“黑森林”中坚持到 8 时 30 分左右。尽管被耽搁了一会儿，加军还是准时向第二进攻目标接近。德军只剩下 15 门火炮还在抵抗，而增援步兵也没有前来。10 时 30 分，第二个目标被攻占。11 时刚过，加军第 4 步兵师和英军第 3 骑兵师在坦克生力军的支援下，继续朝博库尔（Beaucourt）方向进攻。

11—12 时，澳大利亚军和加拿大军成功突破德军前沿战线，德军炮兵除少量火炮外皆落入敌手。德军只剩下后方的几个营能够迎击此次猛烈进攻了。他们在行军中又惨遭敌人炮兵的远程打击与飞机的攻击。由于德军抵抗如此微弱，英军步兵师甚至在局部地区组成了行军纵队。突破成功已成定局。

按照英军指挥部的判断，骑兵军特别适合完成突破行动的任务。上文中已提到，为提高其战斗力，型号最新、速度最快的 2 个营，共 96 辆“小灵犬”坦克被配属给该军指挥。这些坦克理所当然地被分散使用。骑兵军被分为两个进攻梯队，英军第 1 骑兵师与第 3 骑兵师分别奉命尽快在吕斯河北部和南部超过步兵，先夺取第三进攻目标，再等待步兵赶到，随后再一起向绍讷—鲁瓦铁路推进，第 2 骑兵师作为第二梯队跟进。“小灵犬”坦克营在第一梯队各师前方行进，以确保骑兵安全，同时清除铁丝网。10 时 15 分，第一梯队各师抵达伊尼奥库尔（Ignaucourt）—马塞尔卡沃一线，随即展开队形以完成任务。每个骑兵旅下辖 3 个骑兵团和 1 个牵引炮兵连，并得到 16 辆坦克支援。随后，各师的进攻情况如下：英军第 1 骑兵师第 1 骑兵旅向阿尔博尼耶尔推进，第 9 骑兵旅经吉约库尔（Guillaucourt）向罗西耶尔昂桑泰尔（Rosières-en-Santerre）进发，第 2 骑兵旅则向凯村（Caix）进攻。第 3 骑兵师第 7 骑兵旅经卡约（Cayeux）向凯村推进，第 6 骑兵旅向勒克内尔（le Quesnel）进攻，加拿大旅则向博库尔突进。第 1 骑兵旅突入最远，直到弗拉默维尔（Framerville）和沃维莱尔（Vauvillers）才停止。其余各旅都未能抵达第三进攻目标，他们的主要任务——突破绍讷—鲁瓦铁路——实际上始于这一目标。我们可以宣称，骑兵没有坦克保护不可能推进这么远。在试图骑马发动大规模进攻的地域，例如英军第 6 骑兵旅在卡约东南部及加拿大骑兵旅在博库尔，骑兵部队都在几分钟内崩溃并损失惨重。尽管德军在凯村和博库尔之间已经不存在相互呼应的防线，这一切还是发生了。凯村和凯村西南只有二又三分之一个工兵连，却阻滞了英军第 3 骑兵师的推进。这些部队直到坦克进攻时才逃走，并被驱赶到博福尔（Beaufort）以北。只有个别骑兵部队才能在战场上到处移动。

因此，骑兵军的第二梯队未被投入战场。

12 时左右，装备 12 辆装甲车的第 17 坦克营越过了被压在地面上动弹不得的步兵和骑兵部队，并向弗拉默维尔和普罗亚尔以远突进。它们在德军前线后方引发了巨大恐慌，给德军纵队和预备队造成了惨重损失，并毫发无损地在上述两地逗留了几个小时。但英军也没有试图越过第三进攻目标跟上该营。18 时 30 分左右，德军预备队才抵达弗拉默维尔和普罗亚尔，直到深夜才堵上了这个数千米宽的缺口，缺口中 6 个小时内几乎没有守军，尤其是没有任何炮兵，对英军的突破完全敞开门户。只不过英军坚持按作战计划行事。执行这一计划的都是步兵战、炮战甚或骑兵战的拥护者，是那些不懂得充分运用手中最强大的进攻手段的将军们。尽管英军飞机成功地攻击并牵制住了德军预备队，尽管英军手上拥有为数可观的坦克，尽管德军没有进行值得一提的抵抗，然而还是什么都没发生。

法军第 31 军在加拿大军南部发起进攻。其进攻方式与英国友军不同，突击之前法军先进行了 45 分钟的炮火准备。首先由 3 个步兵师在没有坦克的情况下进攻，随后由法军第 153 师在 2 个坦克营支援下向前推进。第一次的突入成功要归功于北部的守军面对加拿大军时败局已定。随后，第 153 师及坦克的行动不一会儿就取得了实效。然而，由于支援加拿大军进攻的坦克遭到德军侧射炮火轰击而损失惨重，攻势在推进到加拿大军右翼后方时长时间止步不前。

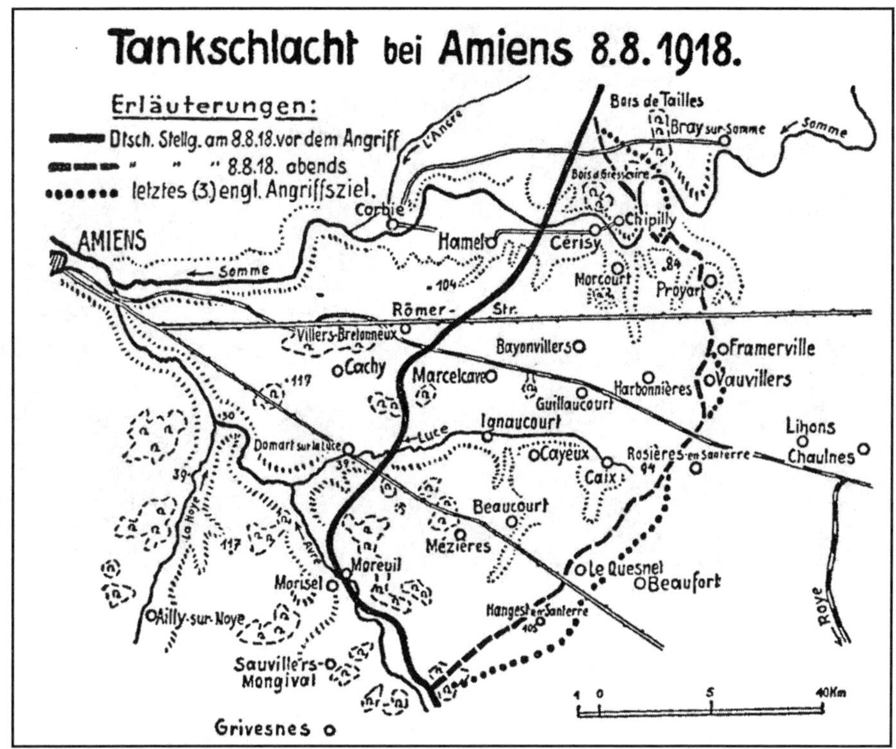

示意图 13：1918 年 8 月 8 日的亚眠坦克战

当夜幕于 22—23 时降临在 8 月 8 日的战场上，战火平息之时，“德国陆军自开战以来的最惨痛失败已是既成事实”①。8 个师几乎全军覆没，另有 8 个师遭到重创。几个小时之内，德军就损失了 700 名军官、27000 名士兵和超过 400 门火炮，其中 16000 人被俘。敌军突破口宽 32 千米、深 12 千米。由于对手的无所作为，德军到傍晚时分才努力建立了一道虚弱的新防线。尽管敌人未能完成战略性突破，尽管西线不再存在全面崩溃的直接危险，但这次沉重打击对德国最高陆军指挥部的影响必然十分剧烈。

① 原注：《世界大战战役》，第36卷第196页。

需要 10 个人才能操作的德国重型装甲车，总共生产了 3 辆

时至今日，我们这些老人都还能感受到因战争败局已定而在那个 8 月首次袭来的沮丧情绪。当两年来代表着德国抵抗精神的鲁登道夫将军不得不承认战争行将结束，承认他的艰巨努力无法改变失败命运时，这个男人的内心会是何等痛苦。但是还有别的选择吗？苏瓦松战役的结果是 10 个师的瓦解；几周后的 8 月 8 日，我们又损失了同样多的兵力。德国陆军的抵抗力在不断减弱，而敌军的生力军却在源源不断地开赴战场。100 万美军部队、无数的坦克和飞机已经为 1918 年秋季做好了准备。决不能指望 1919 年会出现更好的作战条件。亚眠战役结束 6 天后，帝国枢密院（Kronrat）决定利用这个合适的时机在斯帕（Spaa）展开和平谈判。在谈判成功之前，战争不得不转入防御形态。①

① 英译本注：在此处讨论8月8日之战，并且在描述1918年9月30日的事件时，古德里安都有力地驳斥了希特勒在《我的奋斗》中传播的“背后一刀”（Stab in the Back）神话。希特勒似乎否认了军队失败的现实，并将令人不满的战争结局归咎于犹太人和社会主义者的背叛〔A. 希特勒的《我的奋斗》，赫斯特与布莱克特（Hurst and Blackett），1933年，第91—92页〕。古德里安以令人耳目一新的坦率承认了德军在西线的决定性失败。这可能是一件令人惊讶的事：在一个所谓的极权主义国家，一名高级军官与国家元首公开发表的意见相左，然而实际上不仅没受惩罚，而且也没有受到审查的干预。

然而，在继续探寻 8 月 8 日的战略和政治后果之前，还要检视一下敌对双方特别是进攻方的战术。

诚如我们所见，德军的防御是按照抵御步兵和炮兵进攻来部署的：既没有将主战线设置在防止或至少是阻碍坦克行进的地形上，也没有从反坦克的角度出发让唯一有效的反制武器——火炮实施直瞄射击。其他的反坦克方案也不存在。7 月 18 日和 8 月 8 日的经验告诉我们，要想使步兵和炮兵不被歼灭，今后就必须将持久的防御建立在反坦克障碍后方。即便各步兵师反坦克武器装备充足，鉴于其效力受制于众多偶然因素，也根本无法改变这一要求。只有装备的坦克数量与对手旗鼓相当时，未来才有可能在开阔地实施作战。

8 月 8 日的攻势是采用康布雷战役模式所取得的第三次完胜。为了取得奇袭效果而放弃炮火准备、周密的伪装措施、进攻部队之间的相互配合，这些措施都是必须给予肯定的。进攻地形的选择没有给坦克制造困难，而进攻正是取决于坦克的效率。此次攻势 500 辆坦克的总数和苏瓦松战役旗鼓相当，只比康布雷战役时多了 100 辆。[①] 因此，还谈不上什么“意外增加”或“前所未见的坦克数量”[②]。我们还会面临这样的情况。正是对坦克决胜意义更清晰的认识和对国内的坦克生产所施加的更大压力，英军总司令才能在 8 月 8 日轻松拥有数量多得多的坦克。坦克进攻正面比康布雷之役时还要宽，但自身缺乏纵深配置，而且还和后方的步兵与骑兵军梯队搅在一起，因此没能迅速、自主地巩固进攻成果。

英军炮兵的射击活动符合进攻目的，并配合坦克的预定进攻方式。但我们不能同意的是，英军依照此前已掌握的基本情况来选择进攻目标。在进攻开始 2 个小时后，又中止了 2 个小时，第一目标距离过短，将坦克和步兵师的最终目标设定在德军干预师宿营地近旁——无论如何，正是这些举措才使实力弱小的德军炮兵发挥了作用，也使德军得以在战役当晚重建了一条薄弱的防线。假如英军能将其坦克群与速度缓慢、易受机枪火力打击的传统兵种分离，并全力向他们早已了

---

① 英译本注：古德里安的数字在这里是值得怀疑的。团级战史中认为坦克军在亚眠的总兵力为604辆坦克，虽然其中包含了补给坦克。战斗坦克包括324辆重型坦克和96辆“小灵犬”，共计420辆，其中415辆投入行动。同一著作给出的康布雷之战中坦克的数字不那么精确，只是说“超过300辆”。利德尔·哈特，《坦克》，第1卷，1959年，第128和177页。富勒引用的康布雷之战的数字为376辆战斗坦克，包括补给坦克在内共有474辆。富勒，《回忆录》，第187页。看起来，亚眠的坦克行动还是比英国之前的任何一次行动规模都要大，尽管如此，但如果说这种规模的坦克攻击是“做梦也想不到”的话，那么德军最高陆军指挥部肯定没多少想象力。

② 原注：《世界大战战役》，第36卷第221及222页。

解的德军防御体系的整个纵深发起同步攻击的话，那么照常理判断，守军会在短时间被歼灭，其防线也会被全面突破。

当时的英军：

（a）用来对付德军后备师和指挥部的除大量作战飞机外，还有“小灵犬”坦克和装甲车；

（b）用来对付德军炮兵和步兵的是两梯次的重型坦克，其中第二梯次专门用来消灭无抵抗力的步兵，实力可能相对较弱。

只有这一梯次的坦克需要在进攻初期跟上英军步兵的脚步。除此之外，坦克可以完全展现自身的速度优势。

尽管进攻进程缓慢，英军还是于 8 月 8 日中午在德军防线上打开了一个口子。但和在康布雷、苏瓦松一样，骑兵被证明不适合出现在现代战场上。虽然施利芬伯爵在 1909 年已经明确承认了这一事实，并且不容置疑地在一篇文章中予以公布，然而我们至今仍然可以读到为之辩护的对立观点，还包括在陆军中重建骑兵的要求。鉴于机枪、坦克和飞机的数量倍增，近来使用军用化学毒剂的机会也随之增加，我们无法指望作战能力低下的人员与牲畜在未来战争中能够取胜。在与摩托化作战部队相比较时，骑兵相对步兵的速度优势微不足道。自近年来越野能力强的载重车辆，尤其是履带式车辆取得发展后，此前宣称骑兵拥有的更强的地域机动能力也不值一提了。在其他任何方面，骑兵也都处于下风。如果道格拉斯·海格爵士能够在亚眠将此前精心呵护的 27 个骑兵团当成坦克中队来进行部署，那么骑兵所具备的活力与进攻精神明显会比在徒劳的奔袭中更能发挥作用。“在轻重机枪的猛烈火力打击下，骑兵进攻几分钟内就土崩瓦解了。骑兵的这种惨况令我难以忘怀——刚刚还在自豪地发起进攻，转瞬间就只剩下一大群陷入混乱、一瘸一拐的战马穿过我们的防线奔逃而来，马背上空无一人。”①②

但是撇开骑兵进攻不谈，冯·施利芬伯爵的上述评价也还是有道理的。马上的骑兵是巨大而脆弱的目标，即便有坦克相伴，在战场上也是毫无招架之力。相反，

① 原注：《世界大战战役》，第36卷第186页。

② 英译本注：古德里安似乎已经借鉴了关于亚眠之战的几部论著。然而，他关于此战重要性的观点与富勒在《回忆录》第291—317页中的观点几乎相同。

威尔·朗斯塔夫（Will Longstaff）的画作，显示德国战俘正被带往亚眠

由于坦克完全有望以既有速度不断向前发展，而马匹的效能已不再有大幅提升的空间，这两个兵种之间的差距只会越来越大，而不会越来越小。任何将这两个不对等的兵种捆绑使用的企图只会对坦克乃至整个战局不利。

在 8 月 9—11 日的后续作战中，敌方没有取得更大的收获和新的经验。坦克部队的损失（扣除 5 辆因机械故障而退出战斗的坦克）如下：

8 月 8 日，投入 415 辆，损失 100 辆；

8 月 9 日，投入 145 辆，损失 39 辆；

8 月 10 日，投入 67 辆，损失 30 辆；

8 月 11 日，投入 38 辆，损失不详。

8 月 8 日，德军炮兵全拜进攻者之赐解决了 100 辆坦克，自身却损失了 400 门火炮——非常不合算。

亚眠战役并未对攻防双方的作战方式带来任何改变。在随后几周中，德国的盟国崩溃以及德国陆军战斗力的持续下降引发了一系列事件，在这样的背景下，可能不再有实施改变的机会了。但我们应当避免将 1918 年的战事，尤其是 8 月 8

1918 年 9 月，澳大利亚第 5 师的士兵与德国战俘，远处是第 8 坦克营的马克 V 型坦克

日的战役视为已经完结的事件。相反，就特征而言，它们是战术全新变革的开端；同时随着新武器的出现次数增多，它们也是战略潜能全新变革的开端。这些新武器之所以没有在每次现身时都给防御方带来灾难，原因在于：不仅是德国，而且就连协约国也在战时低估了它们的作用，并出于此种态度而在将其投入作战时犯下了种种错误。

3．战争末期的空战、坦克战、化学战、潜艇战

法军在 1918 年 8 月 8 日以及英军在 9 月 2 日都是因为投入了大量坦克而取胜的。两次胜利迫使德军战线退回到兴登堡防线，那里正是被寄予厚望的春季大规模攻势的起点。9 月 12 日，美军在 232 辆法国坦克的支援下占领了马斯河与摩泽尔河（Mosel）之间的米耶勒（Mihiel）突出部。这些坦克从南方出发，利用有利地形实施进攻。然而其活动却在下午被美军交通警察迟滞了 24 小时，原因是这些警察不让油料车队通行。

9 月 15 日，最高陆军指挥部致电德皇："敌人无疑会于秋季继续发动攻势。美军的涌入和大规模使用坦克使他们拥有了这样做的机会。我军今后的作战将不会寸土必争，而是遵循消耗敌军的原则，甚至还要保存我军的战斗力。"[①] 这一观点符合当时形势。但这一观点事实上是否被足够坚决地贯彻，从现有资料中很难确凿无疑地做出判断。至少作战损失和抵抗能力下降迫使后续编组各师调整部署，各营由 4 个连减为 3 个连，某些团甚至由 3 个营减为 2 个营。

1918 年 9 月 15 日，奥地利人发布了和平照会，迅速凸显了局势的紧急程度。同日，保加利亚在马其顿的战线以及土耳其在巴勒斯坦的战线也土崩瓦解。9 月 25 日，保加利亚求和。9 月 28 日，兴登堡元帅与鲁登道夫将军进行了一次谈话，谈话中决定停战，并要求立刻提议停火。翌日，德皇批准了这一要求。事件的结果是重新组建了议会制政府。

9 月 30 日，鲁登道夫将军在会谈中宣称："主要由于坦克的作用，西线的战争

---

① 原注：施韦特费格（Schwertfeger），《世界大战末期》（Das Weltkriegsende），波茨坦（Potsdam）：雅典娜神庙学术出版社（Akadem. Verlagsges. Athenaion），第100页。

现在已具有赌博的性质。最高陆军指挥部无法再指望会有可靠的因素。”[①]

10 月 2 日，著名的各党派领袖集会在柏林召开，最高陆军指挥部的代表在会上报告了前线局势。这位代表在列举必须停火的原因时提出 :“我军无法以同样的武器应对坦克,也没有替代方案。”[②]10 月 3 日,德国政府对美国总统发出停火倡议。

我们确信 : 1918 年 10 月 2 日，最高陆军指挥部专员在要求立刻缔结停火协议时提出了两条理由。其中第一条就是敌人的坦克优势。我们必须假定，专员对德军前线将士及最高陆军指挥部的观点都十分了解。在这个悲惨而危急的时刻，最高陆军指挥部肯定倾向于进行纯粹专业的权衡。它针对自身要求所给出的理由肯定经过了认真负责的检验，被认可为最重要的理由，因而才会得到公布。

战争以损失巨大的防御战的形式继续进行，直到 11 月 11 日停战开始生效为止。9 月 26 日，美军以 411 辆坦克在阿戈讷森林（Argonnen）和马斯河之间发动进攻，同时进攻的还有得到 654 辆坦克支援的法国第 4 集团军。紧接着是英军于 9 月 27 日对康布雷和比利时军于 9 月 28 日对佛兰德发动的攻势。由于选择了不适当的进攻地形，加之从进攻第二日开始经常收到相互矛盾的命令，与美军的协同作战进展不顺。步兵好几次都未能巩固坦克取得的战果，导致许多坦克落入德军之手。在研究这些战例时，我们坚信 : 即便像美军这样充满活力、未经消耗、战斗力满溢的步兵，在机枪面前也不具备进攻能力。他们甚至常常根本无法跟上当时速度缓慢的坦克进攻，比英法两军更甚，战役从第二天开始就转变为伤亡惨重而成效不大的零星战斗。法国第 4 集团军没有坦克支援，穿过旧战场遗留的弹坑实施进攻，直到清理弹坑可以通行后，坦克才开始出动。为此动用了 2800 人，于 9 月 26 日完成了包括清理所有反坦克障碍、地雷和堑壕在内的工作。该集团军只有 2 辆坦克触雷被毁。

从 9 月 27 日和 28 日的攻势中明显可以看出，步兵在很多情况下都没有巩固坦克战果的能力。我们总是能读到这样的表述 :“坦克把守军吓跑了，但步兵未能抵达目标。”[③] 战事越是分散成局部行动，这一现象就越常见;而进攻越是集中，同

---

① 原注：施韦特费格，《世界大战末期》，波茨坦：雅典娜神庙学术出版社，第128页。
② 原注：施韦特费格，《世界大战末期》，波茨坦：雅典娜神庙学术出版社，第128页。
③ 原注：迪蒂，《突击坦克》。

时投入的坦克越多，战果就越显著。9 月 29 日，坦克部队的战斗力暂时耗尽。只有一部分坦克还参加了 9 月 30 日的战斗。到 10 月 1 日之前，又有 180 辆坦克在集团军作战地域蓄势待发。法军俘获 12000 名战俘和 300 门火炮。进攻在 10 月 3 日就已经顺利地继续进行。10 月 8 日，第 4 集团军的坦克部队消耗殆尽，军官伤亡率达 40%，士兵为 33%，坦克损失率为 39%。184 辆战损坦克中，有 56 辆毁于炮火，2 辆触雷，其余因故障退出战斗。有 167 辆坦克被迅速修复，17 辆为永久损失，2 辆失踪。

在 10 月的追击战中，到处都可以见到坦克部队的身影。直到月底时，许多坦克常常由于超负荷而退出战斗。这些战斗中坦克的头号敌人是反坦克野战炮，有时也包括平射的迫击炮。地雷造成的损失反而很小。原因似乎是雷区的伪装不充分，而且敌军也可能从其他渠道获取了雷区位置的情报。

10 月所有战事的主要特点是坦克行动的盲目性。7 月 18 日和 8 月 8 日的所有教训似乎都被忘却了。数量极为庞大的可用坦克（至少有约 4500 辆）没有一次同时向着同一目标进行协同作战。法军在选择进攻地形时似乎常常是从政治而非战术角度出发。此外，法军对于仓促行事和杂乱无章无动于衷。他们只是太了解德军的情况了！

在 10 月 1 日之前，法军拥有 2653 辆坦克，而且从这时起每月还能生产出 620 辆予以补充。

1918 年 11 月 11 日，停火结束了所有战事。

我们应当如何评价战争结束时的各兵种？战后的发展应当从中吸取哪些教训？

西线的战事直到终战时都基本保持了阵地战的特征，即便最后几周工事已经所剩无几。在这种战争形式下，机枪是主宰战场的武器，即便没有阻碍无防护步兵及行动工具（战马）的任何运动，也使其举步维艰。阵地上最终布满了配备铁丝网、掘壕形成的机枪巢，由岗哨和警戒部队确保安全。这些人主要是用来近距离抵御手榴弹的攻击。在阵地后方的大纵深上则隐藏着炮兵阵地和预备队。只凭借步兵的作战方式是没有办法进攻这种防御工事的。对进攻者来说，这些武器目标太小，太难寻找，因此需要动用数量极为庞大的火炮和弹药来进行压制。通常情况下，少量未被摧毁的机枪还是能够阻止优势兵力的大规模进攻。即便是最有利的情况下，步兵进攻的损失与所达成的战果也完全不成比例。摩托化预备队的速度总是能使守军及时将其投入战场，而进攻方总是不得不对敌军防线的突破口及其战术劣势心满意足，从而无法完成突破并实现战略成果。如果情况是这样，那么战果还会越来越少。

由此得出的结论是，由于其火器的可怕威力，转变为机枪部队的步兵自战争爆发以来主要适合于防御。步兵自身的攻击力无法超越机枪及其他重型武器的火力范围，只有其距限定进攻目标较远，能够施加干扰的一切武器被其他武器（主要是火炮）压制时，步兵才能做到这一点。一旦炮兵没有成功地完全压制敌人，步兵便无法摧毁敌方障碍物，使大部分机枪哑火，并令敌方炮兵瘫痪；如果炮兵无法以火力夺取一个地域，那么步兵也无法占领并守住它。

以炮兵火力夺取一个进攻目标需要大量火炮消耗非常多的弹药才能做到，因此炮兵攻击的准备工作既耗费时间又难以伪装。此种进攻方式没有把握对敌人产生奇袭效果。短时间的炮火准备虽然符合预期，但其效果却很值得怀疑。长时间炮击又会很容易使进攻地域布满弹坑，妨碍车辆跟进及初期战果的迅速扩张。攻击的纵深并不太取决于火炮的射程，而与观测距离关系更为密切。炮击取得成功需要对敌军防御配置有一定了解，否则就无法对目标进行直接射击，也无法满足对弹药的需求。炮兵也只能攻击限定目标，之后就必须转换阵地。阵地转换所必需的时间会使守军有机可乘。当炮击再度发起时——通常不会像第一次打击时那样井井有条——炮兵面对的不再是一个缺口，而是一条新的防线。这条防线的部署情况通常不为人知，因此对其进行炮击就要比第一次突入时更为困难。即便炮兵在世界大战中的攻击力确实比步兵强大得多，却还是反应迟钝，耗费过大，过分显眼，以至于无法保住突破取得的战果。

1914 年时骑兵还是第三大主要兵种，到 1918 年时却仅限于传递命令和为步兵师执行近距离侦察任务。此外，骑兵在还有马时就成为骑马的步兵，并被按照步兵的标准进行评价。

相反，空军在战争初期只被用于侦察，在战争进程中却变成了最重要的作战手段。地面部队对执行侦察和炮兵观测任务的飞机有多厌恶，隐蔽和利用黑夜对指挥层及部队的压力就有多深。对地攻击机所产生的直接影响最大。德军早在索姆河战役和佛兰德战役时即饱受敌方飞机的折磨。1918 年时，协约国军的空中优势表现得越来越明显。即便完全撇开当时尚未经常出现的对敌方国土的攻击不谈，飞机对地面作战的干预还是有巨大成果：使德军后方交通线陷入混乱；阻碍预备队的干预行动；甚至攻击炮兵阵地；在占领区域附近释放烟幕；报告进攻进展；特别是在与坦克协同作战时对地面作战进程产生了实质性影响。1918 年 8 月 8 日的亚眠之战即是例证。空军已成为排行第一的进攻兵种，以速度快、射程远、对目标威力大而著称。它在 1918 年时尚处于发展初期，但了解其威力的人对其已产生了足够深刻的认识。

要想起到决定性作用，空军始终需要地面搭档的协助。这一搭档要有能力迅速消除上文所述的现代火器的防御力，以便扩大突破口，巩固初期战果并发挥空军的威力。传统的地面兵种也同样需要这种搭档。的确，我们可以说，如果没有的话，这些兵种在未来将不再具备完全的进攻能力。这个地面作战的进攻兵种在世界大战中以“坦克”（Panzer, Kampfwagen,Tanks）的形式诞生了。我们已经详细论述过，这种新的地面作战武器自 1916 年 9 月首次登场以来对作战产生了何种影响。但我们始终没有提及德国放弃成立坦克部队的理由。放弃的这一事实产生了如此不利的影响，因而显然是一个错误。除此之外，没有采用合适的反坦克武器，甚至从未依照专业要求使用现有火炮，就更是大错特错了。①

1919 年各国坦克的生产计划典型地表明了敌方对坦克的评价。各国企图增加的坦克数量为：英国从 2000 辆增加到 7000 辆，法国从 2653 辆增加到 8000—10000 辆，美国增加到 10000 辆，德国却只是从 45 辆增加到 800 辆。

当英国主要生产重型及中型坦克时，法国和美国在 1918 年之前却重点生产雷诺轻型坦克。但是，艾蒂安将军估计法军 1919 年将会与强大的德军防线作战，因此早在 1918 年 2 月时就倡议生产重型坦克了：“决定性的攻势将跟在重型坦克后面向前推进，它们会摧毁一切障碍。不仅为步兵，也为战马拖曳的火炮或履带式火炮开辟道路。随后，步兵在轻型坦克——步兵忠实而不可分割的伙伴——的带领下前进，确信第一日的战果不仅不会耗尽，反而会提高进攻热情。”② 艾蒂安还设

① 英译本注：古德里安在这里也许有些强求德军了。1918年的英国军事文件表明，随着更多的德军火炮被部署在前线进行直瞄射击，并且越来越多地使用反坦克地雷，英军不得不更加重视德军的反坦克防御的存在——尽管坦克兵认为它可以克服这些障碍。例证见《埃利斯致帝国总参谋长》（Elies to CIGS），1918年3月19日（PRO）W.O. 158/865。

② 原注：迪蒂，《突击坦克》。

想了一种持续的进攻行动，将战略奇袭与预备队和补给的快速跟进结合起来。英国大臣温斯顿·丘吉尔也有类似的想法。他于 1918 年 7 月告知帝国总参谋部，自己预料到了上文中提到的 1919 年的生产数字，并且会尽快弄清楚最有利的攻击方式。虽然在战争中没有出现，但我们的敌人却预料到了坦克部队在 1919 年有意实现扩军。除了进攻性的空军之外，这时又产生了一个新的主要兵种，地面作战中进攻的发动者。

军用化学毒剂是世界大战中第三大新出现的武器。它不是专门的进攻手段，而是对攻防双方都同样适用。在进攻时，可以向己方部队将要进攻的区域施放挥发性毒剂；而在防御时，对防御区施放持久性的毒剂具有重要作用；毒剂在撤退时也特别有效，便于摆脱敌军。[①] 只有摩托化部队才能快速穿越有毒区域。

第四种具备此前预料不到的作用的武器是潜艇。假如德国政府有能力及时并且无限制地使用这一武器（德国先于对手发展潜艇）的话，战争可能会是另一种走向。

当然，每一种新出现的武器早晚都会面对反制措施。

为了抵御进攻性的空军，战时就已经有防空部队装备了火炮、机枪、探照灯及伪装网，使用伪装及灯火管制手段，最后甚至派出战斗机在空中与之较量。

防毒面具和防护服，或者化学制品都可以使军用化学毒剂失效。

在平息“U 艇之灾”时，协约国使用了防潜网、飞机和深水炸弹，建立了护航船队体系，不过最主要也是最有效的手段则是宣传战与外交照会。德国就受到了恐吓。[②]

正如我们所见，反坦克方面的措施最少。直到战争结束，无论是适合的火炮还是反坦克机枪都未能投入战场。德军的 13 毫米反坦克步枪作用不大。只有工兵竭力以障碍物和地雷达成了一定程度的反制效果。如果采用别的战术，炮兵无疑

---

① 英译本注：大多数研究化学战的现代权威会同意古德里安的观点，即化学武器的使用通常倾向于减缓行动步伐。古德里安在这里提供了一个重要线索，说明了为什么德国人在第二次世界大战的初期阶段没有使用这些武器。E. M. 斯皮尔斯（E. M. Spiers），《化学战》（Chemical Warfare），麦克米伦（(Macmillan)，1986年，第66页。

② 英译本注：最后一句很奇怪。1917年春，在远没有受到恐吓的情况下，德国最高陆军指挥部决定进行无限制潜艇战，也清楚这很有可能会将美国带入战争。这件事确实发生在4月份，事实证明，它对德国的野心造成了致命后果。见弗里茨·菲舍尔（Fritz Fischer），《德国在第一次世界大战中的目标》（Germany' s Aims in the First World War）（即《争雄世界》的英文版），诺顿（Norton），1967年，第306—309页。

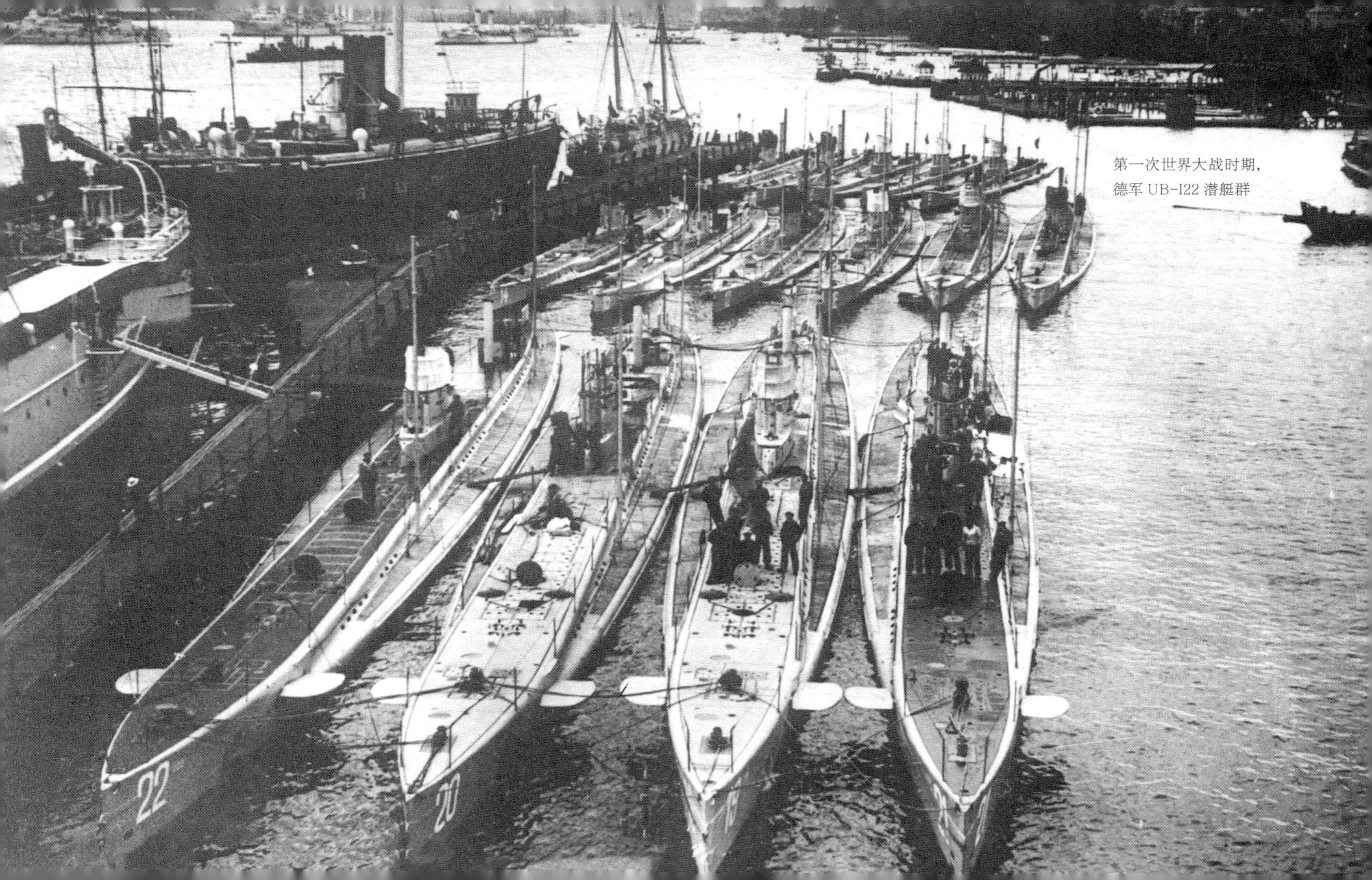

第一次世界大战时期，
德军 UB-122 潜艇群

会提供比实际情况更及时和全面的协助，使步兵免遭坦克这一死对头的侵害。这次世界大战期间，炮兵是坦克唯一的危险敌人。自此之后，事情当然有了很大改观。

几个世纪以来，德国人一直将步兵视为主要兵种，他们在世界大战期间苛求步兵完成本来就必须承担的所有艰巨任务，反坦克也不例外。唯独这个任务是步兵力有不逮的。

在总结新武器对世界大战的影响时，我们可以确定：其中的两种武器——飞机和坦克造成了进攻力的大幅提升，而军用化学毒剂和潜艇则对进攻和防御做出了同等程度的贡献。

战争期间，依靠发动机动力的进攻型武器处于未成熟阶段，即便时至今日（1937年）也还处在发展初期。但它们已经在1918年证明了自身的决定性作用如此之大，以至于获胜的敌国认为有必要采取一些措施，禁止德国今后拥有这些武器。

第五章

凡尔赛和约[①]

《凡尔赛和约》第五部分的条款不再具有效力，但仍然有必要世世代代铭记这些条款。它们规定我们只能拥有一支数量极少、被阻绝一切发展机会的陆军。但最令人难受的并不是数量劣势，也不是服役期延长到12年，影响远为深重的是对所有现代化武器的禁令。

野战部队被禁止装备重炮，但至少还有少量的重型要塞炮、舰炮及岸炮得以保留，因而可以谨慎地继续研发武器。但是空军、潜艇和坦克[②]被完全销毁或禁止使用，军用化学毒剂也是如此。德国陆军被规定由21个步兵团、18个骑兵团、7个炮兵团及一些弱小的辅助部队组成，已降格为一支警察部队，现在甚至连一场殖民地战争都无法应付。

这样一来，德国陆军的武器装备就很难显著超过1914年的水平了。最引人注目的就是强加给我方的骑兵团相对于步兵和炮兵的数目。敌人在签署停战协议之

---

① 英译本注：德国人称《凡尔赛和约》为"Diktat"（强制性和约），而不是"Treaty"（条约），因为他们认为这个条约是单方面强加的，而不是自由协商的结果。关于这一点的讨论，见A. J. P. 泰勒（A. J. P. Taylor），《第二次世界大战的起源》（The Origins of the Second World War），哈蒙兹沃思（Harmondsworth），1964年，第52页。

② 原注：《凡尔赛和约》第171条第3款规定："德国禁止制造或进口装甲车辆、坦克与一切可转作军事用途的设备。"在1919年8月31日颁布的和约执行法案（《德意志帝国律令志》第1530页）中，德国立宪国民议会通过了第24条的内容：

德国国内有下列违反和约规定表现者，处以最高六个月的监禁或拘役，或最高100000马克的罚款：

1. ……
2. ……
3. 制造装甲车辆、坦克或可转作军事用途的类似设备。

1919 年 6 月 28 日，凡尔赛宫镜厅，《凡尔赛和约》签订

后有充足的时间在和平条件上对我国极尽羞辱与损害之能事，因此我们不能认为，敌方通过强加的部队编制会看不到我们的优势所在。很显然，德国要被迫接受这样一支不仅不具备任何攻击力，就连持久的防御都无能为力的陆军。唯一适用于我军能力的作战方式不外乎“拖延式抵抗”。由于我军兵员和弹药不足这一可怕弱点，这种战法必将导致部队在短短几天后四散溃逃。

尽管如此，德国陆军依然保持了旧日顽强的战斗与攻击精神，这与光荣的传统相符。这种优良正确的表现是部队指挥官们，尤其是冯·塞克特（von Seeckt）上将的一大贡献。但是这不能阻止被禁止的武器——在大战中最重要也最具打击力的那些武器——由于官兵的不熟悉而被逐渐遗忘，至少多少会出现对这些武器的普遍低估。

如前所述，重型炮兵始终有少量运作的可行性；它们和空军、潜艇部队也都已在战前建立了军官团，拥有多年的传统；而且为了抵御军用化学毒剂，必须储备毒气弹。与此相反，我军坦克部队的主要境况却要不利得多。由于 45 辆坦克构不成“集群”，我们在战时就将其放弃。因此，我们对此只拥有微不足道的经验，而且有经验的军官大多在裁军中离职了。直到 1918 年 8 月 8 日之前，我们都对这一武器业已显现的威力视若无睹，还格外忽视了其发展前景。多年来，我们对战后国外坦克的发展状况一无所知，或是掌握不全。和平时期没有一次演习中出现过坦克，也不存在反坦克武器。至多就是演习中由士兵推动或举着帆布模型，对抗步兵和炮兵。这种滑稽的场景无法使受到进攻的步兵和炮兵体会到坦克的危险，也无法改变他们越来越倾向于以 1914 年为准绳的战术方向。即便战争获胜，战术也会倒退，例如 1870—1871 年的普法战争结束后，其经验直到 1888 年才在步兵操典（Exerzierreglement）中得到总结。但从没有发生过像 1918 年之后这样如此明显的倒退。

在了解了与此相关的危险后，模型坦克被机动化了。然而由于和约只允许陆军拥有“1 辆”履带式拖拉机，因此只能加装轮式车体。这样一来，就只能在非常理想的、无障碍的地形中部分模拟坦克进攻的场景。也就是说，一般只能在演习场中这样做。但是这种自走模型仍然是一种进步，因为指挥官和部队可以开始在反坦克防御上动脑筋了，从而催生了我军用以模拟反坦克武器的木制火炮。是的，当时我们的条件就是这样艰苦。当我们使“坦克”的铁皮炮塔能够旋

1929 年，古德里安（左）在瑞典

1930 年，德国总司令汉斯·冯·塞克特（左）

党卫军军官约瑟夫·“塞普”·迪特里希（右二）佩戴着 1921 年坦克纪念徽章。从左数第二人是约瑟夫·戈培尔（Josef Goebbels）

转，并用小型空包弹机模拟机枪火力时，我们非常自豪。当第一个烟幕发生器诞生时，我们内心是何等喜悦！但我们最大的秘密是被禁止拥有的山妖拖拉机模型（Rübezahlattrappen）。这是一种噪音巨大的履带式商用拖拉机。在极端保密的条件下，我们正是用它在格拉芬沃尔（Grafenwöhr）研究坦克连的战术。

那些年中，对坦克的战术和技术发展有着深入和持续性了解的军官圈子是如此之小，他们几乎完全局限在汽车运输部队中。尽管粉色兵种标志的佩戴者们经受了各种必须承受的限制与失望，然而当时付出的辛劳，对专业知识的钻研，对预先发展一种充满希望的新式武器的追求，必定会为每一位参与者所铭记。粉色兵种标志的佩戴者们有万般理由为自己打下的基础而感到自豪。时至今日，他们都对在那段艰难岁月中领导兵种发展，并为今日之崛起做好准备的人们感激万分。①

① 英译本注：装甲部队是从机动运输部队中成长起来的。古德里安最初受陆军该部门的负责人奇施维茨将军的委托研究摩托化作战。见古德里安的回忆录《闪击英雄》（Panzer Leader），阿罗（Arrow），1990年，第19—24页。

第六章
战后海外的发展

德国陆军正被屈辱的和约折磨时，曾经的敌人却保持着完全的行动自由。"为我们带来胜利的武器日趋完善,坦克和飞机的发展也同样日新月异。"① 至少简要了解各种装甲车辆、反坦克武器与反坦克手段的技术与战术发展是有必要的，这样才能评判它们未来的发展前景，权衡其利弊，并判定这些武器在整个武装力量中所扮演的角色。

因此，我们接下来将简要考察几种最主要的坦克型号的技术发展，随后是装备坦克的几个主要国家陆军的战术思想进展，最后是当今反坦克防御的状况。

1. 科技发展

装甲车辆的特性应符合预期的使用方式。相应地，我们将其分成以下几类予以介绍：

A. 大部分坦克都应用于作战，并且既要与传统地面兵种，还特别要与敌方的反坦克武器及坦克作战，我们称其为"装甲战斗车辆"（Panzerkampfwagen）。在这一种类之内，可以按照重量划分成轻型、中型和重型坦克。这种区分相当随意，界限摇摆不定，因此更好的方式是按照自身携带武器的最大口径分为机枪坦克和

① 原注：德贝尼（Débeney）将军发表在1934年9月15日《两个世界杂志》（Revue des deux Mondes）上的文章。

轻型、中型、重型火炮坦克。坦克必须有能力穿越复杂地形，能为乘员提供良好的装甲防护，使之至少在近距离不被小口径步兵武器所伤，并在中距离抵御反坦克武器的攻击。它们必须配备能够旋转射击的主武器，具备良好的视界、便捷的指挥条件及合适的速度。

B. 装甲侦察车则用于侦察。它必须比坦克速度更快。一定程度的越野能力也不可或缺——侦察部队执行任务时与坦克编队距离越近，越野能力就必须越强。就战役侦察（operative Aufklärung）而言，速度是关键，因此两轴到四轴以及多轴驱动的轮式车辆（Automitrailleuses de découverte，装甲巡逻车）常常就够用了。而战术侦察（taktische Aufklärung）则经常要绕开公路和越野机动，因此需要半履带或轮履转换车辆（Automitrailleuses de reconnaissance，装甲侦察车）。最后，战斗侦察（Gefechtsaufklärung）在作战部队邻近的环境实施，因此只能使用具备全地形越野能力的履带式车辆。

C. 特殊任务需要特种车辆。我们知道的有用于涉水的水陆两用坦克（Schwimmpanzer），用于通信及传达命令的无线电坦克（Funkpanzer）或装甲指挥车（Panzerbefehlswagen），工兵部队使用的装甲架桥车（Brückenlegepanzer）及装甲扫雷车（Minensuchpanzer）。

要使读者清楚了解发展情况，仔细查阅本书附录中的图表与图注（144 页以后）是比冗长的技术分析更好的方式。

对比 1917 年和 1937 年的坦克外形，纯粹外观上的进步立刻映入眼帘。参照对象是亚眠战役时的英军马克 V 型坦克与维克斯（Vickers）“独立”号重型坦克，或法军圣沙蒙坦克与 Char 3C 坦克。坦克的情况会使人想起战舰和飞机外形的发展，都随着技术发展进步实现了轮廓的清晰、简洁和实用，从而在技术上更加“美观”。

内部结构也和外形一样得到完善。各种型号的驱动装置的使用寿命相比战时成倍增加。使坦克即便在坚硬路面上也能行驶数千千米，并很大程度上使坦克摆脱了特殊的运输工具。车辆的弹簧缓冲装置也得到了显著改进，使乘员节省了更多力气，并使坦克在射击时更稳定。发动机功率也提升了。例如，英军的马克 V 型坦克配备了 150 马力的发动机，同样重约 32 吨的维克斯“独立”号坦克发动机已达 350 马力。车辆的速度及大多数车辆的爬坡能力也得到相应提

6 轮重型装甲侦察车 Sd.Kfz.231，该型装甲车是二战初期德军装甲侦察部队的利器。1935 年在巴伐利亚

升。[①] 最大行程也得以大幅提高，例如，维克斯“独立”号与马克 V 型相比，最大行程也从 64 千米提高到 320 千米。这使这一兵种拥有了更自由的战术运用前景，并且拥有了投入到战略远期目标的机会。正是坦克有限的最大行程使我们的对手在 1918 年时的某些雄心勃勃的计划受到不可克服的限制。装甲防护在厚度、形态和含钢量上都比战时增加了好几倍。所有真正装备装甲的车体已完全能够全方位抵御小口径武器的射击，火炮坦克通常在中距离也能抵御小型反坦克武器的射击。当然，坦克部队中的装甲与火炮之争也和海军与空军的情况一样。

自战争结束以来，坦克武备的改进不仅体现在车载武器的数量上，更多地体现在武器的性能、对坦克狭小空间条件的适应性及配置上。可以将英军马克 V 型坦克的侧凸炮和圣沙蒙坦克的前置炮的有效射程与维克斯“独立”号及 Char 3C 型坦克的旋转炮塔的有效射程进行对比。在使用精良的光学仪器之后，校准手段也有了本质提升。

虽然在配备驾驶员镜和观测孔，并确保其不受弹片和铅蒸汽的损害后，观测

① 英译本注：古德里安显然对维克斯“独立”号印象深刻。它装备了一门具有全方位旋转炮塔的3磅坦克炮和装在子炮塔上的4挺机枪。它的目的是具备没有近距离步兵支援时的行动能力，速度可达每小时20英里（约合32千米）。它看起来令人印象深刻，但有很多设计缺陷。由于财政原因，它从未被投入大规模生产。大卫·弗莱彻，《机械化部队》（Mechanized Force），HMSO，1991年，第24—25页。

8 轮重型装甲侦察车 Sd.Kfz.231。科布伦茨（Koblenz）国防技术研究所收藏

条件依然还不理想，但比以前还是好很多。主要是这些设施能给予乘员广泛的防护，避免受伤。体积更大的坦克通常都配备了特种车长塔。这使车长不必再操纵武器，为其提供了对指挥而言——尤其是大型坦克——不可或缺的观测车体各部分的视野，并且视角达到 360 度，不受炮塔位置影响。为了改善车长的视野，车内常常使用可旋转的频闪观测器（Stroboskope）；没有车长塔的小型坦克则不得不以周视望远镜（Rundblickfernrohr）代替。

坦克内部通信可由灯光信号、喉头通话器、车载电话等类似装置完成。向外传递信息时，所有指挥坦克通常都装有无线电发报机及接收机，其余所有坦克都装有无线电接收机。世界大战时连长们步行或骑马赶到己方坦克前面的情形就此成为过去。对指挥大规模坦克部队及用来执行各类任务而言，无线电设备的发展尤为重要。

装甲侦察车辆的发展与装甲战斗车辆同步展开。世界大战时，车辆底盘均为一成不变的双轮轴，大多只有后轮驱动。轮胎采用实心橡胶材质，车身总重常常处于底盘承受力的极限。因此，此类侦察车只能在坚硬路面上使用，且对障碍物十分敏感。主要是这一重大缺陷导致了当时的装甲侦察车无法完善地执行侦察任务，尤其是在弹坑遍布的西线战场上全无用处。在西线，法军在阻击德军对“贵妇小径”发动的 5 月攻势时使用了侦察车，英军也于 1918 年 8 月 8 日在亚眠实施的一次追击时使用过，德军则完全没有使用。

战后的技术发展必然偏重于改善行驶性能，其中越野能力又是重中之重。为此有好几种方式可循：从双轴驱动，到加装第三条轮轴，后来又变为四轴驱动，采用摆动轴及防弹充气轮胎等等。许多车型都采用了全轮驱动，重型装甲侦察车还配有后轮驱动装置。可旋转的备胎也悬挂在空轮轴旁，以避免地面不平坦时底盘上翘。辅助履带减轻了车辆通过软地和爬升时的难度。将可切换的轮胎与履带安装在同一车辆上的创意，催生了轮履转换车辆。后来法国人还特别研制了保留前轮驱动、以履带取代后轮的半履带车，也被戏称为“雌雄同体车”（Zwitter）。

总体而言，目前装甲侦察车辆底盘技术的进步使制造出的各种类车辆得以分别符合战役、战术和战斗侦察的要求。但决不能认为已经大功告成。就车身而言，装甲侦察车辆的发展路径与其兄长——装甲战斗车辆类似。但它们为了获取更快的速度与更远的行程大多放弃了重装甲，并且着重改善了通信设施。

当然，装甲战斗车辆的发展只能紧密依赖各类商用载重车辆的发展，并且相互促进。在世界大战期间，商用车辆在运输指挥人员、部队和补给品方面就已经扮演了重要角色。战后的发展很大程度上已经逐渐加速了各兵种部队局部或全面的摩托化。这一进程被称为“陆军的摩托化”（die Motorisierung des Heeres）。在这一发展的影响下，指挥机构首当其冲。今天我们还能想象一位指挥部队的将军骑马出现在战场上吗？恐怕就连师长都不会这么做！现代化的交通工具肯定会令拥有者感到非常舒适。下一步将是通信和联络工具、大部分重型炮兵与工兵和几乎全部后勤部队的摩托化。随后建立了摩托化的机枪和步兵部队，以及陆军汽车运输部队，后者适合运送各式部队和装备。

最后，人们着手使所有兵种适应机动化的新风格，从而使旧有形式不再能满足现代战争要求的首要兵种——骑兵摩托化。这一进展在英国最为明显：除了一

乘坐装甲越野车的法军摩托化步兵

苏军的一辆奥斯丁-普奇洛夫（Austin-Putilov）装甲车，在苏波战争中受损。1920 年 3 月 21 日，在日托米尔地区

部分在步兵师执行侦察任务的骑兵团以外，整个英国骑兵部队都已经摩托化。英国人在 1935 年 12 月是这样说明骑兵师的转型理由的："采用旧式编制的骑兵师速度慢，活动距离短，火力不足，而机械化部队担纲的现代战争条件必然要求建立一支具备机动能力的部队。"[①] 法军的进度稍显滞后——所属 5 个骑兵师中有 2 个完全摩托化，其余各师只实现了三分之一部队的摩托化。相反，尽管陆军摩托化程度很高，苏联却依然在目前保留了一支强大的骑兵。

与装甲侦察和装甲战斗部队协同作战的辅助兵种也有着尤为迫切的摩托化需

① 原注：新闻报道。

求。因此才产生了英国的摩托化试验步兵旅、轻炮兵和工兵，法国的“摩托化步兵”（Dragon Portés）、轻炮兵和工兵，还有苏联及其他国家的类似部队。

随着德国国防主权的重建，其他国家最终会认为有必要新创一支摩托化反坦克部队。

2. 战术发展

面对众多充满分歧的理念，面对这些理念以种类繁多的战斗及运输车辆为表现的技术实践成果，面对各种装甲战斗部队及机械化部队编制的组织多样性，我们必须尝试对未来机械化部队的建立与强化达成清晰的认识。我们想以机械化部队发展中的三个主要欧洲军事强国为例来探寻这一极为发人深省的过程，这三个国家是英国、法国和俄国（苏联）。

世界大战结束后，英军撤回本土，并开始大规模裁减兵员。他们将大部分作战坦克销毁或出售，只保留了最新型的坦克供演习使用，并作为试验组建现代化陆军的基础。

下列思路决定了英国坦克部队的发展路径：首先，英国需要的是一支保卫大英帝国的陆军。一旦卷入欧洲大陆的大规模战争，他们面临的关键问题便是派出一支规模虽小但高度机动化且拥有打击和进攻能力的部队援助盟友。可以认定，派出旧式的步兵师或骑兵师不会对盟友有更多作用，因为盟友本身预计会拥有足够数量的此类部队。更重要的是派出一支与英国工业能力相符的现代化陆军，即一支大规模摩托化和机械化的部队，具有高度机动性和强大攻击力。即便只是一支人数较少的部队，在具备现代化的形式之后也能在实力上为盟友提供重要的甚至决定性的补充。[①] 坦克部队将在这支部队中扮演举足轻重的角色，因此才需要特别考虑它的发展状况。与上次战争不同的是，坦克部队必须要面对敌方拥有强大的反坦克防御这一事实。

---

① 英译本注：此处古德里安关于英国采用最好的野战部队的论点，与巴兹尔·利德尔·哈特在某个时期提出的观点类似——一支小型但高度机械化的部队是最好的。从1935年起，英军总参谋部就开始计划组建5个野战师，它们将按当时其他军队的标准被高度机械化，其中包括一个装甲师。但是这支部队在英国重新武装时期并不受重视，而且总参谋部于1938年1月—1939年2月颁布禁令，禁止筹备欧洲大陆的作战。英国装甲部队的发展也因此受到影响。利德尔·哈特是那些年中最反对英国筹备在欧洲大陆作战的野战部队的军事人物之一。关于两次世界大战之间英军的经典著作是布莱恩·邦德（Brian Bond）的《两次世界大战之间的英国军事政策》（British Military Policy Between The Two World Wars），牛津，1980年。

由于火炮和坦克之间的争斗尚无定论，同时必须考虑到反坦克炮占优的可能性，英国坦克部队战后的发展重点一开始没有放在装甲防护上，反而放在了实施进攻的速度、坦克的重量小和易操纵、良好的指挥方式以及在关键地点出其不意的大规模投入上。英国人希望用快速的行进、对地形的良好运用及烟幕伪装来削弱反坦克防御的威力，并确保取得进攻胜利。从这些作战观点得出的结论是：将坦克进攻与步兵分开，即便不能迅速而彻底地进行，也要在总攻中尽可能早的时间节点完成分离。但既然坦克早晚都要为了自保而与步兵分开，那么结论就是：要将这种分离形成体系，并考虑如何应对由此产生的战术变化、优势与劣势。利用坦克的速度和业已增加的行程会带来哪些优势？一旦进攻成功，就会迅速在宽正面和大纵深上取得战役胜利。敌军预备队，尤其是摩托化部队甚或装甲部队来不及实施干预。世界大战期间未能解决的扩大战果问题将迎刃而解，突破与追击也再度具有可行性。战争会取得或保持运动战的特征。因此，坦克部队不仅在战场上具有局部的和战术性的意义，还在战争舞台上具有深远的和战略性的意义。但它与步兵分开后会出现什么劣势？坦克部队无法在远离其他部队阵线或在其侧翼时，凭一己之力长时间守住已取得的战果，也无法在任何地形突破任何形式的抵抗。步兵方面会认为，不与坦克进行直接和持续性的协同作战，将根本无法取胜或需付出难以承受的代价才能取得进攻的胜利。为了克服前一项劣势，陆军机械化革新的支持者——富勒将军、马特尔、利德尔·哈特等人——均要求以各兵种的摩托化部队增援纯粹的装甲部队，也就是说，始终用装甲车辆运载步兵①和炮兵，此外，工兵、通信部队、辎重部队

---

① 英译本注：在这种情况下，古德里安也许对富勒和利德尔·哈特有些太过恭维了——他在用自己的逻辑赞扬二人。他们两人都不相信步兵与坦克紧密结合的重要性，古德里安本人也是如此。1927—1928年的实验性机械化部队（EMF）实际上是乔治·林赛（George Lindsay）——一个古德里安没有提到的皇家坦克军军官——的想法，尽管富勒在组建过程中发挥了重要作用，利德尔·哈特在《每日电讯报》详细评论了它。林赛和富勒都坚持要把常规武装的步兵从部队中排除，尽管他们想组建一个摩托化机枪营。EMF的一个特别有趣的特色是装备了18磅口径的柏奇式自行火炮（Birch Gun）。英军的自行火炮理念可以追溯到一战时期，当时坦克军使用了火炮运载车。然而，皇家炮兵战后对这一理念的兴趣是短暂的。见J. P. 哈里斯（J. P. Harris）和F. H. 托斯（F. H. Toase）的《装甲战》（Armoured Warfare），巴茨福德（Batsford），1990年，第327页及下页，和温顿《改变一支军队》，布拉西（Brassey），1988年，第92页。

EMF在与机动性能各异的各兵种的协同中遇到了困难。1928年后，富勒和其他一些英国坦克爱好者中的领军人物的思想变得越来越以坦克为中心。他们贬低了与其他兵种协同的必要性。富勒在他的关于装甲部队的主要理论著作中形成了一种非常极端和错误的观点，这部著作就是《"野战条令3"讲义》（Lectures on F. S. R. Ⅲ），西夫顿·普拉德（Sifton Praed），1932年。古德里安似乎对此并不了解，尽管他使用了后来出版的富勒的回忆录。关于对富勒这一阶段思想的讨论，见B. H. 里德（B. H. Reid）的《J. F. C. 富勒：军事思想家》（J. F. C. Fuller: Military Thinker），麦克米伦，1987年，第160—163页。里德基本上否定了一种普遍的看法，即利德尔·哈特比富勒更敏锐地认识到了步兵和坦克之间密切协同的必要性。

和补给设备也要摩托化。

1927 年，这些思路促使了《坦克及装甲车辆作战暂行规定（第二部分）》（Vorläufige Gefechtsvorschrift für Kampf- und Panzerkraftwagen, Teil II）的诞生，同年还组建了一个“机械化实验旅”。这支部队是由坦克、摩托化步兵和摩托化炮兵组成的。该旅编成 1 个侦察战斗群（下辖 1 个轻型坦克连、2 个装甲侦察连）和 1 个主力战斗群（下辖 1 个中型坦克营、1 个摩托化牵引野战炮营、1 个轻型自行火炮连、1 个机枪营、1 个工兵连和 1 个通信连）。1928 年，该旅被命名为“装甲部队”（Panzertruppe）。该旅成了首支采用全新战术的陆军部队，所有行动工具的动力均由发动机提供，序列中找不到任何马匹。这支部队希望确保传统兵种与坦克部队进行协同作战，而办法就是将传统兵种完全摩托化，甚至部分机械化，从而在敌方武器威力允许的范围内，使其在行军及战场上能够快速跟上坦克。上文提到的作战规定了在新式部队中使用坦克及与传统兵种协同作战的方针。这一规定体现了鲜明的进步思想，并保证未来的发展拥有充足的自由。显然，当时的装备发展还跟不上思想的进步。部队演习不管怎样都会出现困难，这些困难导致坦克的使用出现了倒退。

1929 年，英军总参谋部推动组建了两个试验步兵旅，每旅下辖 3 个步兵营（需要时以卡车运输步兵，否则就徒步行军）、1 个轻型坦克营和 1 个迫击炮连。机械化部队和步兵被混编为一支规模相对较小的部队。但随后几年的训练暴露出这种编制的缺陷，主要表现在坦克为了与步兵步调一致而牺牲了速度。

1932 年，一支全装甲部队训练完成。[①]1934 年，首次组建了一支得到各兵种增援的装甲部队，由 1 个坦克旅（下辖 1 个轻型坦克营和 3 个混编坦克营）、1 个摩托化步兵旅（下辖 3 个营）、1 个装甲侦察营（下辖 2 个连）、4 个轻型牵引炮兵连、2 个高炮连、1 个通信连、1 个工兵连、1 个卫生连以及补给车队组成。该部队的指挥权被授予一位在使用坦克方面缺乏经验的将军，这位将军对于要完成的任务有些信心不足，因此，演习的想定与指挥都出现了摩擦。该部队的演习任务是突袭敌军战线后方，需要进行艰苦的行军。部队成功抵达敌军后方，但却由于指挥

---

① 英译本注：古德里安所说的年份是错误的。查尔斯·布罗德（Charles Broad）指挥的第1皇家坦克旅，一支实验性部队，是在1931年训练季期间集结完成的。见哈里斯和托斯的《装甲战》，巴茨福德，1990年，第37—40页。

官的谨小慎微而未能发起进攻，战术执行特别是作战指挥的经验因此极为有限。[①]但这些经验随后似乎仍然产生了明确的结果。无论如何，1935 年 12 月，除作为师侦察部队的骑兵团外，英军骑兵都完成了机械化，并与坦克旅整编为“机械化机动师”（Mechanized Mobile Division）。虽然旧团名出于传统原因得以保留，这一措施仍然意味着陆军骑兵部队（Heereskavallerie）完全转型为装甲部队，并且这一措施不仅限于本土的英国远征军，还延伸到海外部队，埃及的驻军首当其冲。[②]

“机械化机动师”下辖 2 个机械化骑兵旅（每旅均编有 1 个装甲侦察团）、1 个摩托化骑（步）兵团、1 个轻型骑兵—步兵战车团，此外还有已组建的下辖 4 个营的坦克旅、适量炮兵部队及其他后勤兵种。该师将大部分远征军坦克整合为一支具有战略运用能力、编制精当的装甲部队。英国还计划将其他坦克营编入陆军部队[③]，其主要任务是与各步兵师协同作战。目前已有两个这样的坦克营成军。根据最新消息，英军有意将其坦克部队扩充到 14 个坦克营。

到目前为止，战后英国坦克部队的发展体现为：将大部分坦克部队，包括先前的骑兵，整编成一支统一指挥的作战部队；同时，英军还有意将其他装甲兵力创建为与步兵协同作战的陆军部队。若我们依据先前骑兵团的战斗力将其归类为营的话，则“机械化机动师”包括了 2 个侦察营、3 个轻型坦克营、2 个混编坦克营和 2 个步兵营，此外还有炮兵和后勤支援部队。该师武装的重点也明显是装甲部队。

在这些装甲单位中，要区分装备侦察车辆的装甲侦察营和轻型与混编坦克营。轻型坦克营中每连装备 17 辆轻型坦克和 2—3 辆近程支援坦克（close support tanks），混编坦克营中每连则装备 6 辆中型坦克、7 辆轻型坦克和 2—3 辆近程支援坦克。

轻型坦克、中型坦克和近程支援坦克混编于一个连队使作战指挥极为灵活，

---

① 英译本注：古德里安对1934年机动部队演习的描述大体上是准确的，但他说错了一个事实：机动部队是由乔治·林赛指挥的，他是当时最杰出、经验最丰富的皇家坦克军军官之一。古德里安可能将其与1927年由步兵准将科林斯指挥的EMF弄混了，他此前没有装甲部队经验。1934年机动部队令人失望的表现，部分归咎于“乔克”伯内特-斯图尔特（'Jock' Burnett-Stuart）少将为演习制定的基本规则，以此种方式使这支部队的陷入困境；部分归咎于不公平的裁判；还有一部分归咎于林赛和他最重要的下属指挥官——霍巴特（Hobart）之间的争端。对此最好的著作是温顿的《改变一支军队》，布拉西，1988年，第174—183页。

② 英译本注：1934年底，帝国总参谋长、陆军元帅阿奇博尔德·蒙哥马利—马辛伯德（Archibald Montgomery-Massingberd）爵士决定组建一个机械化机动师，以取代骑兵师。1935年9月，在蒙哥马利-马辛伯德的指导下，一份重要文件（PRO- W.O. 32/4612）做出了所有主力骑兵机械化的决定。这份文件题为“英国军队的未来重组”（The Future Reorganization of the British Army），试图规划未来5年军队的发展。见哈里斯和托斯的《装甲战》，巴茨福德，1990年，第42—44页。

③ 英译本注：古德里安是对的。除了机动（装甲）师外，英军还组建了“陆军坦克营”（Army Tank Battalions），装备了速度慢但有重装甲的“步兵坦克”（Infantry Tanks），以与一旁跟进的步兵密切协同。利德尔·哈特的《坦克》第1卷，卡塞尔，1959年，第337—338页。

并能够在轻型及中型坦克进行近战时，确保用支援进攻的装甲自行火炮提供持续性的掩护射击。因此，卸车后进入射击阵地的炮兵一旦无法再观测到坦克进攻，进攻便不再依赖这类炮兵的支援火力了。此种编制方式带来的好处是，英军可以要求坦克部队执行深入敌军阵线的任务，从而确保部队中即便是最小的作战单位也能拥有较高的作战独立性。

法国各方面的做法都与其盟友迥然不同。尽管在 1918 年摆脱了来自东方邻国的直接威胁，法国仍然保留了庞大的军备，从而拥有一种强大的压制手段，用以实施针对已解除武装的前任敌人的政策。1918 年法国军备的强大与其邻国的不设防导致的结果是，战后的作战方式与战略目标不得不与 1918 年留下的大量装备及其技术效能相适应。因此对于法国的坦克部队来说，这意味着雷诺轻型坦克成为主力坦克，意味着这款速度慢、最大行程颇为有限的坦克将成为直接与步兵协同作战的主要装备。由于敌方没有值得一提的反坦克能力，这种作战方式将保证法军取得完胜，敌人的弱势还足以保证速胜。

值得担忧的只有一个情况：由于爬坡、越障和涉水能力不足，雷诺坦克不适合进攻设置了反坦克障碍区域的阵地。如果要取得决定性胜利，就需要减少使用行动时速度快、行程远的坦克部队，反而要使用具备越障、爬坡和涉水能力的重量、体积更大的坦克。也许是出于这一考虑，法国在世界大战结束时接收了大量重型的英国马克 V 型坦克，同时继续生产在战时已应艾蒂安要求列入订单的新式重型坦克。该型坦克的重量从 50 吨增加至 68 吨、74 吨，最高达到 92 吨。D 型（Char D）坦克可以爬 45 度的坡，翻越 3 米高的障碍物，跨越 6 米宽的壕沟，涉水深度 3.5 米。要塞工事要想提高反坦克能力，就必须考虑这些性能数据。当然，有人将法国的这种装甲巨兽视为纯粹的“防御武器”，因此，当有人在日内瓦裁军会议上提议废除所有攻击武器时，法国要求重量超过 92 吨的坦克才能被归类为重型攻击性坦克。

法军面对解除武装的德国时，他们可以对自己的进攻方式抱有十足信心：德军机枪的防御火力在战时常常击败步兵的进攻，现在要对付这些机枪，只需大规模投入雷诺轻型坦克，紧接着由步兵跟进。加固的阵地将被重型突击坦克预先攻破，以便形成突破口。

法军很快就发现，敌人会借助摩托化的预备队来避免被突破的危险。因此要想巩固初期战果,己方也需要摩托化的突击部队。考虑到战后补充兵源不足的困境,很难通过重新组建来拥有这样一支部队，反倒需要局部或全面改造一个效能和战斗力根本无法应对现代战争需求的兵种，也就是骑兵。约在 1923 年时，对骑兵转型为现代兵种与摩托化作战部队的试验便开始了。这些试验产生了很多发展方向，但我们很难跟上这些发展的步伐。

战略或远程侦察不再由骑马的侦察兵来完成，贝利耶公司生产的多轴装甲侦察车被证明更适合执行这类任务。将后轮改成履带装置增强越野能力后，装甲车辆也同样适用于战术或近程侦察。这些雪铁龙－凯格雷斯（Citroën-Kégresse）与庞阿尔－凯格雷斯－安斯坦（Panhard-Kégresse-Hinstin）型的半履带车或“雌雄同体车”在法国装甲武器发展历程中别具特色。除了这一目的外，这些车辆也被用来运输摩托化步兵，这些被多次提及的摩托化步兵为装甲侦察部队提供支援。

直到 1932 年，在经过持续多年、按部就班的一系列实验后，32 型法军骑兵师诞生了。除装甲侦察部队外,该型师主要下辖 2 个常规骑兵旅和 1 个摩托化步兵旅。就已掌握的情况来看，该型师的具体编成如下：

师部〔包括航空分队及照相分队（Bildabteilung）〕；

2 个骑兵旅（各辖 2 个骑兵团，每团下辖 1 个团部中队、4 个骑兵中队、1 个机枪中队和 1 个支援中队）；

1 个摩托化步兵旅（编有 1 个坦克团和 1 个下辖 3 个营的摩托化步兵团）；

1 个炮兵团（下辖 2 个轻型炮兵营和 1 个重炮营）；

以及工兵、通信部队、反坦克部队及后勤部队。

师坦克团下辖 1 个配备摩托车和 12 辆装甲侦察车的摩托化侦察营，和 1 个装备 20 辆侦察坦克、24 辆作战坦克的坦克营。作战车辆和侦察车辆比例为 24 ： 32。全师满员约 13000 人、4000 匹战马、1550 台车辆和 800 辆摩托车。[①]

这种骑兵师在这种编制下已经过多年的训练和大规模演习的检验。尽管所有“尊贵”战马的狂热支持者都提供担保，但出于作战目的把战马与发动机结

① 英译本注：法国人坚持组建骑坦混编师。1940年，他们仍有5个这种师，称为“轻型骑兵师”（Divisions Légères Cavaleries）。古德里安正确地预测他们的战斗力可以忽略不计。罗伯特·伊克斯（Robert Icks），《著名的坦克战役》（Famous Tank Battles），普罗菲尔（Profile），1972年，第102—114页。

合在一起的尝试仍然弊大于利。如果预先派出摩托化部队，他们便会早早地向敌人发起冲击，而后占领对继续作战有重要意义的多个阵地。但他们此后就必须等待骑兵旅靠拢，而且等待时间常常过长。通常在骑兵到达之前，被占领的重要阵地已经易手了，还可能大量损失重要的作战装备。因此，时常有人大声呼吁将全师机械化，这样取胜的希望才会更大。这些人认为他们的解决方案至少能够利用车辆的优势，但如果要在眼下展现战马和车辆的协同作战效果，就必须让骑兵旅先行出击，令摩步旅在后方担任预备队，直到查明战役的关键点后再将其投入战斗。但这样一来摩托化部队的行军距离常常过短，作战方式过于复杂，而骑兵部队花费更少的气力就能完成同样的任务。此外，全师的行军效率始终受到马匹的拖累。

有鉴于此，法军很快就在 1933 年进行全机械化师的试验。“轻型机械化师”（Divisions légere méchanique）就此诞生。我们还没有关于其编制的确切消息。下列数据可供参考：师部（包括辅助机构及航空分队）、1 个装甲侦察团、1 个坦克旅、1 个车载步兵旅、1 个炮兵团（2 个轻炮营、1 个重炮营）、工兵、通信部队、反坦克部队及后勤人员。兵力约 13000 人，3500 台车（包括 1000 辆摩托车）。该师装备了约 250 辆坦克，其中约 90 辆用于作战，其余坦克执行战术或战役侦察任务。[①] 相比之下，32 型骑兵师只有 56 辆坦克，其中有 24 辆用于作战。这个师经受住了全面的考验，推动了第二个 32 型骑兵师在 1936 年转型为全摩托化师，接着第三个师又在 1937 年改造完成。

从此前的编制上自然可以看出，该师中的装甲侦察车辆数量很多，相对而言，坦克数量极少。由此可以看出，“轻型机械化师”主要执行侦察任务，但不适合从事重大作战任务。该师的骑兵起源是它忽视战斗力而装备大量侦察车辆的原因。这种自满状态持续多久是个问题。但战争部部长达拉第（Daladier）的演说证明，他们已认识到部队的不足之处。达拉第在演说中宣布法国有意在 1937 年尝试组建重型装甲师，也就是有进攻能力的装甲师。达拉第是这样陈述他的观点的：

① 英译本注：古德里安在这里讨论的是法军所说的轻型机械化师，这是他们最接近装甲师的东西。1940年时仍然只有三个师，第四个师在组建中。理查德·M. 奥戈凯维奇（Richard M. Ogorkiewicz），《装甲》（Armour），史蒂文斯（Stevens），1960年，第64—67页。

除了民军（Voksheer）〔即义务兵（Wehrpflichtheer）〕外，难道我们真的不需要一支职业军队，或者只由长期服役的官兵组成的特种装甲师部队吗？有些人认为这种解决办法是要建立快速反应的工具，即一支突击军（Stoßarmee），而其他人则将其视为一种缩短服役期甚至有朝一日废除兵役制度的措施。他们公开对此表示赞同。

但是速度和打击力是我们普遍的追求。

在这个讲坛上已经说过，在与总司令部达成共识后，我于1933年创建了第一个轻型机械化师。第二个师也正在组建中，接下来还会有第三个师。所有3个师将由训练充分的官兵组成，并且任何时候都拥有必要的运输工具。

我认为必须用重型师来补充加强这些轻型机械化师。我们将在来年（1937年）夏末沿着这一方向进行系列非常重要的试验。

我们需要更为专业的军队。我们必须由不同种类的师去执行不同的任务。在所有这些重要问题上，我都和总司令部达成了共识，双方都致力于为法国

法军轻型机械化部队

陆军提供现代技术所能提供的一切。[1]

几乎所有军队中都有一种根深蒂固的思想，即必须由骑兵师或由其后继者——轻型机械化师执行战役侦察任务。但这个思想是否已经过时，或者本身是否就是错误的？骑兵师最初肯定不是完全作为战役侦察的执行者而被创立的。创立者拿破仑一世（Napoleon I）组建了重骑兵师、龙骑兵师和轻骑兵师，前两者只用于作战目的，只有轻骑兵师主要负责战役侦察。19 世纪的欧洲骑兵主要是用于决战而被组建和受训的。而且它们大多未被投入作战，因为面对在此期间出现的后膛枪，骑兵根本无法凭借冷兵器取得决战胜利。也许由于和平时期受到的训练不全面，骑兵在 1866 年和 1870—1871 年的战役中执行战役侦察成效甚微。直到骑兵不再具备以冷兵器取得决战胜利的能力，才产生了为骑兵赋予新任务的愿望和必要性（出于对军刀与长矛的执着）。

在飞机和坦克被发明之前，人们在一定程度上承认了战役侦察的意义。但当时是否有必要用整个师或整个骑兵军来执行战役侦察任务？这是值得怀疑的，尤其是虽然整个部队编制中每一部分都可以用于侦察，但任何一部分都没有足够的战斗力（也就是火力）粉碎敌军的有力抵抗。或许只装备和训练骑兵师的部分骑兵团用于侦察，让大部队从事作战会更合适。如果要将这一观点付诸实施，那么解决方式应当是给侦察团配备轻武器、少量车辆和良好的通信装备，而作战团或旅则拥有大量重装备、充足的弹药和炮兵。这样一来，世界大战时骑兵的战斗和侦察成果可能会更好。或许骑兵也会抛弃侦察是其专属职能的想法，进而更专注于解决增强自身战斗力的问题。也许在战前就能组建起稳固和适合的骑兵师。

一将上述想法贯彻到现实中，就有人产生了怀疑：组建主要由侦察车辆组成的大规模机械化部队，并且忽视战斗力，是否能保证在紧急情况下取得胜利？当大部分战役侦察要由空军完成后，这一怀疑就更有理由了，因为飞机可以更加深入敌军后方，也比地面侦察的行动速度更快。因此地面战役侦察只是空中侦察的补充，在欧洲相对狭小的战场上实施。所以地面侦察可由小型、快速且具备战斗

① 原注：《法国军事》（France Militaire）第16期，第565—566页。

力的侦察部队执行，一旦有需要，迅速由机械化的作战部队予以支援。

从达拉第先生的讲话中可以很清楚地看出，法军的装备发展与部队配置取得了长远的进步，足以实施大规模的部队试验，组建主要由火炮坦克组成的重型装甲师。这个讲话证实了一些人长期以来强调的观点，即未来坦克的发展必须在战术和战略运用时符合其效能，即便是法国也不能无视这一点。理智将会战胜顽固派，同样也会摆脱在战后编撰的训练守则。距离戴高乐 1934 年所提出的“震慑师”（Division de choc）[①] 变为现实越来越近了。[②]

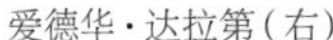

爱德华·达拉第（右）

夏尔·戴高乐

① 原注：《通向职业军队》（Vers l' armée de métier），巴黎：贝尔热–莱夫罗尔出版社。

② 英译本注：古德里安所说部分正确。法国人很晚才组建预备重骑兵师（Divisions Cuirassées de Réserve，DCRs）。这是装备了一些超重型坦克——Char B的装甲师。但这种师的结构有缺陷，坦克数量不足，Char B（尽管其尺寸、装甲和武器令人印象深刻）有很多设计缺陷——其中之一是单人炮塔，这个缺陷在轻型机械化师装备的最出色的“索玛”（Somua）坦克身上也有。1940年5月时有3个预备重骑兵师，第四个由夏尔·戴高乐指挥的师正在组建中。前三个师被派去进攻默兹河上的德军桥头堡，但事实证明，他们非常不适应长途公路行军。3个师分批到达，被该区域的7个装甲师逐个消灭。冈斯堡（Gunsburg），《各个击破》（Divided and Conquered），格林伍德出版社（Greenwood Press），1979年，第68—69页。

装甲车辆参数表

〔参考海格尔《坦克口袋书》（Taschenbuch der Tanks）制表〕

图片序号	装甲车辆名称	国家	乘员人数	武器装备		弹药数量	装甲厚度（毫米）	速度（千米/小时）	最大行程（千米）	性能					重量（吨）	发动机功率（马力）	长度	宽度	高度	离地高度
				火炮	机枪					爬坡性能（度）	越障高度（米）	推倒树木直径（厘米）	越壕宽度（米）	涉水深度（米）						
6	马克I型重型坦克，1916年	英国	8	2门57毫米炮	4	—	5—11	5.2	24	22	1.2	最大50	4	1	31	105	8.6	3.9	2.61	0.45
7	马克V*型重型坦克，1918年	英国	8	2门57毫米炮	4	炮弹2000发，机枪弹7800发	6—15	7.5	64	最大35	1.50	最大55	4.50	1.00	37	150	9.88	3.95	2.64	0.43
8 9	施奈德重型坦克，1917年	法国	6	1门75毫米炮	2	炮弹96发，机枪弹4000发	5.4—24	6	75	30	0.40	0.40	1.80	0.80	13.5	60	6	2	2.40	0.40
10	雷诺FT轻型坦克，1917年	法国	2	1门37毫米炮	或1	炮弹240发，机枪弹4800发	6—22	8	60	45	0.60	最大25	1.80	0.70	6.7	40	4.04	1.74	2.14	0.50
11	圣沙蒙重型坦克，1917年	法国	9	1门75毫米炮	4	炮弹106发，机枪弹7488发	5—17	8.5	60	35	0.40	0.40	2.50	0.80	23	90	7.91	2.67	2.36	0.41
12	马克A型（小灵犬）中型坦克，1918年	英国	3	—	3	5400发	6—14	12.5	100	40	0.80	0.35	2.50	0.90	14	90	6.08	2.61	2.75	0.56
13	维克斯马克II型中型坦克，1929年	英国	5	1门47毫米炮	6	炮弹95发，机枪弹5000发	8—15	26	220	45	0.80	0.40	2.00	1.20	13.4	90	5.31	2.74	3.00	0.45

（续前表）

图片序号	装甲车辆名称	国家	乘员人数	武器装备		弹药数量	装甲厚度（毫米）	速度（千米/小时）	最大行程（千米）	性能					重量（吨）	发动机功率（马力）	长度	宽度	高度	离地高度
				火炮	机枪					爬坡性能（度）	越障高度（米）	推倒树木直径（厘米）	越壕宽度（米）	涉水深度（米）						
14	A7V中型坦克，1918年	德国	18	1门57毫米炮	6	炮弹300发，机枪弹18000发	15—30	12	80	25	0.40	—	3.00	0.80	30	—	7.30	3.05	3.04	0.50
15	LK II轻型坦克，1918年	德国	4	—	1	3000发	最大14	18	—	45	0.90	0.30	2.00	1.00	9.5	60	5.70	2.05	2.52	0.27
16	维克斯“独立”号重型坦克，1926年	英国	10	1门47毫米炮	4	—	20—25	32	320	40	1.50	0.76	4.57	1.22	30	350	9.30	3.20	2.75	0.60
17	Char 3C型中型坦克，1928年	法国	13	1门155毫米炮，1门75毫米炮	6	—	30—50	13	150	45	1.70	0.80	5.30	2.00	74	1980	12	2.92	4.04	0.45
18	雷诺NC 2轻型坦克，1932年	法国	2	—	2	—	20—30	19	120	46	0.60	0.25	2.10	0.60	9.5	75	4.41	1.83	2.13	0.45
19	T2中型坦克	美国	4	1门47毫米炮	1挺12毫米机枪，1挺7.6毫米机枪	炮弹75发，12毫米机枪弹2000发，7.6毫米机枪弹4500发	6.35—22	40	145	35	—	—	1.80	1.20	13.6	323	4.88	2.44	2.77	0.44
20	马克II型轻型坦克，1932年	英国	2	—	1	4000发	8—13	56	210	45	0.58	0.30	1.52	0.75	3.6	75	3.96	1.83	1.68	0.26

（续前表）

图片序号	装甲车辆名称	国家	乘员人数	武器装备		弹药数量	装甲厚度（毫米）	速度（千米/小时）	最大行程（千米）	性能					重量（吨）	发动机功率（马力）	长度	宽度	高度	离地高度
				火炮	机枪					爬坡性能（度）	越障高度（米）	推倒树木直径（厘米）	越壕宽度（米）	涉水深度（米）						
21	雷诺UE轻型坦克	法国	2	—	1	—	4—7	30	180	38	0.40	—	1.22	0.70	2.86	35	2.70	1.70	1.17	0.26
22	卡登·劳埃德轻型水陆两用坦克	英国	2	—	1	2500发	最大9	水中9.7；其余64	260	30	0.50	—	1.53	漂浮	3.1	56	3.96	2.08	1.83	0.26
23	克里斯蒂快速坦克	苏联	3	1门47毫米炮	1	—	6.35—16	轮式110；履带62	400	40	0.75	0.20	2.10	1.00	10.2	343	5.76	2.15	2.31	0.38
24	菲亚特·安萨尔多轻型坦克，1933年	意大利	2	—	1	4800发	5—13	42	110	45	0.60	—	1.50	0.90	3.3	40	3.03	1.40	1.20	0.25
25	空降型卡登·劳埃德（俄制）	苏联	2	—	1	—	6—9	40	160	45	0.40	—	1.22	0.66	1.7	220	2.46	1.70	1.22	0.29
27	维克斯盖伊装甲侦察车	英国	6	—	2	6000	6—11	50	220	—	—	—	—	—	9.25	75	6.58	2.35	2.86	0.25
28	庞阿尔-凯格雷斯-安斯坦装甲侦察车	法国	3	1门37毫米炮	1	炮弹100发，机枪弹3000发	5—11.5	55	200	35	0.40	—	1.20	1.20	6	66	4.75	1.78	2.46	0.25

LK II 原型的改进版本——瑞典的第一代坦克 Stridsvagn m/21（简称 Strv m/21）

维克斯 A1E1“独立”号重型坦克

法军雷诺UE轻型坦克

雷诺UE原型

英军卡登·劳埃德轻型水陆两用坦克

我们充分了解了法国工业的效率及其军工特征，以免低估这个邻国的实力。这对我们大有裨益：我们可以将即将亮相的法军重型装甲师（其主力拥有大量装备轻型、中型甚至重型火炮的坦克，并拥有必不可少的摩托化侦察兵、步兵、炮兵、工兵、通信部队、后勤部队等支援兵种）纳入考虑范围。

回顾法国装甲部队的战术发展，可以得出如下结论：

由于技术水平低下，从世界大战中保留下来的坦克车辆装备只能在相对较容易行驶的地形才能和步兵密切协同作战。鉴于假想敌无力防御，法军对反坦克武器、坦克与有战斗力的摩托化预备队的出现都一概没有考虑。即便进攻方式缓慢、循规蹈矩且必须适应步兵的节奏，法军还是认为进攻可以稳操胜券。只有在被迫向天然或人工造成的复杂地形进攻，并超出雷诺轻型坦克能力时，才会出现困难。为了应对这一情况，法军计划发展适量的重型突破坦克。然而这一现象随着德国的重新强大发生了彻底改变。法国装甲部队的优势地位突然不复存在。法军不得不首先考虑应对认真的反坦克防御，随后是敌方装甲部队，最后是完整的大规模摩托化和机械化部队。因此，坦克与步兵保持密切协同的理论与实践，以及坦克部队在攻击梯队中的平均分配方式都受到了动摇。面对到处严阵以待的敌军防御力量，当攻击受限于复杂地形，只得沿着几条狭窄通道行进时，投入坦克究竟还有什么意义？难道不应该在可能取得速胜的地域集中发挥它们的威力吗？难道不需要快速巩固已取得的战果吗？难道不是应该保证不给敌人留下重整兵力并向受威胁区域发动反击的时间吗？①

因此，法国战争部部长和总司令部将骑兵转变为摩托化作战部队是完全合乎逻辑的。有了这样一种逻辑，他们才将全副武装的新式坦克集中编入了重型装甲师，即“震慑师”。

装甲车辆速度比步兵快很多之后，组建大规模机械化部队的想法就逐渐取代了伴随步兵作战的狭隘观念。这支部队不仅由狭义上的突击坦克组成，它也会拥有侦察部队和有越野能力的运输车辆，这些车辆可以直接运输用来坚守

---

① 英译本注：古德里安的逻辑是令人信服的。然而，1940年，法军仍有一半以上的坦克被分成小部队与步兵师协同作战。罗·伊克斯，《著名的坦克战役》，第102—103页。

夺取阵地所必需的最小限度的步兵和炮兵。坦克的新特性——速度在一次打击中就能得到充分的利用。现在是时候思考独立运用大规模机械化部队了。

这样我们就拥有了当下的新战术，也找到了回归机动战的机会。

大规模机械化部队是真正的进攻手段……战斗力和速度创造了新的机会。①

要突破组织起防御的敌军防线，就需要未来的重装甲师为轻装甲师及跟进的摩托化与骡马化部队开辟道路。反过来，假如交战双方距离较远，假如要在开阔地实施包围与追击，轻型装甲师就要快速突进，迅速占领要地，查明并阻止敌军部队运动，干扰敌方通信，以便于重装甲师和摩托化师挺进和展开。无论如何，在合适地点展开的战斗要与装甲部队协作进行。装甲部队在后续进程中的重要性只会增加，不会减少。

1937 年初，法国拥有超过 3000 门轻重火跑（包括要塞炮和高射炮在内）以及超过 4500 辆坦克，也就是说，和平时期军队中坦克的数量远超火炮的数量。没有哪个国家的火炮坦克数量对比是这样的。这样的数据值得深思。

一战时期，法国士兵使用的 75 毫米高射炮

俄国（苏联）装甲部队的发展道路与英国、法国大相径庭。在世界大战时，该国的庞大陆军根本没有坦克。由于本国工业的缺陷，俄国无法制造坦克；自身的封闭性又使其没能从盟国处获取坦克。直到革命战争时，俄国人才缴获了一些

① 原注：参见朗松（Lançon）中校发表在《法国军事》1937年第178期中的文章。

20 世纪 30 年代的波兰 PZInż 130 两栖坦克

坦克。这就使得处于布琼尼（Budjonny）有力指挥下的强大骑兵在与波兰的战争中再次扮演了决定性的角色。然而对手的防御力薄弱，指挥也有问题。

革命战争结束后，苏联也开始强调建立自己的军备工业。由于完全缺乏领导者与专业人士，实施这一计划需要多年时间；但现在应当认为这一计划已基本完成。与此同时，苏联也在学习国外各个技术领域的成果并进行仿制。坦克及其支援兵种也不例外。

苏联采购并测试了国外最著名的坦克，并根据苏联现状与需求进行了仿制。① 传统和技术上的联系也都没有妨碍战术的发展。据外部观察，苏军 23 个军中每军都下辖一个坦克团，此外还有些坦克团归属更高层的指挥机关。在支援兵种中，苏军组建了一批摩托化步兵师和步兵旅、牵引和自行火炮部队、侦察部队及其他部队，但并没有已经确认的固定编制的大规模部队。

不过，从诸如演习报道等军事著作中，我们能够对苏军运用这种现代化部队的意图做出一些判断。克里沙诺夫斯基（Kryshanowski）认为："只有通过同步摧毁全纵深敌军主力才能取得战术和战略上的决定性胜利。这就需要投入强有力的、行动迅速的、拥有强大打击力和机动性的武器。"② 遵照同步摧毁全纵深敌军主力的

---

① 英译本注：古德里安这里讨论的一个技术更成熟的特例是苏联采购的由美国发明家克里斯蒂（Christie）设计的原型车，采用了他设计的革命性的悬挂系统。美国陆军无法使这个系统发挥作用。基于这一系统的英军坦克（如十字军）往往不可靠。苏联人使其运转得非常好，并在包括优秀的T34坦克在内的许多坦克上使用了这一装置。奥戈凯维奇，《装甲》，第191—192页和第225—229页。

② 原注：M. J. Kurtzinski，《快速部队战术》（Taktik schneller Verbande），L. Voggenreiter Verlag，Potsdam。

原则，苏联人开始试图将其“摩托机械化”（motomechanisierten）部队进行进攻编组（Angriffsgliederung）。因此，他们区分了三种形式的部队：

1. NPP=neposredstwennaja poderschka pechoty（步兵近程支援部队）
2. DPP=daljnei poderschki pechoty（步兵远程支援部队）
3. DD=daljnewo deistwija（远程部队）

步兵近程支援部队的核心装备是 6 吨重的苏制维克斯 – 阿姆斯特朗（Vickers–Armstrong– Ruskij）AT–26 型坦克，配有 59 毫米火炮和 2 挺机枪，并有防钢芯穿甲弹的装甲。在 35 辆该型坦克掩护下作战的还有 35 辆苏制维克斯 – 卡登劳埃德（Vickers–Carden–Loyd）T–27 型机枪坦克，装甲较薄弱但具备良好的爬坡力。20 辆装备 37 毫米主炮的 BA–27 轻型装甲侦察车和一些“布罗尼福特”（Bronieford）小型坦克组成了该部队的剩余装备力量。该部队的任务得自其名称。只有在能突

在乌克兰首都基辅展出的俄制维克斯 – 卡登劳埃德 T–27 型坦克。1931 年 2 月 13 日开始服役，主要作为侦察坦克使用

BA-27 轻型装甲侦察车

破防线并摧毁敌军炮兵与反坦克防御的强力坦克的掩护下，该部队才能有效地完成有利于步兵的任务。前一任务正是由步兵远程支援部队完成的。

步兵远程支援部队的核心装备是重型突击坦克（M I 式和 M II 式），其主要装备为 75 毫米炮，1—2 具小口径穿甲武器和若干机枪。在轻型坦克方面，步兵远程支援部队配有一些苏制维克斯－阿姆斯特朗 6 吨型坦克及维克斯－卡登劳埃德水陆两用坦克。

一旦上述两种部队成功突破敌军防线并牵制住其中兵力，远程部队就应当——通常在空军的配合下——扩大战果，并向敌军指挥部、预备队、交通线和后方设施进攻。为此，该部队装备了一种速度特别快的坦克，也就是采用美国技术的苏制克里斯蒂（Christie–Russkij）34 型坦克。该坦克装备 47 毫米主炮和机枪，装甲相对薄弱，但最大行程可达 400 千米，轮式驱动时速 110 千米，履带驱动时速为 60 千米。除了这种经过精心研发和测试的坦克之外，远程部队还拥有大量装备 37 毫米炮和机枪的福特式六轮装甲侦察车和水陆两栖装甲侦察车。

原则上无法否认俄军的此种战斗编制具有一定程度的合理性：行程长的快速坦克攻击敌人纵深，配有重装备的主力坦克主要负责在主战场上与敌人的坦克、反坦克武器和炮兵作战，主要装备机枪的轻型坦克负责清理战斗区域中的步

左图：苏制克里斯蒂快速坦克 BT-7

下图：在苏德战争中被击毁的苏军 BT-7 坦克

兵。但是，作战任务一分为三也需要清楚了解各种型号的坦克，并且不得不承担坦克自身缺陷所造成的后果。

苏军坦克总数为 10000 辆，而装甲侦察车有 1200 辆。这一数字显示出，由于与一支强大且现代化的空军协同作战[①]，装甲部队已经开始有所作为了。尤其是如果苏联能使其铁路网和公路网保持通畅的话，它将能发挥出更大的作用。1936 年白俄罗斯军区和莫斯科军区举行了大规模演习，主要检验了摩托机械化部队与步兵师、骑兵师的协同作战效果，还特别检验了与空军的协同作战效果：空军在敌人后方大规模空

① 英译本注：古德里安在这里有点高估了苏军的空军。尽管规模庞大，但它既不强大也没有现代化，并且在1941年完全不是德军的对手。直到1943年，苏军才开始在前线实现空中均势。亚历山大·博伊德（Alexander Boyd），《苏联空军》（The Soviet Air Force），麦克唐纳和简（Macdonald and Jane's），1977年，第88—124页和第167—184页。

沃尔特·克里斯蒂 1919 年的坦克设计（上图）缺乏装甲防护和重型火炮，但它的总体配置、悬架和旋转炮塔很有远见。快速 M1928 坦克（下图）展示了他颇具影响力的轮轨设计，但被美军拒之门外

降了伞兵部队，以阻止敌人预备队干预或协助地面部队完成对敌人的包围。演习中还有特种飞机运载并空投了轻型坦克着陆。

伞兵

许多外国军队学习苏联组建了伞兵和空降部队。对这一部队用处的评价也和对装甲部队的评价一样褒贬不一。一些人认为是儿戏；也有人认为，在人口稠密的中欧，跳伞和空降会被迅速发现、攻击和歼灭。然而和军事技术领域中的一切革新一样，要避免妄下结论，首先要认真研究新兵种在运用中的利弊以及针对它的必要反制措施，否则在紧急情况下难免会发生令人难堪的意外。

苏联陆军不仅在世界上人数最多，同时现代化武器装备水平也是最强大的，另外还拥有一支世界最强的空军。苏联也在努力使海军达到可观的水平。虽然苏联的交通状况仍有不足，但在这一领域也已付出了辛勤劳动。由于原材料唾手可得，这个庞大帝国在其无懈可击的纵深地带也建起了强大的军备工业。苏联人缺少技术意识的时代已经成为过去。我们必须认定苏联已经掌握了坦克技术，并拥有了自主制造能力。由于苏联人的基本观念出现了这一转变，东方问题对我们而言具有了一种空前的挑战性。①

自 1918 年以来，欧洲最主要的三大军事强国装甲部队的战术发展逐渐赶上了装甲武器技术发展的脚步，当然，有时还是会迟疑不前。人们极不情愿地——在英国和法国的官方著作中体现得尤为明显——告别了传统观念或经历徒劳无益

① 英译本注：古德里安在这里极具预见性。他的观点可能部分源自1933年对苏联的一次访问，当时他参观了一个苏联坦克工厂。有了这段话的证明，我们必须认真对待他在回忆录中声称自己反对“巴巴罗萨行动”这件事。古德里安，《闪击英雄》，阿罗，1990年，第142—144页。

T-37A 是苏联的两栖轻型坦克，是世界上第一批量产的全两栖坦克。该坦克于 1933 年开始服役，以英国的维克斯坦克和其他两栖作战坦克为基础

的 4 年阵地战锤炼所形成的理念。惯性的力量常常强于对进步的渴望，也难怪那些资源有限的小国在装甲部队的编制和运用问题上持观望态度。因此它们在本书的知识领域中无关紧要，倒是反坦克防御的发展与现状对我们做出清晰的判断更为重要。

3. 反坦克防御

由于德国放弃了制造自己的坦克，同盟国敌人在 1916—1918 年之间也就不再操心反坦克防御的问题。德国人对新武器的低估也导致了他们对反坦克防御的忽视，结果就是德国的战败。[①] 认识到败因之后，德国方面首先致力于对付埋伏

① 英译本注：当然，这是对坦克在一战中重要性的过分夸大，但它对发展坦克力量颇为有用。

在四周的敌国坦克，研究反坦克防御问题，随后采取实用的反制措施。这些年来，德国国防主权的重建以及坦克必然会在德国出现也促使其他国家开始研究反坦克防御问题。

我们首先来考察反坦克防御的基础。

地形特点本身就是有效的反坦克防御手段，但并非任何地点、季节和天气情况都有效果。陡坡峭壁、宽而深的水域、壕沟、沼泽、树木繁茂的森林都能对坦克造成绝对的阻碍。我们将这些障碍物后方的地形称为“装甲禁行区”（Panzersicher）。不太明显的障碍物会减慢坦克的运动速度或给其造成困难。居民区也会对坦克产生阻滞作用，墙壁后方、房屋内和地下室也会成为坦克很难涉足的掩体。这样的地形被称为“装甲阻行区”（ Panzerhemmend）。开阔地、略呈波浪形的区域和植被交替覆盖的地形适合装甲部队进攻，属于“装甲通行区”（Panzergünstig）。

守军会因地制宜，利用好装甲禁行区的地形，将防御阵地建在这类地形中或将阵地的一侧或两翼设置在这类地形旁边。装甲阻行区更为常见，它成了反坦克防御的重要支柱，并能延长反坦克武器的作用时间。有时守军可以借助工兵在此类地形中将有限制的障碍物扩建为无限制的障碍物，例如在斜坡与壕沟中掘出垂直的墙体，在水域中蓄水与制造沼泽，在森林边沿设置高度、宽度、深度均满足需求的鹿砦。在开阔地修筑轨条砦、反坦克桩、水泥墙、反坦克锥、铁丝滚笼等人工障碍物，并布设地雷。

然而，装甲禁行区和阻行区的地形并没有完全浪费自然因素。施工时间、人力、建筑材料和弹药决定了人工障碍物的延伸范围，也受制于加固地形的工事，而工事的成效还取决于伪装和针对破坏活动的防护效果。任务和局势也可能迫使守军在开阔的装甲通行区进行防御。因此，守军必须装备能穿透敌人装甲的武器，决不允许像 1918 年的德国步兵一样，面对难以完成的任务时手无寸铁。即便不考虑坦克的正面进攻，敌军也会通过突入友邻防区而突然在侧翼制造威胁。因此，反坦克武器应当是所有部队，尤其是步兵的必备装备。

要想使反坦克防御完全发挥作用，就必须在敌军攻势冲破步兵主战线前及时予以反制。一旦阻击进攻稍有迟缓，那么步兵即便不被全歼，也会遭受重大损失。我们可以将此形容为“手术成功了，但病人却死了”。步兵反坦克武器的重量和体积必须适应前线需要，但要达成阻击目标，射速要足够快，射程也要足够远。

1936 年德国军队正式装备的 37 毫米口径 Pak 36 反坦克炮。直到 1942 年，它一直是德国国防军各单位的主要反坦克武器

两次世界大战期间捷克斯洛伐克 37 毫米 KPÚVvz 反坦克炮

为便于理解，我们将列举一些数据作为例证：假设敌军坦克以 12 千米的时速发起进攻，它们位于 1000 米外，抵达时间 5 分钟。我们设想防御武器对目标的射速为每分钟 8 发，有效射程为 600 米，那么该武器自安放于步兵战区前沿至坦克杀到眼前，有效射程内共可发射 24 发；若守军装备射程 1000 米的武器，相同条件下可发射 40 发。若守军拥有短时间发射大量弹药的自动武器，每分钟射速是 100 发而不是 8 发，那么它可以在有效射程为 600 米时发射 300 发，有效射程为 1000 米时发射 500 发。然而，在口径相同的前提下，自动武器弹药发射量越大，武器的重量与体积也就要越大，弹药的价格也越昂贵。

在和平时期，英军步兵旅每 4 个营就有 1 个摩托化反坦克连，装备 16 门 20.3 毫米口径的机关炮。法军每个步兵营装备 3 门履带式拖车牵引的 25 毫米口径机关炮。德军装备了由六轮卡车牵引的 37 毫米反坦克炮。有时还装备有轻型反坦克武器，即 12 毫米口径的、正在测试中的反坦克步枪（Tankbüchsen）。它与机枪的大小差别不大，几个人就可以操纵。但其枪弹只在近距离具备穿甲能力。是否最终采用这类武器目前还不得而知。不过，英国正在部队中测试一款口径为 12 毫米的反坦克枪，重量为 16 千克，射速为每分钟 6—8 发，对轻型坦克的有效射程为 450 米。[①]

在巴黎军事博物馆（Musée de l'Armée）展出的毛瑟（Mauser）1918 T-Gewehr 13.2×92 毫米反坦克步枪

① 原注：《军事周刊》（MWBI），1937年第48期。

由此看来，似乎很容易消除坦克对步兵的伤害。然而事实并非如此。军备工业可以很容易地制造出能够抵御上述口径反坦克武器的坦克，而且其重量不会超过发动机所能驱动的最高限度，也不会超出道路桥梁的承受力。这种坦克已经出现在法国了。[①] 如果敌人使用此种重型坦克发动进攻，此前描述的反坦克武器就毫无作用了。假如敌军用重型坦克发动第一波进攻的话，那么它们不仅能摧毁轻型反坦克武器的防御，而且得手后还会在防钢芯穿甲弹的大量轻型坦克的协助下解决步兵，并完成突破。

消除这一危险的办法是投入更大口径的反坦克炮。这种火炮已经在测试中。有消息报道了英军的维克斯－阿姆斯特朗式车辆牵引式 75 毫米反坦克炮。[②] 该炮拥有射界为 360 度的回转射击平台，弹重 6.5 千克，初速每秒 595 米，炮口活力 117 吨米[③]。在海军和要塞建设中业已存在的火炮与装甲之争已经在装甲部队中爆发了，将来也势必会影响空军。但是，正如我们不能因为重炮或超大口径火炮的穿甲威力就放弃建造战列舰、要塞和作战飞机一样，不能因为反坦克防御的力量确实强大，就认为生产坦克毫无意义。如果得出这一结论，那么杜黑（Douhet）将军的观点不仅适用于意大利，而且普遍有效：由于只有空军具有攻击能力，陆战仅需要完成防御任务即可。但杜黑的观点广受怀疑，尤其是那些始终认为地面部队具有决定意义和足够攻击力的人们。然而，如果否认坦克在陆战中有取得成功的希望，和 1916—1918 年的德军一样放弃使用坦克，那么目前就认识不到在地面作战的进攻中要怎么做才有望取得决定性胜利。

这样一来，留给我们的任务就只剩下在本领域内把握坦克与火炮之争，分析有利于防御敌军坦克的一切办法，以及用己方强大的坦克部队确保反击取胜的一切办法。按照这一思路，就必须从防御角度要求制造适于抵御已知最强大的坦克的火炮和炮弹。即便现有的重炮自身具备足够的射程和炮弹穿透力，但它们缺乏机动性，无法快速应对重型突击坦克发动的奇袭。它们的射击准备时间和射界也有不足，且瞄具不适合瞄准瞬时移动的目标。虽然目前的中型和重型火炮在面

---

① 原注：参见本书165—167页表格。
② 原注：《军事周刊》，1937年第46期。
③ 译者注：Metertonne，直译为“吨米”，系功的单位，1吨米等于9800焦耳。

常见的反坦克工事（一）

常见的反坦克工事（二）

常见的反坦克工事（三）

常见的反坦克工事（四）

对重型突击坦克时偶尔有成功的可能，但没有确定命中的十足把握。新型火炮因此应运而生。

除射击武器之外，地雷在反坦克防御中也具有独特价值。它们可以被快速布设在具有足够宽度和纵深的地区，在有植被覆盖的地形上很容易伪装。敌方坦克很难探测出这种防御武器。如果敌军未能使用炮火或未提前扫除地雷而在雷区中开辟通路，那么就会在未经查明的情况下产生损失。地雷因此成为坦克的一个危险敌人。地雷的使用受限于弹药量，更取决于守军部队在存在雷区时所必然采取的预防措施。大片的雷区也会对守军的行动自由造成很大的限制。虽然布设不规则的雷巢和集束地雷可以避免这一缺陷，但还是会危及己方部队，因为通常只有布设的工兵才知道地雷的位置，其他兵种并不清楚。这种情况尤其在阵地守军换防时最为常见。在运动战中，这一缺点对守军而言更为明显，除非他们正在撤退并且不再想重夺阵地。

由此可见，反坦克防御的基础有以下三种：天然地形和人工加固的反坦克障碍物、地雷对进攻区域的额外封锁，还有各种口径的反坦克武器的火力。所以我们可以区分两种反坦克防御的武器：其一为不可移动、受地形限制或固定为防御设施的武器，其二为可移动的、适用于几乎所有地形的武器。这两种武器都必须充分利用。前者适用于使用新式陆地防御设施有计划地封锁限定防御地段，后者可以充当此类防御设施的增援或机动预备队，此外还可以迅速在无防御设施的地形中建立需要的防线。固定式反坦克防御以合适的地形、周密的侦察、劳动力、材料和时间为前提，而机动式反坦克防御则依靠适合的防御部队，还必须根据情况随时随地展开行动。

适合充当防御部队的反坦克单位和工兵在与非装甲部队作战时需要得到机枪火力，必要时还特别需要得到炮兵、侦察和通信部队的支援。为此，除了步兵师中常设的反坦克兵种外，还应该组建直属高层指挥的“阻击部队”（Sperrverbände）。根据阻击敌人的种类，阻击成功的希望取决于部队的敏捷程度以及投入行军作战的速度。这种速度快、防御力强、为完成任务接受特殊装备和训练的部队的价值看起来似乎没有被过分高估。

第七章
德国摩托化作战部队

1. 坦克模型的时代与军事主权

德国摩托化作战部队并不像从宙斯的头颅中蹦出来的雅典娜女神（Pallas Athena）那样一开始就是完美无缺的。它经历了漫长而极为艰难的发展历程，饱受《凡尔赛和约》的桎梏之苦，又因其过于“时髦”而在己方阵营中进行了大量斗争，而且这种斗争时至今日仍在继续。

旧帝国国防部的机动部队总监部（Inspektion der Kraftfahrtruppen）是陆军中唯一一个总体上认可摩托化概念，并维系了世界大战时德军坦克部队弱小的传统机构。除了普遍的陆军摩托化之外，总监部有两大业务：首先是进行部队车辆运输试验，并为此组织了一系列演习。首次演习是 1921 年举行的哈尔茨演习（Harzübung），在总监冯·奇施维茨（von Tschischwitz）少将的指挥下完成了一个营的运输目标。在随后几年中，又多次通过长途越野行军或演习方式运输了若干加强营与加强团，从中积累了准备和实施大规模车辆机动的宝贵经验。

其次是组建装甲部队的基干，但这一工作只能顶着巨大困难向前推进。同盟国敌人只允许我们保留所谓的“装甲运兵车”（Gepanzerte Kraftwagen für Mannschaftstransport）。按照法国人和英国人意思，这实际上只不过是一种包裹着铁皮的卡车。经过长时间交涉后，他们才最终允许我们拥有所谓的装甲车辆，但不允许拥有旋转炮塔，必须安装垂直的隔板，不能安装固定设置的武器。采用四轮驱动和后轮转向的底盘后，德方成功制造出了一种可通行于公路的装甲车辆，对平定国内动乱具有一定价值，也能用于训练。尽管装甲已薄弱到无法抵御钢芯穿甲弹，但对底盘承受力而言，装甲还是有些超重。现有的资源不够我们生产出符合和约允许总数的此类车辆。尽管如此，在培训军官使用此装甲车辆的第一期课程中，还是进行了一系列小规模演习（主要是侦察任务），并积累了宝贵的经验。由此萌生了将机动部队发展为装甲兵的首个念头，而且这个念头从此根深蒂固。

由于《凡尔赛和约》禁止制造履带车辆，我们只好考虑制造具备一定越野能力的多轮车辆。基于此，我们试验了 8 轮与 10 轮的底盘。遗憾的是，这一车辆还被要求具备水陆两栖能力，这导致样车极为复杂和庞大，并在初始阶段出现了大量瑕疵。尽管进行了多年测试，最终依旧未能制造出符合战争需求的该型车辆。

此外，这一时期也诞生了第一批履带式装甲车辆的设计方案。然而，由于后来的工作重点被放在了后勤机动部队的训练之上，履带式车辆的发展只能缓慢向前推进。

继任的总监冯·沃拉德－博克尔贝格（von Vollard–Bockelberg）将军认识到，不能像以前通用的做法那样，将坦克、摩托车、卡车、救护车及其他形式的车辆整合在一个连中进行训练，因此，他着手分化任务。当然，在《凡尔赛和约》和紧盯着他的政府的限制下，这一任务只能通过各种谨慎的手段才能得以实施。

一些连队给模型坦克装上了汉诺马格[①]底盘（Hanomag fahrgestelle），建造出了“坦克”。面对这种被禁止拥有的武器，其他兵种在部队演习时都投来

冯·沃拉德－博克尔贝格将军

① 汉诺马格（Hanomag）是德语汉诺威机械制造公司（Hannoversche Maschinenbau AG）的缩写。后来基本上德军所有的Sdkfz 251系列半履带装甲车都是这家公司生产的。

了惊讶的目光。尽管这些模型笨拙无力，却仍然使部队产生拥有可用的反坦克武器的愿望，并且至少引发了对坦克行动和反坦克防御的小规模讨论。

摩托车兵被集中到一个摩托化步兵连中，并在 1928 年的演习中被首次与旧式装甲车和摩托化步兵一起使用。

针对机动部队的军官开设了一系列课程，课程除了教授技术知识外，还探讨了摩托化作战部队的战术及其与其他兵种的协同作战。不久之后，数量有限的其他兵种的军官也被请来参加了此类课程。在这些年及随后几年中，“摩托化运输教导部”（Kraftfahrlehrstab）不仅为摩托化部队军官团确立了统一的战术和技术概念，还通过透彻的探讨，在理论研究和使用模型实际演练所能允许的范围内阐释了重建德国装甲部队的基本思想。后来，摩托化运输教导部成了组建新德国陆军摩托化作战部队学校的基础。

冯·施蒂尔普纳格尔（von Stülpnagel）将军不折不扣地延续了前任所采取的组织与训练措施。部分摩托化营得到了若干车辆中队的加强，每营编为 1 个摩托化步兵连、1 个装甲侦察连、1 个坦克连和 1 个反坦克连。当然，其装备都只有模型坦克和木制火炮。

1931 年 4 月 1 日，前机动部队总监部参谋长卢茨少将成为总监。他出身于技术部队，世界大战时已在集团军中指挥过摩托化部队。1932 年夏，陆军总司令部任命卢茨将军指挥部队，在格拉芬沃尔和于特博格（Jüterbog）的训练场分别进行了 3 次演习。演习中，一个（模型）坦克营将与一个加强步兵团演练协同作战，并积累反坦克防御的经验。这六次演习为后来组建装甲兵提供了宝贵的启发，还为德军未来的坦克制造建立了技术标准，并在短时间内促成了一系列设计方案的完成。国外的技术著作和坦克产品得到了细致的研究，以吸取其他国家 16 年来制造坦克的经验。然而我们后来制造的样车还是出现了一些瑕疵，毕竟多年的制造经验模仿不来，也很难被纸面上的设计代替。

1932 年秋，我们的摩托化侦察营和一个摩托化合成步兵营首次参加了大规模演习。结果证明编制非常实用，这支新部队和指挥官们的成绩受到肯定。因此，我们满怀信心继续投入到兵种的发展工作中去。

然而，只有政治和军队的领导层决定摆脱《凡尔赛和约》的束缚，发展道路上的一切障碍才能被完全扫清。阿道夫·希特勒于 1933 年 1 月 30 日上台，促使我们的兵种骤然发生了决定性转折。此后，我们的“模型”坦克的钢板厚度明显提高，乡村玩耍的儿童在上面钻孔的企图很快就落空了。木制火炮也消失了。每个侦察营扩编为 4 个连，反坦克营则扩编为 3 个连，摩托化步兵和坦克部队的试验也开始进行。

到 1934 年 7 月 1 日前，试验规模已扩大到必须建立特别摩托化部队指挥部，前总监卢茨中将被任命为新成立的指挥部首任指挥官。其任务是在延续摩托化作战部队编制的同时探索其战术结构，并试验如何最大限度地发挥这种现代化部队的效力。深思熟虑与实兵演练在 1935 年秋于蒙斯特军营（Munsterlager）举行的一系列大规模演习中达到顶峰。此次演习最重要的成果是,德军决定编成 3 个装甲师。3 个师于 1935 年 10 月 16 日正式组建，并受刚刚更名的装甲兵指挥部的统一指挥。师长分别由男爵冯・魏克斯（Freiherr von Weichs）中将、费斯曼（Feßmann）中将和我担任。全部装甲部队和反坦克部队、摩托化步兵和侦察营都被整合为一个名为“摩托化战斗部队”（Kraftfahrkampftruppen）的新兵种。[①] 这一新兵种的各个组成部分将在下文中予以介绍。

2. 装甲与摩托化侦察

侦察是为了使指挥官对敌军动向做出正确判断，侦察成果是指挥官做出决策的基础。按照侦察机构的种类，可将侦察分为空中侦察、地面侦察、通信侦察（电话、无线电等方式），以及通过间谍及其他方式进行的侦察。不同的侦察种类间是互补的，一旦其中一种手段失灵，就必须用另一种替代。此外，我们还可按照目的将军事侦察分成战役、战术和战斗侦察。对远程目标进行的战役侦察是为高级指挥官服务的，主要由空军负责实施。但空军无法完全确定一个地区是否被占领，敌军的良好伪装、黑夜与雾气、恶劣的天气、大型山脉或林区以及广阔的居民区，都会使侦察难度提高，甚至完全无法进行，持续的监视与密切接敌都是无法保证的事，因此，尽管空中侦察不易被拦截、速度快、范围广，却还是不能放弃使用合适的地面侦察手段予以补充。

① 英译本注：对德国装甲部队崛起的简明而现代的论述见哈里斯和托斯的《装甲战》，巴茨福德，1990年，第51—69页。

德国“摩托化作战部队”。威利·鲁格（Willi Ruge）摄于1935年

侦察成果只有在及时递交给指挥官时才具有价值。情报传递速度越快，安全程度越高，效果越好。因此需要用车辆取代马匹，尤其是以摩托化部队进行的战役或战术侦察更是如此。由于侦察部队必须比跟进的部队更快，骑马侦察只适用于步兵师。但在摩托化侦察部队提高了越野能力后，即便是步兵师也希望使用此种部队。

摩托化地面侦察是由装甲侦察车来实施的。战役侦察要求车辆行程远、速度快、武器战斗力和装甲防护力强，且无线电设备有效范围远。由于战役侦察是沿着主要通道实施的，部队偏好使用轮式车辆，因其为多轴驱动和后轮转向，从而具有

Panzer I Ausf. A型坦克，20世纪30年代德国生产的轻型坦克，简称PZKPFWI

Panzer I（一号指挥坦克）

一定的越野能力。在与敌近距离接触时的强化侦察是由轻型装甲侦察车或摩托兵实施的。适合要求更高越野能力的战术侦察的是半履带车或轮履混合车辆，适合战斗侦察的主要是履带式车辆。大多数装甲侦察车都装备了具有穿甲能力的武器。

多辆装甲侦察车一起组成了装甲侦察队（Panzerspähtrupp），其实力与构成依据任务而定。可按要求配属工兵、摩托化步兵和重武器。装甲侦察队始终在寻找敌人并与敌人保持接触，即便夜间也是如此。在与敌接触前，他们将情报用摩托车或电话报告，此后则使用无线电发报。认为装甲侦察车内的乘员都是聋子或瞎子的说法多少有些夸张。在深入敌境观测和窃听时，训练有素的装甲侦察兵是从一个观测点跳跃行驶到另一个观测点的，必要时要登上有利的高点观测，在夜间还要下车窃听。有经验的驾驶员会始终让车辆保持伪装，决不轻率地从正面驶向可能的反坦克阵地。现代装甲侦察车辆的发动机噪音已经不比马蹄声更大，且肯定小于马匹的嘶鸣声。骑兵侦察部队在战斗力、移动速度与通信传输速度方面完全无法与装甲侦察车辆和侦察队相比。实际上只有在不专业的指挥下才会出现燃料短缺。目前最明显的缺陷应当是装甲侦察车辆还不完善的越野能力，但假以时日必能克服。一定数量的轻型与重型装甲侦察队组成一个装甲侦察连（Panzerspähkompanie），几个装甲侦察连加上摩托化或机械化步兵、重武器和工兵就组成了一个侦察营（Aufklärungsabteilung）。该部队是其麾下装甲侦察队的情报汇集点，负责及时轮换这些部队，并组织人员充足的预备队，以便执行连续多日的侦察任务并在必要时出其不意地改变侦察方向。

侦察部队应当在避免被发现的同时多多搜集情报并上报。它必须快速灵活，具备较远的行程和良好的通信手段，易于指挥，因此规模越小越容易完成任务。它的战斗力，尤其是武器装备和装甲防护力必须足以抵御敌方的侦察部队。一旦任务要求加强战斗力，就要根据具体情况做出相应调整。

装甲侦察队与侦察部队在战斗状态下多半会发动进攻，以歼灭敌侦察部队并扩大己方侦察成果。在战斗与侦察任务结合的范围内，要利用好打击敌军的有利机会。现代装甲侦察车的强大火力足以在没有其他兵力的情况下投入作战任务，如追击、掩护撤退、突前及担任侧翼和后方的警戒。

无论为最高陆军指挥部或集团军执行大范围战役侦察，还是为装甲师、其他摩托化部队或任何使用车辆运输的部队实施战术侦察，我军的侦察部队都很出色。作为最先与敌接触的部队，装甲侦察部队日常的编制就已经和紧急状况下没有分别。面对突然发生的冲突，很可能没有调整编制的时间。如果指挥官与部队、通信手段和支援兵种相互之间无法协调一致就被派上战场，那就意味着在敌对行动刚开始时无法取得极其重要的侦察成果，这将是一种犯罪。一切所谓的训练理由都必须服从下列观点：训练中产生的少数困难已经被克服了，并且也将会在未来被克服。此外，这些困难只会在不熟悉兵种的指挥官身上才会发生。

侦察部队是重夺军事主权之后我军摩托化作战部队四大支柱的第一个支柱。毫无疑问，它对我们具有关键意义。侦察部队为实施地面侦察奠定了现代化、特别是适应装甲部队需求的基础。在装备、武器、训练和指挥层面上，它都是装甲部队的重要组成部分。

3. 反坦克部队

在建立可用的装甲侦察部队后，下一个迫切的任务便是确保组建针对装甲侦察车和坦克的防御部队。各兵种都参与了这一任务。

在 14 个装备 37 毫米反坦克炮的连队中，步兵都获得了这种按照自身序列作战的反坦克武器；骑兵也装备了这种火炮。工兵研发出了“反坦克地雷”及由铁丝网、反坦克桩、鹿砦、拦阻物和壕沟组成的一系列其他障碍物。通过选择射击阵地和尝试合适的射击方式，炮兵提升了对远近装甲目标的射击效率。由此形成了反坦克防御体系，但还必须扩大防御纵深，并且有必要组建归指挥部调遣的反坦克预备队。一段时间以来，摩托化部队总监部已对加装充气轮胎的 37 毫米反坦克炮进行了一系列十分令人满意的机动和射击测试。现在总监部的任务是为指挥部组建快速机动的摩托化反坦克部队。这些反坦克部队装备了陆军所有的大型单位，形成了与装甲兵协同的作战方式，从而提高了陆军面对危险的敌人——坦克时的防御能力。

反坦克部队负责在休整、机动和作战时确保大型单位的安全，并且不使其他兵种的直接防御力因完成反坦克任务而被削弱。此外，该部队要有能力独立或最好与工兵、机枪、炮兵协同阻击奇袭的坦克，封锁突破口，打破包围与中止迂回，为指挥官创造采取反制措施的时间。执行这一任务的部队被称为“阻击部队”。

指挥反坦克部队并不容易。一方面，部队要及时进入阵地，能够充分利用有效射击距离保卫受命保卫的部队与地点；另一方面，部队不能在敌军坦克出现前被发现，还要对敌军炮火有一定程度的抵御力。此外，其射击阵地应设在禁止或阻碍坦克行进的地形中，以减轻遭受近距离攻击的危险。一旦该部队无法在敌人坦克出现前保持战斗力并出其不意地开火，就会被坦克在进攻中一举捕获，从而无法取得防御成功。

高级指挥官可以通过精心选择休整区域、推进路线，特别是作战阵地来降低反坦克防御难度。在禁止和妨碍坦克通行的地形中可以节省火炮的使用，从而将火炮的防御重点放在对坦克进攻有利的地形中。在装备、时间和劳动力允许的范围内，工兵必须在防御中强化地形障碍，并封锁反坦克火力无法覆盖的地域。当然，工兵的活动在进攻时是受限的。此时，阻击敌军坦克反击的重任完全落在反坦克炮肩上，它们在进攻中部署的密集程度必须足以巩固已取得的胜果。

反坦克炮弹的穿透力事关反坦克防御的成败。假如进攻方拥有能够抵御守军大部分反坦克炮弹的坦克，那么其击破防御取胜不在话下，并且不只是反坦克部队，过一段时间后，连防御方的步兵和工兵也在劫难逃，单后方梯队的轻型坦克就足以完成清扫步兵和工兵的作战任务。相反，如果守军的反坦克炮能够击穿进攻方所拥有的所有坦克，并能及时将这些火炮投入关键地点，那么坦克只有付出高昂代价才能取胜；而当防御具备足够密度和纵深时，坦克将根本没有取胜把握。

反坦克炮的成功取决于以下因素：

（a）地形：陡峭的山坡和起伏的地形会加重防御难度。

（b）随季节变化的地表植物：夏季很难有良好的射击阵地，因为反坦克炮为便于伪装而只有较低的射击高度。

（c）时机与天气：黑夜和黄昏会使瞄准困难，也会使射程受限。雾和雨也会模糊光学瞄具，造成相同的妨碍效果。向阳瞄准目标也很困难。

（d）敌军炮兵的威力：即便只是炮击造成的烟尘与人工烟幕也很明显。

当几种不利条件聚在一起的时候，一场大规模坦克奇袭会使反坦克炮遭遇严峻考验，只有训练有素、纪律严明、拥有充足预备队的反坦克部队才能经受住这种考验。我们确信自己拥有一支这样的反坦克部队。

4. 装甲部队

德军的侦察部队和反坦克部队都是独创，目前别国军队中没有类似建制，而装甲部队却在主要军事强国中有一系列榜样。我们已经介绍了装甲部队在世界大战时的产生及战后在英国、法国和苏联的发展历程。总监部面临着一个重大问题，即应当根据迥然不同的国外观点向最高陆军指挥部提出最适合德国国情的发展建议，还是自己创立一种全新的理论？

有两点是很明确的：我们无法同时采用英国、法国和苏联的战术。此外，在毫无实际经验，确切地说没有充分认识到英国、法国的战争经验的情况下，也不可能创立自己的理论。经过深思熟虑后，德军决定在积累自身经验前主要根据英军 1927 年颁布的《坦克及装甲车辆作战暂行规定（第二部分）》的内容进行发展。这份内容清晰的规定为进行试验提供了必要的依据，还保证了必要的发展自由，而当时著名的法军装甲部队操典却似乎因其坚持坦克向步兵靠拢的原则封死了这种自由。这一提议得到了最高陆军指挥部的批准。1933 年之前，摩托化部队军官团为未来组建装甲部队而进行的理论培训就是遵循英军的这一规定实施的。随后，根据此前的思考与模型坦克部队积累的经验，德军自己的观点越来越受到重视。除了一些共同点外，德军目前的观点与国外的观点也有若干不同之处。

若从一般情况来看，暂且不考虑德国国情，一国的地理情况、国界的优势或劣势、原材料、工业能力、当前军备与邻国的实力对比显然决定了装甲部队的发展方向。这些情况的变化，尤其是最后一项因素的变化会立刻显现出来，并使观点适应已改变的当下情况。但发展一个兵种的基本任务的要点并不在于适应时常变化的观点，反而要不顾眼下的情势与思潮，坚定地朝着经过深思熟虑的明确目标奋斗，并对需要较长时间的技术发展给予长远、可持续的谋划。只有在发展中长期处在同样的领导下，而领导又具有必需的绝对权力时，才能实现这种可持续性。只要新兵种的技战术发展、装备与训练处于初创期，统一的领导就有着迫切的必要性。即便后来的发展不再像目前这样保持突飞猛进的势头，但若要最充分地利用装甲兵的优势，似乎也有充分的理由将其整合为一个陆军兵种（Heerestruppe）。

组建一支装甲部队的意义究竟为何？围绕这一问题的决策具有关键意义。是要用它冲击要塞或永备工事，还是在开阔地进行战略包围和战略迂回？是用于战术突破或阻击敌军突破或包围，还是只将其作为运载机枪的机动装甲部队与步兵进行密切的协同作战？是要通过大规模集中投入主要地面进攻武器迅速解决一场被迫进行的防御战，还是舍弃这一进攻武器与生俱来的快速和远距离移动的能力，使其完全迎合步兵战和炮兵战的缓慢进程，并立即放弃任何在战场上快速下决心的时机？

古德里安大力发展的装甲部队以及“闪击战”法

现今的装甲部队早就不是步兵的附属兵种了。自从法军的步兵进攻被认为没有坦克就无法实施以来，情况几乎正好相反，但是我们不想再详述这一争论。

没有人会否认故意不让一个兵种的效能发挥到极致是一件蠢事。因此，人们必然会在目前技术发展所允许的范围内尽可能设置扩建兵种的目标。例如，假如存在快速进攻的机会，人们不能容忍只是由于旧式的步兵不能迅速跟上坦克，就得毫无必要地使坦克缓慢移动以避免被反坦克炮击中。既然技术已经可以保证步兵搭乘装甲车辆与坦克保持同速，步兵的推进速度必然可以向坦克看齐。法军已经认识到这一点，并开始用装甲车辆搭载摩托化步兵。当技术允许我们用车辆拖曳火炮或改为装甲自行火炮，并让炮组人员与前移的观测员乘坐装甲车辆机动时，我们同样不能理解，为什么非要让坦克进攻中止几个小时，只为了让战马拖曳的炮兵能够转换阵地。坦克不应该向炮兵看齐，炮兵反倒要向坦克看齐。

如果将坦克成建制配属给各步兵师，那么在关键地域的集中兵力作战效果将大打折扣[①]：将大部分坦克集中于无法施展或要付出代价才能有限度地发挥作用的地形；迫使坦克适应战马拖曳炮兵的缓慢作战条件，迎合只能依靠双脚行军的步兵——简而言之，牺牲了速度，从而扼杀了奇袭与在战役中胜利突破的希

① 英译本注：这正是法军在1940年部署许多坦克时出现的问题。伊克斯，《著名的坦克战役》，普罗菲尔，1972年，第102—103页。

望。尽管鉴于各兵种反坦克实力不断提升，大规模投入坦克的意义无疑比 1917—1918 年时更为重大，却还是受到了阻碍。这种方式使后方进攻梯队与预备队的组建成为不可能的事情，丧失了迅速巩固第一波梯队进攻成果的能力。这种方式给敌军留下了喘息之机，使其得以调集预备队并在后方防线重组，打破包围圈并集结发动反攻。

根据使用目的可决定选择相应的坦克型号、武器、装甲、编制及支援与辅助兵种的调配。

如果坦克只是被用来与步兵协同作战，而不是预先对敌守军和炮兵发动进攻，那就不必具备快速行驶的能力。不过这样就需要为其配备非常厚的装甲，因为坦克采用缓慢的进攻方式，身陷敌方炮兵和反坦克火力打击，而且还处于对敌军来说最有利的射程范围内。武器只需机枪或至多加上小口径火炮就足够了，为的是在敌坦克和远距离出现的防盾火炮（Schildgeschütze）面前不至于毫无还手之力。一般来说，步兵支援坦克都是以最大规模为营级的小群体行动的，既没有大编队作战的装备，也没接受过相关训练。装甲部队的高级军官沦为指挥部的顾问。行动的责任被推卸给中下级军官。这就将使装甲部队遵循 1918 年英军和法军的观点被分散部署，然而其战果将会比当时还要糟糕。

如果坦克的任务是在野战中实现突破，或实施纵深突击，直捣敌指挥部和预备队，并摧毁敌军炮兵，那么至少要具有能一定程度上抵御敌军大部分反坦克武器的装甲，要比步兵支援坦克速度更快、行程更远，还要有包括机枪和最高 75 毫米口径主炮在内的武器。其越障、涉水及冲撞能力必须足以应对敌方工事。与此相对的是，这类装甲编队中配备机枪的轻型装甲车辆就足以清扫作战区域中的步兵，因为前面过去的重型坦克已使大部分反坦克火炮丧失了战斗力。这类装甲编队必须集合成大的战斗，并且在支援和辅助兵种的配合下像步兵师一样有能力独立实施作战行动。这类部队有一群在和平时期便训练有素的指挥官。对行动负责的是高级指挥官。坦克的运用采取集群部署、宽正面、高纵深的方式。这类部队努力将战术胜利扩大为战略胜利。面对未来无可避免的敌军坦克进攻，它能够以按照集群作战方式训练的大批坦克在坦克战中应付自如。总体而言，不论采用何种防御或进攻方式，不论是突破、包围，还是追击与由守转攻，集中使用手头上的装甲兵力都始终要比分散使用更有成效。

最后，负责突击要塞或永备工事的坦克除了要有厚实的装甲和重型武器（最高 150 毫米口径的主炮）外，还要有强大的越障、涉水和冲撞能力。制造这类坦克时，人们很容易认为必须要有 70—100 吨的总重，但目前也只有法国人具备此种能力。重型坦克只会以相对较少的数量存在，根据使用目的可被独立部署或编入装甲编队行动。这种坦克是极端危险的对手，不可小觑。

德国现已贯彻了装甲部队的统一指挥和统一训练原则。基于世界大战时的经验，德军不再限于将坦克用于支援步兵，而是从一开始就创建和培训了能实现大规模编队作战且随时能胜任重大任务的兵种。装甲师就是这种思路的产物。它包括坦克，以及坦克所需要的一切资源和补充力量，它们数量充足，并且显然实现了全摩托化。①

在装甲团中，每个营都配备了机枪和各种口径的火炮等武器装备，足以在近、中、远距离上实施有效的火力对抗，并特别拥有足够数量的穿甲武器抵御敌军坦克的攻击。此外，装甲旅与装甲团的指挥官要设法专业地编组作战梯队，周密地分配作战任务，使不同口径的武器能够被运用到与其威力相称的目标上。

5. 摩托化步兵

1917—1918 年的战争经验表明，步兵和坦克之间只有通过经常且全面的训练才能实现有效的作战协同。人们一致认为，实现协同最好的方式就是要以一定数量的步兵始终与坦克部队紧密相连，同时步兵还要乘坐装甲运兵车行动。因此，正如我们看到的那样，法军在 1917 年世界大战时期的埃纳河战役就已经为每个坦克营配属了一个始终跟随行动的步兵连。在坦克对“贵妇小径”发动的首波进攻中，第 17 猎兵营所扮演的正是这一角色。在进攻拉福突出部时，装甲部队也得到了 2 个重骑兵营的支援。当然，由于当时不具备合适的越野运输工具，进攻也只针对限定的目标，这些步兵部队都是步行跟随坦克前进。而现在的法军在“轻型机械化师”的龙骑兵旅中已使用半履带装甲车来完成这一任务。可以看到，自

① 英译本注：这一段是本书的关键段落之一，它最为清楚地说明了在利比亚沙漠中德军优于英军装甲部队的原因。包括坦克和所有辅助兵种在内的装甲师的统一指挥和训练，英国完全无法与之相提并论。在和平时期，英军被团级体制分解成许多小部队，每个小部队都保护自己的狭小利益。皇家坦克兵团很容易变得和各步兵团一样狭隘，军中的许多指挥官当然不会强调古德里安在此讨论的与其他兵种密切协作的需要。见哈里斯和托斯的《装甲战》，巴茨福德，1990年，第27—51页。

首次行动以来，步兵伴随坦克的观点已在法国践行，并在执行战略任务的部队中得到了完全顺理成章的发展。除了运输工具的特殊机动性及装备外，对坦克进攻的迅速跟进与对其战果的即时扩大与补充，还要求进行特殊的战术训练和持续不断的演练。

由于我军没有越野装甲运输车辆[①]，与坦克协同作战的步兵单位一部分是摩托兵，另一部分是以越野卡车运输的步兵。摩托兵已在与装甲侦察车执行侦察任务时经受住了考验，组成了可以大规模分散的作战群体，速度很快，易于伪装，可用于任何道路与不太复杂的地形。德国可用的摩托车辆很多，因此补充运输工具不成问题。机械化步兵不受恶劣天气的影响。除了运送人员及其武器装备外，车辆还可运输其他有用的货物，例如弹药、工事挖掘器械与工兵器材，以及好几天的给养。目前机械化步兵的车辆至少数量相对较多，但还未达到理想状态。这些车辆在有很多急转弯的狭窄道路上行动易受阻碍，且难以伪装。

我们已经说过，摩托化支援步兵的主要任务是紧跟在坦克后方进攻，并迅速扩大及补充其战果。它必须具备强大的火力，因此需装备充足的机枪和弹药。如果说步兵打击力的关键在于刺刀突击这一观点有争议的话，那么它对摩托化步兵的适用性就更少了，因为装甲编队打击力的关键在于坦克及其火力。法国人已经认可了这一观点，他们给每个步兵连都配备了 16 挺轻机枪；德军的步兵连则只有 9 挺。关键并不在于端着刺刀冲锋，而是以进攻方式压制敌人火力，并在关键点上集中倾泻己方火力。

按照毛奇元帅的观点，火力具有进攻的特质：“在某些情况下，火力具有绝对的毁灭性，从而具备独立的决定作用。”[②] 他在当时就已经认为，即便面对最勇猛的敌人，前线步兵也足以凭借速射火力击退其进攻。他曾说过：“冲锋部队的刺刀对其无能为力；但就算攻击者的步枪样样都好，如果你在行动中无法控制你的武器，

---

① 英译本注：尽管在战争爆发时，德国人正要开始为装甲师的步兵装备半履带车，但这种车辆在1940年仍然很少见。见M. 库珀（Cooper）的《德国军队》，麦克米伦，1978年，第210页。摩托化步兵对装甲师作战至关重要，但仍主要依靠摩托车、侧车或卡车行动。直到战争结束时，大多数以“装甲掷弹兵”（ panzer grenadiers ）而闻名的步兵继续以卡车装载。当然，这意味着他们的机动能力比坦克所受限制更大。然而，古德里安并不允许这一情况发生，从而试图在事实上放弃在机动作战中使用步兵——这正是一些英国坦克爱好者的反应。见温顿的《改变一支军队》，布拉西，1988年，第110页。

② 原注：《1869年6月24日给部队高级指挥官的指令》（Verordnungen für die höheren Truppenführer vom 24. Juni 1869）。

它对你来说又有什么意义呢？"[①]毛奇的洞见距今已过去了80年，但它仍然没有成为我军的共有财产，这不得不让人感到惊讶。1913年世界大战爆发前夕，德军步兵还将机枪视为一种纯粹的辅助武器："首先有必要提出警告，不要过分高估这种新式作战武器的价值，不能像法军在1870—1871年时看待他们的'米特拉约兹机枪'（Mitrailleuse）那样，将其视为任何情况下都能保证取胜的工具。无论如何都不能让决定战局的步兵在陷入困境时只依赖机枪这种辅助武器而不是依靠自己的力量克服困境。"[②]当我们今天要求增加机枪时还是能听到同样的"警告"，在我们提出关于装甲部队的观点时自然更是如此。

我们想要建立一支现代化的、快速的、拥有强大火力的步兵部队，为了持续与坦克协同作战，这支部队应当具有特殊的装备，拥有特殊的编制，接受特别的训练。

---

① 原注：《1869年6月24日给部队高级指挥官的指令》。

② 原注：《部队指挥与军事历史季刊》，1913年，第314页。

第八章
装甲部队的生活

在对年轻的装甲部队的一些战术和技术发展准则做出规定后，就应当为这支部队创造必不可少的生活条件与训练机会。

首先要编制兵力清单。这项任务看起来容易，然而在对未来部队的需求一无所知时，也会产生困难。我们尝试以英军与法军的战争经验为基础，并且以未来战争将会对装甲部队提出的要求为前提，推导出以下要点：

装甲部队必须迅速做好准备应对紧急情况，因此其和平时期的兵力必须在不大量动用预备队和不仰仗未经训练的补充兵的情况下就能够出动。

因此，战斗连队下辖：

连部，即连长的常设随从人员、侦察及通信分队、双倍的装甲乘员、装甲维修人员、军械助理、必不可少的辎重及内勤人员。

营部直属队下辖：

1 个侦察排、1 个通信排、军医、工兵官、维修车间（包括工长和技工）、军械士。

团下辖：

1 个侦察排、1 个通信排、团军乐队、团工兵官。

在此基础上开始挑选部队的驻地，制订军营的修建计划，开辟演习场，建设射击靶，筹措服装、装备与武器。此时的指导思想是，不论多么节省，都要使部队有训练机会，并给他们创造舒适的生活条件。

选择驻地时要充分考虑现有的训练条件，尤其是要具备足够大和足够多样的演习地形。偶尔会让几个邻近的驻地共享一个大型演习场。

军营分为官兵居住区（包括办公室、勤杂楼、厨房及食堂）和技术区（包括停车场、维修车间、加油站、小口径武器射击场和瞄准演练场）。军营按照适用于各兵种的居住与卫生标准建造。

新入伍的装甲兵就是在这种环境中接受训练的。与各兵种一样，这一训练是从军容风纪、军礼、操练与武器这些基本训练开始的。新兵每年 10 月入伍，不久后便根据其专业知识和能力将新兵分为驾驶员、射手和报务员等训练小组，除接受一般的基本训练，还有专门培训。几个月后便进行乘员训练。装甲车辆射手与驾驶员之间的协同是战斗赖以进行的重要基础，为此会进行细致的训练，直到乘员结成一个密不可分的命运共同体。通信员与侦察兵、维修人员与军械助理也将接受各自的特种训练。当然，后续的训练并不单调。驾驶员要学会熟练射击，射手要学会熟练驾驶，以便能够相互协助，了解战友的职责。为数众多的装甲射手还接受了无线电话务训练。

驾驶员要对装甲车辆的情况负责，他们必须能够独立或在其他成员协助下修理小故障。他们必须用贴心的驾驶技术照顾好车辆及乘员；在战斗中细致地利用好地形并平稳驾驶，以协助射手进行有效的射击。由于视野受到观察窗或特殊的驾驶员观察镜的限制，驾驶员的注意力要高度集中，尤其是要忍受高温和烟尘、寒冷及光滑路面、黑暗及迷雾的影响。对驾驶员的训练从开放的教练车开始，随后在封闭式装甲车辆中继续。对克服困难地形与障碍物以及对编队驾驶的要求在逐步提高。

射手要对武器、弹药及通信工具负责，在双人装甲车辆中还需兼任车长指挥全车。射手必须能够在车辆摇晃与颠簸时，在封闭炮塔的昏暗灯光下熟练地操控武器、排除故障并仔细地观察地形。射手的射术、勇气与果断常常决定了车辆与乘员的命运。射击训练先在地面进行。装甲车辆先是在静止状态下，再在直线、斜线和横向运动中对固定或移动目标射击，最后进行编队实战射击。射击模拟器（例如使用小口径武器在摇动模型上进行的射击）可以节省器械与武器，同时还便于进行不可或缺的、持续性的瞄具操控演练。

车长要促成乘员之间的协同及车辆与整个编队的协调一致。他通常负责操作通信工具与信号装置。对车长进行特种训练是连长们的主要任务。

在乘员训练之后将进行编队训练，该训练将在服役年限将满时进行的大规模部队演练与演习时画上句号。

在装甲部队服役是美好而多姿多彩的。每一名装甲兵都为自己属于这个攻击性兵种的一员而感到骄傲，但在此服役也是充满艰辛的，它要求小伙子们具备强健的体魄和过硬的心理素质，保有一颗勇敢的心，具有坚定的意志。在装甲车辆中服役很适合凝聚小型作战群体。部队中没有差别，不论军官、士官还是士兵都要面对同样艰巨的作战条件。为了完成任务，不会有人退缩不前。

昂贵而不宜操纵的装备需要较高比例的服役多年的士兵，军官团与士官团需要接受全面的战术与技术培训。必须由一批出色的工兵官、技术官员与技工看管装备并精心维护。

这些必备的知识与能力都是摩托化作战部队学校（Kraftfahrkampftruppenschule）传授的。学校设立了校务部（其中设规章处），战术、技术与射击课程部，教导部与试验部。

战术课程部负责摩托化作战部队军官与士官生的训练与进修、连指挥官后备梯队的培养，以及对其他兵种军官进行摩托化作战部队运用原理的培训。

技术课程涉及对士官、车辆保管军士、候选军官的培训，摩托化作战部队专业人士的准备与考核、对摩托化作战部队军官与工兵官的支持。

装甲部队射击场的射击课程被用来培训射击教官，以及测试新射击方式、新装备及射击训练模拟器。

教导部是负责教授课程的教官队，同时将其指挥的士兵培养成士官。

试验部为国防军测试车辆及配件。近期最有意义的任务是测试丁钠橡胶轮胎（Buna）的持续运行表现。另一项重要任务是测试国产油料的持续运行效能。该部还有一个“体育代表队”（Sportstaffel），代表德国国防军参加大型摩托化运动比赛。

这所学校位于柏林附近的温斯道夫（Wünsdorf），是一处美丽且设备完善的基地。

对我们这个兵种的生活与训练的简单回顾，已经可以说明装甲兵极其多样，并且正在茁壮成长。这个兵种每天都会遇到新问题，寻求新的试验方法，也因此不断进步。只有充满活力、心胸开阔之人才能在这里找到位置。个别人的惯性与大多数人所认为的重点一样都必须被克服。一旦装甲部队的所有成员都充满永不停歇的热情，具有狂热的前进意志，那么它就能得到认同，完成恢复陆军攻击力的神圣使命。

第九章
装甲部队的作战方式及与其他兵种的协同[①]

1. 装甲部队的作战方式

在前面的章节中，我们已经说明了装甲部队产生的原因与方式，它在世界大战时和战后时期的发展历程，以及创造德国装甲部队的先驱者们的看法。现在我们将要把焦点从事实转移到理论上。我们将尝试描绘现代装甲部队的组织与作战方式，但同时又不脱离技术进展的基础。随后我们想要探究的是，这支符合预期的装甲兵如何融入整个陆军，应当如何与其他兵种协同作战。

我们赋予所设想的装甲兵的任务是：由指挥部选定敌人经野战加固的防线上的合适位置，发动集群性的突然袭击，从而在作战中决一胜负。我们之所以选择突破阵地，而不是运动战、包围或追击，是因为突破也许是一个兵种所能面对的最艰巨的任务。我们不确定守军是否布设了雷区，可以确定的是，守军反坦克武器在距离 600 米以内、炮弹呈 60 度以上的入射角时能够击穿己方坦克。此外，守军也拥有大致等量的装甲部队。

现在，进攻方面临着应当选择何种进攻方式的问题。[②]它首先要考虑的是，哪一种敌人会令自己最不舒服；其次要考虑的是，哪一种敌军武器给自身造成的

---

① 英译本注：整个这一章源自标题基本相同的古德里安早期文章《装甲部队及与其他兵种的协同》（Die Panzertruppen und ihr Zusammenwirken mit den anderen Waffen），载于《军事学评论》，1936年第5期，第 606—626 页。

② 原注：这整篇文章引用较早之前在1936年5月出版的一篇名为《装甲部队以及与其他兵种的协同》的文章。1940年时的法国陆军非常缺乏反坦克地雷，而地雷在之后装甲部队的作战上却扮演着关键性的角色，尤其是在西非和东线。

损失相对较小。

若敌军阵地前确实布有地雷，将会给装甲部队造成严重损失。[①] 这是一种让人很恼火的敌人，必须首先查明，并且至少也要在装甲部队突入敌军步兵防区之前予以部分歼灭。探测与扫除地雷，以及清理其他障碍并开辟通路是工兵的任务。他们必须在夜幕或雾气的遮蔽下，在炮兵与机枪的火力掩护下，或在坦克的保卫下接近障碍物，并开辟让坦克前进的通路。国外已经对扫雷坦克和装甲架桥车进行了长期测试，并取得了一定进展。因此，未来的突破战将会在第一波进攻中出现装甲工兵的身影。他们必然要接受在夜幕或雾气掩护下探明地雷与其他障碍物的训练，毫发无损地将其清除，也必须装备适于完成任务的车辆与器材。

仅次于地雷的是反坦克武器。[②] 它们可能会被部署在防区的整个纵深中——部署在步兵作战区域中的武器肯定已做好了射击准备，靠后的武器至少也能机动待命。我们假定，反坦克武器在距离 600 米以内、炮弹入射角足够大时能够击穿敌方坦克的装甲。因此，进攻方必须解除反坦克武器的火力威胁。在未能设法摧毁反坦克武器，或通过其他武器实施压制或迷惑之前，进攻方无法在敌反坦克武器射程内打击次要目标。若要摧毁反坦克武器，我军坦克必须在掩体后方或在集群进攻的掩护下实施直瞄射击。压制可通过炮兵或机枪火力实施，迷惑可通过烟幕实施。当对反坦克武器的压制或迷惑延伸到坦克实际作战区域之外时（例如放空的树林、村落，装甲禁行的地区），要想使进攻有希望实现突破，必须确保在坦克的作战区域摧毁防御力量。拂晓时分和薄雾天气是最有利的，因为此时反坦克武器的射程优势难以施展，而坦克在近距离出现也会使其陷入极为艰难的境地。由于后方的反坦克部队会在进攻伊始拉响警报并就位，关键就在于利用强大兵力迅速突入防御纵深，靠近这些武器并予以捕捉和歼灭。否则进攻方就要在天亮时于前沿阵地后方向一条新防线发动集群突袭，只会在付出代价和耗费时间后才能将其突破。这一点在防线位于己方炮兵射程或观测范围之外时尤为明显。

在消灭防御纵深的反坦克武器的同时，还必须与在射击阵地上参与防御的

---

① 英译本注：1940年，法军非常缺乏反坦克地雷。阿利斯泰尔·霍恩（Alistair Horne），《输掉一场战役》，麦克米伦，1969年，第158页和第165页。但地雷后来在装甲战中发挥了关键作用，特别是在利比亚沙漠和东线。

② 英译本注：这一判断到第二次世界大战的后期阶段都相当适用。1940年德军轻松取胜的原因之一是，在默兹河上选择的突破区域内，法军极度缺乏反坦克炮。霍恩，《输掉一场战役》，麦克米伦，1969年，第158页。

敌人炮兵作战。

我们已经认定敌方装甲兵力数量与我方相等。那么它们究竟何时现身？当其无法再直接支援其步兵时，他们不会希望己方炮兵落入敌手。在对敌方炮兵的作战开始后，进攻方必然会遭遇敌军装甲部队的反击。现在，守军一方具有某些优势，特别是对地形的熟悉，他们可以从容地应对已陷入混乱的进攻方。敌方坦克是坦克最危险的敌人。[①] 若未能成功将其击败，那么突破就可被视为失败，此时步兵和炮兵也无法完成突破。因此，成败的关键就在于延阻敌军反坦克预备队和坦克的干预，并及早使有能力进行坦克战的装甲部队突入战场纵深、敌预备队区域与指挥中心。延阻守军预备队干预最有效的方式是出动空军，这也是空军支援地面作战的主要任务之一。除此之外，若能够得到敌军进军路线或区域的一些可靠情报，那么炮兵远距离平射也能帮上大忙。

可以看到，突破战确实对装甲部队提出了很高的要求。似乎只有近乎同时进攻整个防御体系才能取得胜利。进攻开始后，必须对敌军后方实施周密的空中侦察，查明敌军预备队的行踪，并令作战飞机向其发动攻击。之后，空军应奋力延缓甚至阻止这支部队前往突破口。突击的执行者——装甲兵将试图在清除可能的雷区及障碍物后，以纵深配置编为多个梯队，迅速进攻并一一攻克敌军预备队待命阵地、指挥中心、炮兵阵地、机动反坦克防御阵地和步兵作战区域，其中尤以对反坦克部队及坦克预备队的胜利意义最为重大。一旦取胜，就立刻腾出了用于追击和侧袭未攻克阵地的兵力。使用实力相对较弱的装甲部队便足以完成消灭敌军炮兵阵地及清扫步兵作战区域的任务。此时步兵才得以扩大坦克取得的战果。相反，如果击败敌军反坦克部队及坦克的行动未能成功，那么即便消灭了部分步兵，整个突破行动还是归于失败。此时，这场战役的结束就会与世界大战时通常会出现的情况一样：经过一场血战之后，胜利者常常发现自己处于比之前更不利的战术局面中——突入阵地形成了两翼受到威胁的突出部。

正因为这样，向敌方防线的整个纵深发起同步攻击很有必要。[②] 只有依靠具备

① 英译本注：1937年，当古德里安写下这一句话时，这是一个大胆的结论。今天，它已经是最古老的军事公理之一。

② 英译本注：古德里安在本段中阐述的理念以及同时攻击敌人防线整个纵深的理念，非常容易让人想起两次世界大战期间伟大的苏联军事思想家图哈切夫斯基元帅的著作，他将这一理念称为“大纵深战役”（Deep Battle）。见R. 辛普金斯（R. Simpkins）的《大纵深战役：图哈切夫斯基元帅的创见》（Deep Battle: The Brainchild of Marshal Tukhachevsky），布拉西，1987年。

必要纵深配置的众多坦克，并且装甲部队及指挥官善于大规模作战，还能迅速坚决地击破不可预料的抵抗，才能完成这个至高目标。

即便不考虑纵深，实施突破时的攻击正面也要足够宽，使敌军难以侧袭进攻部队的核心。若坦克进攻正面过窄，以致敌人用机枪便能侧射进攻区域，此时由于其他兵种部队无法跟随坦克推进，进攻难以取得持久性胜利。

因此，我们把对决定胜负的坦克进攻的要求总结如下：合适的地形、在必要的正面与纵深条件下的奇袭与集群行动。

接下来我们先要考察坦克完成此任务的作战方式，以便明确其他兵种部队为进攻取胜所采取的方法。

我们假定我军装甲部队大多装备了穿甲武器和机枪，能够以同样的方式打击敌军坦克、反坦克武器和有生目标。各连配备了一定数量的执行侦察、联络和作战任务的轻型机枪坦克。各营应仿效英军“近程支援坦克”，装备主炮口径较大的坦克。几个营组成一个团，几个团再组成一个旅。

对装甲编队的指挥是通过无线电进行的，对连以下小规模部队的指挥也通过可视标记（Sichtzeichen）进行。在保持无线电静默期间，命令与情报则通过飞机、车辆或电话传递。指挥官在指挥坦克中行进，保障与上下级之间联络必不可少的无线电坦克在后方跟进。应提前对进攻地形实施空中侦察。

坦克部队昼间的平均行军速度可达每小时 20 千米，夜间为每小时 12—16 千米。在天气和地形条件有利时，平均战斗速度可达每小时 16 千米。

发动进攻前应做好侦察准备，侦察内容包括行军与待命地形、预定作战区域及其中的敌人。进攻计划要以分析地图、研判航拍照片、审讯俘虏及其他情报为基础。

奇袭的成功对进攻取胜意义重大。当各兵种的进攻准备极为紧凑简短、行军改在夜晚进行、对补给进行伪装、夜间交通实施严格管制时，装甲部队强大的战略和战术机动性对奇袭有利。我们认为装甲部队将沿着提前制定好、路标醒目且畅通无阻的行军路线，在夜间无光照条件下机动至待命区域。该区域一般应位于敌炮兵射程范围之外，以便部队在行动前有机会为作战做准备：补充燃料、经长途行军后替换乘员、发放补给，以及与其他兵种部队取得联系。但复杂的地形或其他因素会导致准备工作与此通例发生出入。

部队从待命区域出发后要及时展开进攻，在指定时间越过己方前沿阵地。展开是指占据后续作战所需要的正面及纵深，各编队在展开期间大多保持行军队形，以便利用现有道路，更加便捷地通过狭窄地段，不干扰已就位的其他兵种，特别是通信联络部队，平稳穿越。要对其他地点进行佯攻、施放烟幕、炮击和空袭，使敌人无从判断我军的预定突破口。

在投入战斗之前，部队通常在最后一个隐蔽处由行军队形展开成战斗队形。一旦行军地段狭窄，展开宽度不够，这将成为一个特别困难的机动动作。未受过夜间快速行军集结训练的装甲部队将不得不紧挨着敌军缓慢就位，从而面临着被发现和遭受不必要损失的危险。这将会损害奇袭的效果。

从部署到开火之前，进攻部队要善于利用地形，一发现敌军就要全速发起进攻。交火时坦克的行进速度要适中，情况允许时也可以采取静止射击模式。

从现在开始，交火是决定坦克进攻取胜的首要因素。所以每一波梯队——特别是第一波梯队——都要拥有强大的第一波火力，后续梯队应立刻予以支援，使整个部队的进攻火力不致中断。若进攻部队以稀疏松散的队形突入敌军防区，就会帮助敌军反坦克武器逐个命中我军坦克；只有排成宽阔正面，以强大的火力同时发动突击才会一举突破并摧毁敌军防御体系，并从侧翼或后方予以占领。

接下来我们将探讨战斗队形。相较其他兵种而言，它对装甲部队的作用格外重要。原因有二：装甲部队必须成这一队形才能有效发挥自身武器的威力，并且不会相互妨碍；此外，这一队形容易适应地形，能够确保装甲部队之间的相互支援与掩护。队形越简单就越容易保持，命令的下达也就越快捷。

装甲部队最小的战斗单位是排（Zug），中、重型的坦克连中通常一个排有 3—5 辆坦克，轻型坦克连中一个排则有 5—7 辆坦克。通常不会再将各排分割。在战斗时，各排通常成间隔 50 米的线型或楔形队形行进。排长通常位于中间或队首，负责本排在连队中的队形、速度与位置，同时还要执行侦察任务，或至少观测前方或开阔的侧翼，即便处于最后也要观察后方情况。行军队形为一列纵队，进入战场后则成两路纵队。

在进攻中，各连队被分为若干个波次（Welle），各营被分为若干纵队（Linie），规模更大的坦克编队则被分为若干梯队（Treffen）。所有指挥官在进攻期间都处于突前位置，以便持续观察部队状况，并迅速施加个人影响。

部署于第一线的轻型坦克连通常可获得几个中型（火炮）坦克排的直接支援。

每一梯队及梯队中的每个单位都被赋予了明确的战斗任务（Kampfauftrag）。前文已介绍了任务的性质。条件允许的话，将会为下级指挥官标明地域中的进攻目标和定位点，以确保在进攻产生的烟尘中也能保持方向。如果做不到这一点，例如处于能见度差的地形中，在雾天或黑暗中时，就必须按照指南针所指示的方向前进。

后方纵队及梯队的间距与队形是由作战任务、地形、前方部队的编制、敌军武器威力及交战结果决定的。关键始终在于要使后方部队保持快速支援前方部队的能力，并且还要保有充分的行动自由，这样才能避免在堵塞时挤成一团，进而成为敌军炮兵和飞机的活靶子，必要时还能迅速改变方向。

当进攻部队在坦克掩护下迅速进至向敌人开火的有效射程之内时，就进入了交火阶段。按照自身作战任务，各梯队有着不同的交火方式。近距离精确射击已查明的目标并以几发炮弹将其摧毁的能力是坦克作战的最大价值。此外，它也可以用火力压制可能被占领的地段或未查明的守军，只是这样做会消耗许多弹药。我们将射击分为静止射击与行进间射击两种。当战局或部队士气允许时，静止射击较为有利；当敌军实施反击或要保持进攻的连续性时，则必须采取行进间射击。静止射击，有望有效命中瞄具的极限距离；行进间射击，机枪的有效射程最远可达 400 米，坦克炮的有效射程可达 1000 米。

通常可采用的办法是，以后方波次与纵队观察前方部队，并以静止射击掩护其推进。

除了射击威力（Feuerwirkung），坦克还可凭借其碾压威力（Walzwirkung）摧毁敌军器械、障碍物和掩体，有时还可杀伤有生目标。碾压威力取决于坦克重量与发动机功率，一定程度上也取决于其爬坡能力和外形。

坦克所谓的“心理震慑威力”（moralische Wirkung）取决于长期的实战威力，也就是射击威力和碾压威力。尽管德军在上次大战中想尽办法予以削弱，但这一威力依然强大，原因是当时德军既没有足够的反坦克武器，也几乎没有自己的坦克。敌军的装甲兵力和反坦克武器与己方越接近，心理震慑威力就会越低。因此，正确评估敌人坦克和反坦克武器的实力极为重要。除了考虑纯技术层面与作战装备兵力，也应同等考虑组织与战术层面，即指挥和运用层面。

当然，坦克对没有或只有不完备防护能力的目标威力最大。此外，坦克对伪装较差或处于利于坦克通行的地形中的目标也很有效。当目标防御火力强大，伪装或掩蔽良好，或处于坦克很难甚至无法通行的地形中时，坦克的威力就降低了。

就此而论，我们必须要谈一谈坦克战了。由于缺乏经验，我们此前通常都是在军事著作中探讨这个领域的问题。但长远来看，这样做是行不通的。我们确信，坦克战在未来无可避免，而且不论处于进攻一方，还是防御一方，战役的结果都取决于坦克战的胜利考验。

在世界大战期间只发生过两次德军和英军坦克之间的正面对决：一次发生在1918年4月24日的维莱布勒托讷，另一次则发生在1918年10月18日的涅尔尼－塞朗维莱尔（Niergnies-Séranvillers）。

2. 维莱布勒托讷坦克战

1918年4月24日3时45分，德军炮兵开始猛攻英军第3军和法军第31军防线。猛烈的炮击持续了3个小时之久。6时45分，德军顶着浓雾发起进攻，正面从维莱布勒托讷以北一直延伸到塞内卡森林〔Senecatwald，位于泰讷（Thennes）西南方3千米处〕。进攻是由前线的3个师发动的，分别为第228步兵师、第4近卫师和第77后备师。各师配属坦克数量分别为第228步兵师3辆、第4近卫师6辆、第77后备师4辆。

这13辆坦克就是当时德军所拥有的全部家当，被分配给3个师使用。

炮火准备开始时，德军坦克正位于出发阵地，进攻开始前几分钟便从该阵地出发，以便准时通过己方前沿阵地。起初，进攻只能缓慢向前推进，由于浓雾中能见度仅有50米，坦克与步兵之间的联系随即中断。英军稍加抵抗就会使德军坦克停滞不前，有时甚至还会后退。11时左右雾散后，步兵才重新与坦克取得联系，并加速向前推进。

在完成任务后，第228步兵师的3辆坦克受命于维埃库尔（Viencourt）集结。

居中的第4近卫师有4辆坦克也完成了任务，不过有一辆坦克陷入弹坑动弹不得，另一辆坦克则出现了发动机故障。

左翼的第77后备师方面：一辆坦克在压制了数个机枪火力点和几段战壕后，于8时45分陷入沙坑，发生了自身不可恢复的倾斜，后来该坦克被一支周旋于战

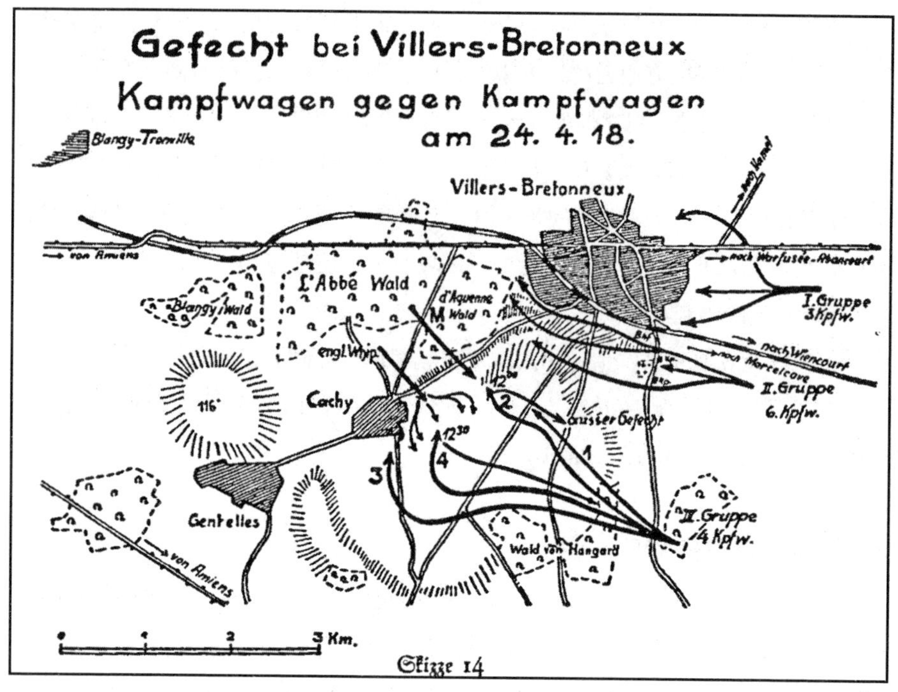

示意图 14：1918 年 4 月 24 日维莱布勒托讷坦克战
本图引自博尔克海姆（Bolckheim）少校的文章《坦克对战坦克》（Kampfwagen gegen Kampfwagen），载于《圣赫里斯托福罗斯》（St. Christophoros）杂志第 10 卷第 3 册，柏林 E. S. 米特勒 & 索恩出版社（Verlag E.S.Mittler & Sohn）版，第 64 页。

线之间的法军抢修分队重新推平并抢走；第二辆坦克摧毁了数个机枪火力点，一直推进到卡希东边 700 米处，该地已进入了坦克火炮和机枪的射程；第三辆坦克同样摧毁了数挺机枪，肃清了几百米长的战壕内的步兵，并准备在实现进攻目标后折返；第四辆坦克在参加了对卡希的火力攻击后也准备返回集结地。

就在此时，第二辆坦克发现有 3 辆英国坦克从阿奎纳森林（Aquenne）南端出现，先是 2 辆马克 IV 型雌性坦克，后面是 1 辆雄性坦克。原来，由于担心德军即将发动进攻，英军派出一个坦克连进入布朗日（Blangy）森林。又从该地派出一个排 3 辆坦克，先是进至拉贝（l'abbe）森林，随后又因为德军炮火而向阿奎纳森林南端的后方推进。10—11 时，这个排接到一道含糊不清的命令，令其确保卡希防御阵地的安全。2 辆马克 IV 型雌性坦克一离开掩蔽处就发现了 4 辆德军坦克，并立刻向最近的德军坦克实施攻击。这辆坦克迅速在一处有部分掩护的阵地上成功地开火还击。最前面的两辆英军坦克中有一辆被击中，这两辆坦克均放弃攻击。第三辆英军坦克，即马克 IV 型雄性坦克，在距德军坦克 200 米处以 57 毫米炮向其开火，命中数发。乘员中有 5 人阵亡，幸存者暂时离开了坦克。不过他们随后还是重新夺取了该坦克，并驶回己方阵地后方。

英军雄性坦克车长未能发现此时已返回集结地的其余德军坦克，这些坦克对上文中的战斗一无所知。这辆英军坦克很快就被这些坦克直接命中，退出了战斗。

此战结束后不久，7 辆英军“小灵犬”坦克从卡希出发，似乎是在执行侦察任务。它们使德军步兵出现严重混乱，并造成了伤亡。然而它们被 R. 比特（R. Bitter）少尉指挥的已经折返的第三辆坦克发现，并在联络步兵之后对其发动攻击。德军坦克首先在200米距离处击中英军最右翼的坦克，该坦克在被第二发榴弹命中后起火。接着，德军坦克又在 700 米距离处首发命中英军最左方坦克，使其遭遇了和前一坦克同样的下场。尽管此时德军坦克炮的击针簧断裂，但它仍然用机枪朝左边第二辆英军坦克射击并将其击毁。此时，幸存的 4 辆英军“小灵犬”坦克出人意料地转向并撤回卡希。德军坦克继续追击，直到距卡希村庄外围 150 米处无法行动为止，它还使德军步兵得以在距村庄 400 米处建立防线。14 时 45 分，这辆德军坦克返回集结地。[①]

返回的“小灵犬”坦克乘员似乎不知道自己损失的原因，他们将其归因于敌军的炮火。

3. 涅尔尼 - 塞朗维莱尔坦克战

1918 年 10 月 8 日，在 6 个坦克营的支援下，英军在康布雷和圣康坦之间发动了进攻。其中第 12 营在康布雷以南投入进攻，该营被分配给 3 个军使用。英军攻势起初进展顺利，但在晨雾中遭到了被烟幕掩护的德军坦克（10 辆缴获的英军马克 IV 型坦克）的反击。起因是位于最前方的英军坦克指挥官把正在靠近的黑色巨

① 英译本注：关于英军对第一次坦克战的反应，见《埃利斯致总参谋部》（Elies to General Staff GHQ），1918年4月26日，B40，《富勒文件集》，坦克博物馆。

兽当成了己方坦克，直到距离 50 米处遭到射击时才恍然大悟。尽管英军击中了最前面的几辆德军坦克，但自己也有 4 辆充当先锋的坦克很快退出了战斗。有些坦克甚至在被击中后还对敌坦克毫无觉察。一位英军坦克军官还用一门缴获的火炮成功地使一辆德军坦克退出战斗，这样德军方面就只剩下两辆机枪坦克：其中一辆很快退出了战斗，另一辆坦克则成功避开了一辆英军坦克。

在此期间，两辆英军火炮坦克也在塞朗维莱尔北方与两辆德军机枪坦克遭遇，后者自然很快就退出了战斗。英军以同样的办法击退了德军的反击。在德军坦克来袭前后撤的英军步兵重新返回，并攻占了进攻目标。

尽管世界大战时这两次独特的坦克战规模不大，但我们还是能从中总结出一些宝贵的经验教训：

1. 坦克在遭遇能够穿透自身装甲，自己却拿对方毫无办法的对手时必须规避。机枪坦克在面对可抵御穿甲弹的火炮坦克时毫无胜算。最近的西班牙内战毫无悬念地再次证实了这个古老的真理。

2. 坦克正是坦克最危险的敌人。因此，只要发现敌坦克出没并且自身完全有能力与之一战的话，每支坦克部队都有责任放下手中的特别任务，与这个最危险的敌人作战。这对己方步兵也是最有利的，因为一旦敌军装甲部队反击，在己方坦克之后受损害的正是步兵。

3. 坦克战是由火力来一决胜负的。因此，己方坦克必须行进至攻击敌人的有效射程范围内，善用地形优势，使自己成为对敌人而言微小而不易辨识的目标。尤其是在开火时，坦克要使用静止射击以提高命中率。① 确保光线良好和风向有利也很重要。

4. 由于要考虑坦克大规模编队作战的可能性，我们不能只满足于演练坦克之间的短兵相接，更应该研究如何应对大规模的坦克战。在此类作战中，行进间射

---

① 英译本注：古德里安偏好静止射击而非移动中射击，再次显示了他对战术现实的把握。在20世纪30年代和40年代，这是坦克炮手实现精确性打击的唯一途径。在移动中，坦克是一个完全不稳定的火炮平台。然而，两次世界大战期间的英国，皇家坦克兵却制订了移动中射击的准则，在拉尔沃思（Lulworth）的皇家坦克兵炮兵学校教授的也是这一准则，并且几乎排除了静止射击。见利德尔·哈特的《坦克》第1卷，第228—229页。珀西·霍巴特（Percy Hobart）是皇家坦克兵20世纪30年代中后期的领军人物，他在埃及组建和训练了第7装甲师，是移动射击的狂热拥护者。见霍巴特1936年9月21日给利德尔·哈特的信，第四段，LH 1/376/35（a）b.，利德尔·哈特文件集，伦敦国王学院（KCL）利德尔·哈特军事档案中心（LHCMA）。战术理论的差异在多大程度上影响了英德坦克在沙漠中作战的进程，这是一个值得研究的主题。

击是不可避免的。这是为了：

a. 避开敌军迫近的火力；

b. 击退敌军投入预备队或调动正在交火的部队实施的侧翼包抄或包围；

c. 便于我军预备队侧翼包抄并包围敌军，通过己方大多数坦克的集火射击战胜少数敌军。

坦克战需要严格的纪律、良好的射击准度及充分的射击训练。部队的良好秩序、对规定速度的保持都会减小指挥的难度，对预备队行动也会特别有利。和所有其他兵种一样，在武器装备相同的前提下，装甲部队取得作战胜利也要依靠审慎、严格和果断的指挥，并及时为这种指挥奠定基础。

5. 在坦克战中，其他兵种，特别是炮兵和反坦克部队不应该只扮演袖手旁观的角色，相反，他们的任务是尽全力协助己方坦克取胜。在这一点上，西班牙内战的结果也证实了 1918 年的教训。

6. 与敌人坦克之间的作战必须持续到将其消灭为止，在那之后才能考虑完成其他的任务。

整顿部队以完成新任务标志着坦克进攻的结束。这些新任务包括完成突破、追击，侧袭尚在坚守中的阵地，阻击并粉碎预备队的推进。一旦进攻失败，装甲部队必须在适当地点集结。集结区很少会被事先规定好，通常在进攻结束后才会根据形势指定。集结区必须具有防直瞄火力和避开飞机视线的掩体，能够并确保迅速做好战斗准备。集结区通常备有可补充的弹药和燃料，能够解决人员给养、补充损失、为战损严重的部队轮换兵员。如有必要，战斗辎重队也必须在此待命。

4. 装甲部队与其他兵种的协同作战

装甲部队无法独力应付赋予它的所有作战任务。面对复杂的地形、人工障碍物、部署在装甲禁行区的反坦克武器时都需要其他兵种的协助。就此而言，装甲部队与其他所有兵种一样处在相同的局面中。因此，各兵种之间的协同具有特殊意义。各兵种对此一致同意。然而这之后就立刻出现了意见分歧，分歧点在于合作的“方式”。

其中一派认为步兵始终是“战场上的女王”，是独一无二的主要兵种，其他所有兵种都只是为其服务的辅助兵种，即便牺牲根本优势也在所不惜。在这一派看来，步兵才是“胜负的决定者”。因此，清除距步兵最近的火力源头，也就是敌人的重型步兵武器，是坦克最主要的任务。同时，坦克要一直伴随着步兵，而不仅仅在战斗初期，而且。这一派的支持者忽略了一点，肃清敌人步兵作战区域这项对他们而言显得如此重要的任务本身是一件毫无危险的事情，只要不受干扰，几辆机枪坦克就能完成。然而这种可能性——在 1918 年还是事实——今天已不复存在。相反，考虑到目前反坦克部队的威力如此之大，如果不在战斗开始前消灭敌军反坦克武器和炮兵观察所，装甲部队在步兵作战区域的所有作战都会以坦克被击毁而告终。从装甲部队的观点出发，最迫切的任务并不是支援步兵，而是摧毁敌人的反坦克部队，以及压制敌人炮兵，只有在这种情况下才能迅速、全面、彻底与有效地为步兵提供所需要的支援。然而，在高级指挥官看来，不能仅仅用限定目标、以步行速度进行的步兵进攻来获取胜利，而必须发动可以获取决定性战果的大规模进攻。因此，他们也不会认为下面的战术能够决定胜负：先用坦克寻找步兵作战区域中隐藏的机枪火力点，同时后方守军可以从容地建立起一条新的防线甚至准备发动反击。这种在世界大战中多次尝试且徒劳无功的作战方式在未来更不可能取得成功。掌控作战工具的现代指挥官反而会奋力寻求快速决胜，并会对装甲部队提出明显更高的要求，务必使其将作战效能发挥到极致，否则就浪费了手中的王牌。

正确衡量各兵种作战效能的极限具有决定意义。上文所提到的其中一派人将其限定过窄，而另一派却将其过分扩大。后一派的拥护者渴望大规模行动，渴望突击敌军后方，渴望突袭，渴望轻松占领要塞和防区。然而，在未来的战争中，部队是否在初始阶段能够像德军 1914 年夺取列日时一样自由行动，仍然大为可疑。可能必须先争夺要塞或防御阵地，要想行动自由，就必须成功突破。一旦没能迅速将阵地再次强化，一度获得的行动自由也必然会很快耗尽，因为守军也会在反攻中投入快速机动兵力，将其作用发挥到极致。

这一系列思考催生了装甲兵运用的第三个派别。其支持者始终相信坦克的价值。一方面，他们对坦克寄予厚望，认为它不应该只充当步兵的随从或大号先锋；另一方面，他们仔细权衡了坦克的破障能力及其与反坦克部队和敌方坦克作战取胜的概率，避免成为大部队毫无意义的牺牲品。此外，他们还以这样一个事实为前提：虽然步兵在防御中实力强大，但即便现代步兵武器具备破坏力，步兵的攻击力仍然不足，至少行动相对迟缓。但他们没有考虑到，目前还很充裕的炮兵火力足以协助步兵迅速而深入地突破敌军防线。他们认为，面对敌军的摩托化和机械化预备队，用此前的战法将不可能成功突破，不可能取得决定性的胜利。

因此，该派的支持者尝试了新的方法，将空军和装甲兵提升为主力兵种，实现快速的（即便在空军和装甲兵的时代也足够快）战术决胜，并将之应用到随后的战略上。这一努力方向成功与否只有在紧要关头才能检验。可以确定的是：运用传统进攻手段的传统进攻方式在那场持续了 4 年的血战中没有取得过决定性胜利，因此在未来也没有用武之地。

因此，我们希望依据第三派的观点来取得决定性胜利，成功突破并继续追击，侧袭还在守军手中的阵地，以便在坦克进攻的前提下探讨其他兵种的协同作用。

为此，我们沿用了世界大战中坦克进攻成功的三大基本要素：合适的地形，奇袭，以及在关键点集中一切可用兵力（也就是大规模投入）。进攻正面必须宽阔到足以防止敌军从侧面攻击核心，否则坦克进攻成功后，其他没有装甲保护的兵种（尤其是步兵）将无法跟进。在上次大战中，法军和英军的坦克攻击正面已宽达 20—30 千米。未来的攻击正面应当也不会变窄，鉴于将要扫清的反坦克防御，距离更远的目标和侧翼攻击防御阵地的必要性，攻击纵深反倒会显著提高。

我们——并不是要给出固定套路[①]——将进攻中的装甲部队的编制规定为 4 个梯队：第一梯队应牵制敌军预备队（包括坦克在内），同时使敌军总部和指挥中心失去战斗力，行进中只需消灭敌军反坦克武器，除此之外不可恋战；第二梯队的任务是摧毁敌军炮兵和区域内的反坦克武器；第三梯队护送己方步兵穿过敌军步兵防区，并彻底粉碎敌军步兵抵抗，以利于支援部队跟进；最后，只有装甲兵力十分强大时才会组建第四梯队，该梯队作为指挥部预备队被用来侧击尚被坚守的阵地。整支强大的进攻部队必须沿着宽阔的正面同时向敌人发起突击，以不间断的波次直接向目标推进。各梯队的任务是，在完成首要任务后继续向前推进，以迎接即将到来的坦克战。第一梯队的兵力必须十分强大，足以完成所面临的这一

① 英译本注：在实践中，装甲部队表现出了巨大的实用性和灵活性。在1940年5月13日横渡默兹河的关键行动中，古德里安的第19军以工兵和步兵部队开路，坦克随后跟进。F. K. 罗斯波斯特（F. K. Rothburst），《古德里安的第19摩托化军和法国战役》（Guderian’s XIX Panzer Corps And The Battle of France），普拉格，1990年，第72—81页。

艰巨任务，而第二及第三梯队的兵力可以薄弱一些。第四梯队的兵力分配则取决于局势和地形。若侧翼确定能够得到支援，有时用反坦克炮及其他武器便足以完成掩护任务了。敞开的侧翼大多需要后方的坦克梯队来予以掩护。

进攻的前提是侦察与探测、行军与待命。

侦察首先是空军的任务，而摩托化侦察部队或其他已经与敌接触的部队则扮演次要角色。侦察部队必须比跟随在后的大部队速度更快，必须能够迅速将侦察成果汇报给上级。在坦克进攻之前，应当侦察敌军的防御部署，尤其是预备队（特别是其中的摩托化部队）、反坦克炮防御和装甲部队的部署情况。侦察范围必须向敌后延伸较远距离，因为摩托化部队能够在几小时内机动很远的距离。侦察不仅为装甲部队的任务分配与进攻部署，还为作战飞机执行地面作战奠定了基础。此外，侦察，特别是照相侦察也可以提供关于自然与人工障碍物的线索。用其他方式进行的地面侦察与探测可与航空侦察的成果相互补充。如果要避免遭受奇袭，细致地分析地图也是不可或缺的。

重要的是，侦察和探测部队不能将进攻区域提前泄露给敌人，己方部队也要小心谨慎，例如，在康布雷战役前，埃利斯将军和富勒上校拿掉了徽章，戴上了蓝色眼镜，因而无法辨认。

行军与待命的要务是隐蔽，否则就无法保持奇袭效果。虽然奇袭时常被低估，然而我们对 1917 年及 1918 年战事结果的叙述已清晰地体现了奇袭的意义，因而没有必要赘述。避开敌人空中侦察的隐蔽途径有：在进攻开始前不久快速集结，夜间行军，灯火管制，精心隐藏待命阵地。若要确保自身情报不被监听，则必须在行动前保持无线电静默。必须周密安排反空中侦察和防空措施，但同样也要注意避免使敌军根据相关部署推断出本方意图。

进攻开始后，战役与战术空中侦察必须得到战斗侦察的补充。战斗侦察情报对装甲部队指挥官弥足珍贵，必须直接传递到他们手中，这就需要用到空投情报（Meldeabwurf）或无线电对讲。在新的防线甚至敌军坦克出现时，几分钟的时间对装甲部队指挥官来说具有决定意义。只有确保经常合练，才能实现顺利的地空协同。

进攻开始后，还有两个兵种对装甲部队意义重大，那便是炮兵和战斗工兵。

提到炮兵时首先要探讨的问题是，坦克进攻前的炮火准备持续时间究竟应该长还是短？或者进攻开始时是否该略过这一环节？人们对此看法不一。一些人确信，正是炮击才使部队得以展开运动，因此必须“依靠炮兵的猛烈炮击为坦克进攻做好准备”。另一些人则援引了康布雷、苏瓦松和亚眠的例子，希望在坦克进攻开始后才提供炮火支援。

有一点是毋庸置疑的：进攻的炮火准备时间越短越好。长时间的炮火准备会向敌人暴露我军的进攻区域，某种程度上也会暴露进攻时间，使守军有时间部署预备队，占领后方阵地，有时还会绕道对意料之外或对己方不利的地点发动反击，例如 1918 年 7 月 15 日的兰斯战役以及 7 月 18 日在苏瓦松的反击战。长时间炮击使进攻地带弹坑遍布，所有部队都难以运动，需要快速推进的装甲部队更是如此。当工兵必须在坦克进攻开始前清除障碍物或开辟穿越水域或沼泽的通路时，必须进行短时间的炮火准备，以炮火掩护这些作业常常是必不可少的。

大量火炮和弹药的集中费时又显眼，很难加以伪装，影响奇袭效果。最好的办法似乎是不进行任何炮火准备，发动完全出其不意的进攻。当然，攻势本身需要炮兵的火力支援。

炮兵的任务是：压制坦克不会进攻的目标与地区（如居民区、森林、陡坡、水域或沼泽），压制或遮蔽可疑的观察所或反坦克武器阵地，摧毁阻碍坦克进攻的已知目标。远程炮兵可以封锁坦克进攻区域，破坏可疑或已知的指挥部和预备队待命区域，或做好监测坦克进攻的准备。

攻击开始后，炮兵火力通常会从坦克进攻区域向外延伸。处于固定阵地中的炮兵为坦克进攻提供的火力支援范围与炮兵观察员的观测范围一致。若观察员能随着坦克进攻前进，则火力支援范围就可以达到火炮射程上限，随后就必须转换阵地，有时这会削弱支援效果。

战马拖曳的炮兵不可能跟上进展顺利的坦克进攻，而车辆牵引的炮兵做到这一点也很难，因此，装甲部队希望得到一支机动性和防护力足以立即跟随坦克前进的炮兵部队。除了特别的行动工具以外，这支炮兵部队还需要进行特别训练，尤其是与坦克之间的协同作战训练。与配属步兵师的炮兵相比，这支部队的指挥更困难，有效射击时间更短，目标变化更多。坦克进攻不需要集中进行、预先标定的急速射击，不需要为攻占敌方阵地而进行射击，它需要的是一支灵活、快速且命中率高的炮兵部队，能够跟上快速的进攻节奏，后者正是行动成功不可或缺的条件。

与炮兵在坦克进攻中的运用问题相关的是烟幕的使用问题，以及军用化学毒剂对装甲部队的影响问题。

如果大自然本身没有产生烟雾以遮蔽敌军反坦克武器和观察所的话，炮兵就要自己完成这一任务。炮兵将与坦克进攻的时间表协调一致，在限定时间内施放烟幕遮蔽敌方的观察所、可疑的反坦克炮阵地以及可能被占领的居民点和森林边缘，以使坦克在接近时不被发现或在运动时免遭攻击，从而完成包围。基于自身的观测或装甲部队的要求，炮兵会对进攻时查明的目标——特别是反坦克武器，有时还会有敌方坦克——施放烟幕。进攻不顺利时，炮兵施放烟幕亦有利于部队摆脱敌军。

除了火炮发射的烟幕弹或特制发烟器之外，坦克自身也有施放烟雾的功能。由于烟雾来源大多清晰可见，因此存在着暴露坦克位置或行进方向的危险。坦克常常不得不在自己施放的烟雾中行驶以至于视线几乎完全受阻，或被自己施放的烟幕清晰地衬托出来，因此只有在风向有利时才推荐此种施放烟雾的方式。然而，这种方式却为摆脱敌人提供了便利。

军用化学毒剂对坦克乘员作用甚微。防毒面具或坦克内的超高压能够防护气态毒剂，坦克车体本身能够防护诸如芥子气这样的呼吸性毒剂。对军用化学毒剂的抵御能力正是坦克最大的优点之一。

除了炮兵之外，工兵几乎总是在进攻准备阶段或最晚在进攻开始时给坦克提供必要的帮助。进攻之前要确保行军道路畅通无阻，道路穿越田野时更要特别注意。夜间机动时必须设置特殊的路标。通过水域、沼泽或泥地时，工兵必须架桥，并加固脆弱的桥梁。①

攻击开始后，工兵要完成的任务会更加棘手。守军会试图将阻击碉堡设置在装甲禁行区或阻行区内；没有这样的防御地形时，敌军就会试图用障碍物，特别是用地雷来防卫阵地。辨认与清除障碍物，特别是辨认与清除地雷的工作极为困难，但也极为重要。这一工作大多必须在敌军防线眼前，也就是敌军最有效的火

---

① 英译本注：古德里安的常识和视野的广度在他对装甲师工兵部队重要性的强调中充分地体现了出来。这与英军坦克爱好者中最激进的珀西·霍巴特的观点形成鲜明对比。大约在古德里安撰写《注意，坦克！》之时，霍巴特正倡议组建一种小型的、几乎全由坦克组成的装甲师，没有必需的工兵部队——尽管他本人曾是一位工兵。《高级机动部队的组织》（Organization of Higher Mobile Formations），1937年2月3日，LH 15/11/6，利德尔·哈特文件集，LHCMA，KCL。

力范围内完成。此外，这一工作必须在最短时间内完成，因为清除障碍物的开始会被守军视为进攻即将发起的信号，从而不断加强防御力量。即便工兵在炮兵的火力和烟雾掩护以及重型步兵武器的掩护下作业，也无法保证成功压制守军。如此看来别无他法，只能给与坦克协同作战的工兵部队至少配备一部分拥有探雷、扫雷装备的装甲车辆。水陆两栖坦克和架桥坦克适合于克服水域地形。此类装甲车辆的典范在英国、意大利和苏联。工兵也必须把迅速行动放在所有要素的第一位，这就需要组建为与坦克协同作战而接受特殊装备和训练的工兵。除了此种“装甲工兵”，陆军的工兵在未来不仅要普遍做好反坦克的准备，还要在进攻时做好与坦克协同作战的准备。

现在，我们假设，在炮兵的火力支援以及工兵熟练技巧的帮助下，坦克成功突入敌军防区，进攻奏效了。突入之后，敌军前沿阵地部队的抵抗减弱，但阵线后方将会产生极为频繁的活动。也就是说，所有可用的预备队，不管是空中还是地面，装甲还是非装甲部队，都会从战区后方前进。作战飞机的首要任务就是阻止敌军预备队前进，在这个关键时刻，作战飞机必须将其他任务搁置一边，参与地面作战。敌军前沿阵地部队的抵抗减弱后，各部队（当然主要是步兵）必须想尽一切办法趁机前进。

坦克进攻开始前，步兵应准备好为其提供支援，并扩大进攻成果。其重武器的一部分要用来监测进攻区域，消灭出现的反坦克武器，另一部分则要按照总的射击安排参与压制被坦克放空的地区。随行炮兵部队的牲畜要在保证自身安全的前提下尽可能靠近。预备队紧跟在后，等待发动攻击。一旦坦克对敌军产生了显著战果，就应立即予以利用。因为战机至少在局部地带是稍纵即逝的，一些敌军机枪很快就会重新开火。奇袭过后挺进速度越快，胜利越稳固，所付出的代价也越小。此外步兵必须明白：坦克能够令敌军瘫痪，能够在敌军的防御体系上撕开一个口子，但它们无法令己方步兵在战斗中置身事外。[①] 这对己方步兵也是一种肯定，证明他们在协同作战中是不可或缺的。

---

① 英译本注：古德里安对坦克和其他兵种协同的态度再次与霍巴特形成鲜明对比，后者是此时英国皇家坦克兵的领军人物。霍巴特认为装甲师只需要少量步兵（1个营），甚至就连这个营也不需要在机动作战中起到什么作用。LH 15/11/6 和 15/11/7，1937 年 9 月 8 日，利德尔·哈特文件集，LHCMA，KCL。

此时，步兵将同坦克与 被迫放空或未能发现的碉堡作战。由于这些碉堡处于已被坦克清扫的区域内并且可以绕过，也由于装甲部队通常会分出部分坦克直接协同步兵作战（至少在清理作战区域中的敌军步兵期间），这项任务会轻松一些。

当坦克进攻进展非常顺利时，我们也非常希望能为步兵提供全面的协助。但我们必须不断强调：只有坦克在面对首要敌人（敌军坦克和反坦克部队）以及敌军炮兵时迅速取得了直达敌军防御纵深的战果，才能为这种协助创造条件。

当进攻者在突入前必须通过广阔而无掩护的区域时，坦克将在步兵之前发起进攻；当敌人密集地分布在对进攻有利的地形中时，坦克将与步兵同步展开进攻。当要克服阻碍坦克快速行动的障碍（例如河流、路障、雷区）时，步兵将在炮兵火力的掩护下先于坦克发起进攻。

步兵与坦克不需要朝同一方向进攻，因为主要是地形结构影响了坦克的进攻方向。如果进攻方向相同，坦克必须从已经展开的步兵部队中穿越时，步兵必须采取能够允许自身快速推进且便于坦克识别（尤其是在天色较暗与烟雾中）的队形，否则就会发生相互冲撞的事故。

步兵部队要想以徒步方式伴随坦克进攻成功，这对士兵身体素质的要求极高。他们必须受过专门训练，装备轻便，服装适宜。当然，能够最迅速和最有效地扩大坦克所取得的战果的是摩托化步兵，尤其是装备了具有全地形越野能力的全装甲车辆之后（比如法国的摩托化步兵）。如果这些步兵始终与坦克合编在一起，那么他们之间在和平时期就会产生对决胜十分宝贵的兄弟情谊。毫无疑问，这一措施在士气上所获得的收益应当得到与战术收益同样高的评价。

有些人宣称，步兵没有坦克就完全无法进攻，因此必须给每个步兵师配属一支坦克分队。另一群人的观点正相反，认为步兵始终是唯一的主力兵种，但也得出了相同的结论。奇怪的是，对步兵的价值观点截然不同的人却在分散使用装甲部队这一目标上达成了一致。不论对步兵目前进攻力的看法如何，有一点应当明确：即便只将装甲部队的一部分配属给步兵，对步兵来说也几乎是一件最糟糕的事情。装甲兵是一个特别的进攻兵种，在防御阵地上是不会存在的。大量步兵师却不得不进行时间或长或短的防御作战，他们拥有反坦克部队就足够了。但不管愿意或不愿意，其他步兵师依旧要执行攻击任务，而他们所面对的地形却很少或完全不适合坦克行动。如果在编制上将坦克配属给所有这些步兵师，那么在寻求主力决战以及投入坦克成功希望最大的时刻，我们必然难以在短时间集结足够多的坦克。步兵在这条战线上进攻的成功率将会更低，并且必然一如既往地用血的代价来弥补编制上的错误。目光敏锐的步兵也会完全理解这一点，所以支持将坦克部队大规模集中运用。

上文已经探讨过作战飞机与装甲部队之间的协同作战。我们希望空军能够阻挡敌军预备队，特别是摩托化与装甲部队前来寻求决战。空军还必须将铁路与公路交通、指挥中心及通信联络攻击至瘫痪，同时也要攻击部队驻地、已查明的待命区域、炮兵阵地及反坦克部队。但我们不能错判的是，对伪装良好的小型目标或对预计进攻时无法查明位置的机动目标发动空袭是有难度的。不过，作战飞机在 1918 年就已经展现出极高的破坏力，以至于现今的进攻者决不会弃空军不用。

投入伞兵与空降部队之后，进攻者还能更全面持续地完成上一段所列举的任务。相对较少的兵力可以最大限度地阻碍非装甲预备队的干预行动。空降部队可夺取守军后方的重要位置，为即将来临的坦克进攻建立据点与补给基地。在与坦克协同作战时，空降部队能够轻易摧毁与破坏敌人后方的交通线与设施，有时甚至可对机场发动攻击。无论如何，装甲部队必须以最快速度扩大空军取得的战果，并使此前由于利用不足而大多持续时间短暂的空袭战果转变为持续性的战果。

鉴于空中作战力量对敌军装甲部队的进攻极为重要，充分的对空防御对装甲部队的意义不言而喻。相对而言，装甲部队本身对空袭具有一定抵御能力。只有直接命中或弹着点距离目标很近时才能击毁或击伤坦克。坦克还可以伪装或使用自身的防空武器进行防御。然而，一旦坦克在休整或乘员不在车上时遭遇突然的空袭，那么攻击效果会非常致命。更困难的任务是确保大多数坦克的非装甲随行部队、支援部队及战斗辎重队的对空防御。为此，特殊的防空武器是不可或缺的。

后勤与支援部队也需要装备反坦克武器。另外，保卫待命、停歇、集结和休整区域的安全也需要反坦克部队。该部队能够确保所在装甲编队的出发阵地、集结阵地、侧翼及后方的安全，从而在坦克战中扮演重要角色。

世界大战时期，装甲部队的指挥及与其他部队协同作战的保障所面临的最严重的困难之一是缺乏通信与联络工具。为确保对部队施加一些影响，坦克连长们在某些地段只能骑马跟随部队前进。指挥官常常不得不使用传令兵步行传令。面对此种弊端，当时有人指责坦克是“聋子”。直到无线电这一伟大发明及其变体无线电通话设备（Sprechfunk）出现后，这一弊端才被消除。每辆新式坦克都配有无线电接收器，而每一辆指挥坦克则配有发送器与接收器。[①] 这样就可以确保通过指令与命令指挥装甲部队。在大型坦克内部，乘员之间也可通过各种通信工具取得联系。

与装甲部队内部一样，装甲部队与其他部队之间也主要通过无线电传递命令与信息。通信部队的主要职能是在装甲部队及其支援部队之间建立联系，主要装备也是无线电设备。由于摩托化作战部队移动速度快，行军和作战时的横向与纵向距离大，还有战场上产生的大量烟尘，一般不使用有线或光学通信工具。因此，可视标记在连以下的装甲部队中是缺乏无线电设备时的替代品。在休整、长时间待命以及在己方战线后方行军（使用邮政网络）时，使用的设备是电话机。

装甲部队的通信分队负责在部队指挥官与下级部队、上级机构、友邻、飞机以及其他执行一般作战任务的部队之间建立联络。通信分队必须能够始终与其服务的指挥人员保持密切联络。由于指挥人员在作战期间将会冲在自己部队的最前方，因此装甲部队的通信分队必须装备具有全地形越野能力的装甲通信车辆。

在作战期间，给快速移动的部队下达作战命令通常使用与步兵师不同的、较为简短的方式。因此，简短的无线电通话以及根据具体情况约定的信号能够保证消息与命令的快速传递。只有进行持续性的演练与特殊的战术与技术培训，才能确保装甲部队内部的通信联络及装甲部队与其他兵种间的协同作战顺利进行。没有此种通信部队时，装甲部队连同其上级机构、友邻和兄弟部队面对正在发生的事件时确实是“聋子”。

最后要探讨一下装甲部队及其支援部队的补给问题。近来，对于大规模摩托化，尤其是组建强大的装甲部队，人们最常见的反对理由是油料与橡胶供应的困难——必须承认这个理由不无道理。不过令人欣慰的是，随着帝国政府四年计划的实施，众多确保国家油料和橡胶生产的措施会使这些指责在不久的将来变得没有意义。[②] 但及时向装甲部队提供这些生活必需品的难题仍然存在，弹药、给养、

---

① 英译本注：第二次世界大战爆发时，德军装甲师的无线电装备比任何其他军队的装甲师都好。在战术灵活性方面，这是一个巨大的优势。见哈里斯和托斯的《装甲战》，巴茨福德，1990年，第59页。

② 英译本注：古德里安在合成燃料问题上过于乐观。事实上，在战争的收尾阶段，特别是在失去罗马尼亚的资源通道后，德国人遭受了严重的燃料短缺。

医疗服务、维修车间与后备人员也有着相同的供应问题。我们将试图限定后勤补给的最低需求，以避免给装甲部队的管理造成过多困难。这就为将整个后勤体系完全摩托化提供了依据。

当我们再次回顾前面几章所阐述的观点时，不仅装甲部队的编制与训练冒出了一系列问题，与装甲部队协同作战的其他兵种也是如此。这些问题的关键正是防御与进攻的永恒难题及其变化多端的解决方案。

第十章
当前的战争

1．防御

当世界大战于1918年结束时，防御的力量达到了几个世纪以来的高峰。战争期间所投入的不断增加的步兵、炮兵与工程技术兵器主要是用于防御。进攻力量主要通过空军和装甲兵得以增强，然而二者在1918年时都处在发展的萌芽阶段，因此无法完全发挥作用。这一事实依然决定了今日对这两个年轻兵种的评价。尽管1918年的事件已提出明确警告，但时至今日人们依旧低估了这两个兵种。

我们假设现在既没有空军也没有装甲兵，再来考虑防御与进攻成功概率的问题。答案只能是：面对实力相近的对手时，在进攻中取得决定性胜利的难度要比1918年时大得多；装备与数量上的多倍优势也不能保证进攻成功；如果想要在进攻中获胜，或者如果由于不能浪费时间而必须在进攻中获胜，不管愿意与否都必须采用新的进攻方式。

欧洲大陆1918年以来的局势到底发生了哪些变化呢？

其规模自罗马时期以来闻所未闻的永备边防工事被建立起来。在某些国家，这些工事组成了相互连通的防区，拥有最先进的装备。守军、武器与弹药被布置和囤防在安全的防弹区域中；防区外布置了障碍物，扩建了交通壕。守军在和平时可常驻于工事中，脱离了野战部队序列。各种地形优势都得到了巧妙的利用，天然与人工的障碍物实现了互补。可以认定，边防工事后方的防御设施要么早已存在，要么已经开始被认真地建造了。根据我们在世界大战时的经验，这些设施在短时间内就会被大幅扩建，足以粉碎具有巨大优势的传统兵种发动的进攻。

假如在面对上述要塞时还能出其不意地突入或突破的话，要塞后方快速机动的摩托化预备队也能将其拒止，并给守军创造采取反制措施的时间。现代化的交通工具，特别是卡车所具有的效能，早在 1916—1918 年时已经留下了有利于防御的大量证据，对此不容置疑。军用化学毒剂也可以进一步提升防御力。

以 1916 年时的武器去进攻这样的要塞似乎是毫无希望的。进攻必然会陷入漫长的拉锯战之中，这对进攻者无疑是极为不利的，而且会付出惨重代价。

但这还没完。我们还要考虑一个前提条件：1918 年以后，在一定程度上完成裁军的一些国家所建立的防御工事中，其重要地段要么被放在装甲禁行区域，要么就设置了大量障碍物，至少能抵御大多数可能出现的敌军坦克。这些工事拥有数量充足的反坦克武器，且都做了精心测定的排阵布置。所有这些设施的伪装及防空也都受到了必要的重视。在这些堡垒后方，守军还拥有极为强大的兵力，足以抵御飞机和坦克这些新式进攻武器。为了在足够短的时间内突破这类防线，必须拥有增长幅度超出既往规模的攻击武器。

那些大部分国界为天然屏障的国家，以及那些建立了上述防御工事的国家，均享有高度安全保障。即便是在面临邻国侵略时，这些防御工事还是会成为抵御进攻部队前进的良好依托。

如果既没有强大的天然屏障，又没有连绵不断的边境工事的话，事情自然另当别论。处于这种状态的国家必须考虑到，他们只能用不连通的防御工事（最有利的情况下也只有应急的加固交通壕）迎战进攻者。这种阵地对传统武器多少还能提供一些防护，但对使用作战飞机和坦克的进攻者就无可奈何了。他们可以从工事之间的缺口实现突破，并且进攻越是出其不意把握越大。

由于被现代化要塞所环绕的国家享有高度的生存安全保障，因而有可能放弃使用坦克应急，转而信赖其坚不可摧的工事、不可逾越的障碍物和性能优越的反坦克武器。但他们并没有，相反，正是他们建立了一支特别强大的、适合要塞作战的装甲部队，也正是他们热衷于不断加强这个兵种，并使其在同时代保持一流水平。他们要么是明白即便最坚固的要塞也会有自己的致命弱点，因此国防事业需要现代化的强大武器发起反击；要么就是企图从自己的堡垒出发，在始终保持战备的状态下，能够发起突然袭击。

对于那些没有这种要塞的国家来说，就必然要考虑进攻方通过奇袭取得的初期胜利，并以不同的速度和深度实施突破。进攻方不会将步兵师作为执行突击的主力部队，使用骑兵师的可能性更低。进攻者会首先投入重型突击坦克，轻型装甲部队和各类摩托化支援部队则在后方跟进。在发动地面进攻的同时，攻击者还会使用空军，令守军的空中力量瘫痪，延阻地面防御部队（主要是装甲部队和其他摩托化部队）前进，并干扰指挥机构。守军调动部队速度越慢，进攻者的空军和装甲兵的作用就越明显。当守军由于缺乏诱敌深入的纵深空间而不得不限制突破口的范围时，就需要有强大的、同等数量的（如果没能至少在局部形成优势）空中和地面部队实施快速行动和快速突击。

要想使装甲兵至少在局部地区形成优势，无疑只能集中现有兵力；而死板地将坦克配属给各集团军、军和师使用，只会导致在关键地段始终处于数量劣势。当攻守双方在特定地域使用摩托化和装甲化的大规模部队时，作战地形越是复杂，就越容易决定将装甲部队集中投放在何处。特别是在武器有限时，如果将坦克投入进攻者不会发起决战、由于地形障碍也无法进攻、只需投入少量阻击部队便足以完成防御的地点，那就犯下了严重的错误。

在防御中分散使用装甲兵力，平均分配到整条防线的做法会导致什么后果？英军在 1918 年春季的战例已经明确给出了答案：失败！相反，1918 年 7 月的法军在成功发起反击前将坦克集中使用却使他们赢得了苏瓦松战役的胜利。[①]

在未来的防御战进程中也会反复证明一件事：拥有强大的天然屏障、禁止坦克通行的防区用步兵师或阻击部队就能守住；而天然屏障弱、无法或不能完全以工事防御的战线必须用现存最强大的武器予以保卫——因为敌军最有可能向此地发动进攻，反击也会从这里发起。

---

① 英译本注：从二战后的有利位置来看，这段话具有某种讽刺意味。法军曾因在1918年苏瓦松反击中集中使用装甲兵力而受到古德里安的赞扬。他们恰恰在1940年犯下了古德里安指责英军在1918年所犯下的错误，把装甲部队分散在整条战线上。伊克斯，《著名的坦克战役》，普罗菲尔，1972年，第103页。

2. 进攻

不论进攻者发起的进攻是如前文所述的战略突袭，还是突破或防守反击，都需要打击力（Stoßkraft）[①]。

什么是打击力？步兵手中的刺刀与步枪，甚至是我们的机枪和火炮还拥有打击力吗？用人力和战马还能使它们足够快速地运动吗？装备 1898 式步枪和刺刀的步兵的尸体真能代表我军步兵的打击力吗？在迎着敌军机枪“冲锋”时，面对掩体中正在射击的敌人时，还有人会认为这些早就无法在作战行动中保护自己的士兵们拥有士气优势吗？人们不会再犯和 1806 年的普鲁士军队一样的错误了吗？这些错误驱使着普军“不开一枪就勇猛地向着敌人行进；为了保持头部动作的整齐划一，在大队齐射中不瞄准”，甚至在敌人火力中不卧倒。1866 年的奥地利军队、1899 年布尔战争中的英军、1904 年在满洲的俄军、1914 年在佛兰德新组建的德军各团都信赖刺刀的打击力，结果如何呢？还想再试一次吗？

奇怪的是，如果有人胆敢指责步兵的打击力即刺刀这个神圣观念，那么此人在今天仍会被视作异见分子。所以必须把 80 多年前毛奇元帅对这一问题的看法再重复一遍。他认为，既然“守军在交火中拥有明显的战术优势，而普鲁士的针发步枪又远比其他任何军队的步枪出色，普鲁士军队就更有理由一有机会就击破防御”[②]。他指出：“即便处于攻击状态，在上刺刀冲锋前也必须向敌人倾泻火力，从而动摇对手的军心。”他还警告说：“进攻在实践中确实总是这样实施的，就连腓特烈大帝也推崇运用这一方式，但在我们这个时代还是偏爱使用‘刺刀冲锋’这样的术语。”[③] 他描述了 1813 年的哈格尔山（Hagelberg）之战——那一天成为国民军（Landwehr）的纪念日，国民军凭借著名的刺刀战共造成敌军 30—35 人死亡——并总结道：“该数据表明刺刀冲锋并没有决定哈格尔山当日的战局，而是由于当天的战斗胜败已定，它（刺刀冲锋）才得以充分施展。”[④]

在机枪和手榴弹的时代，带刺刀的步枪正在不断失去往日的影响力。1914 年时，

① 英译本注：古德里安使用的德语单词（这里翻译为“打击力”）是Stosskarft。肯尼思·麦克西（Kenneth Macksey）把它译为“动态打击”（dynamic punch）。见麦克西的《古德里安》，麦克唐纳和简（Macdonald and Jane's），1975年，第45页。事实上，没有确切的英语对译词。

② 原注：《毛奇战术战略论文选》（Moltkes taktisch-strategische Aufsätze），总参谋部所作序言第12页。

③ 原注：《毛奇战术战略论文选》，第56页。

④ 原注：《毛奇战术战略论文选》，第57页。

打击力已取决于火力了。也就是说，步兵部队打击力取决于他们的机枪和其他重武器，而大部队即步兵师的打击力则取决于炮兵。打击力足，进攻就能成功，就像在东线、罗马尼亚、塞尔维亚和意大利一样。打击力不足，进攻就会失败，就像在西线那样。

建立在火力基础上的打击力在世界大战时得到了巨大提升——不论是弹药数量，还是口径大小，抑或射击时长。但当时的打击力通常无法快速彻底地粉碎敌军抵抗，以便顺利突入敌人防御体系纵深——至少在决定战局的西线无法做到这一点。相反，为了取得足够的效果，人们不得不同意进行长时间炮击，这正好给守军提供了采取反制措施的时间，这些措施包括调动预备队或在必要时后撤。有时，即将发动攻势的先兆就足以使守军下决心撤退；为这一对策进行周密的准备，在关键时刻对进攻者发动空袭，或者迫使其放弃计划中的进攻。最好的两个例证就是 1917 年德军撤入兴登堡防线、1918 年 7 月法军在兰斯的行动。

世界大战证明，即便威力巨大，持续时间长，打击力也不单单由火力决定。不过还是要向敌人倾泻火力，这不只是要把在漫无目标的地面炮击中得以幸免的区域炸成月球表面，还要对进攻危害程度最大的目标实施近距离搜索、识别，并用直瞄火力予以摧毁。

在腓特烈大帝时代，冷兵器的打击力还能以步兵刺刀与骑兵军刀的形式，通过步行或骑马打击敌军。然而这种做法早已行不通了。在七年战争中，冯·温特费尔特（von Winterfeldt）将军就曾写信告诉国王：“我们扛着步枪不射击是无法突破的。”当时，被火力震慑的敌人就已经是施展打击力的前提条件了。即便是拜罗伊特龙骑兵（Bayreuth–Dragoner）在霍亨弗里德伯格（Hohenfriedberg）和塞德利茨的骑兵在罗斯巴赫（Roßbach）发动的冲锋，面对的也是被打散的步兵。对未受震慑的步兵发动冲锋无法取得决定性的效果，这正是曹恩道夫（Zorndorf）之战的教训。

进攻前的火力效果要求随着武器射程、射速和穿透力的提升而提升（这对防御极为有利），最后使世界大战变成了物资消耗战或炮战。现在，最强大的火力效果也无法在快速的运动中“向敌军倾泻火力”。只有重新启用一种老旧的武器——坦克，才能在这里派上用场。坦克的过时并不是因为装甲厚度不足，无法抵御枪弹，而是因为人力和战马都没有能力牵引或拖动它！内燃机的发明使这种能力得以具备。这样一来，人们就又可以使搭载乘员的装甲车辆穿过小口径武器的火网，直达敌人面前，并以直接瞄准射击展现其武器的毁灭性威力。此外，发动机驱动的坦克还能凭借其碾压威力越过并摧毁令人担心的铁丝网，也能凭借其越障能力越过战壕与其他障碍物。因此，自从坦克在康布雷用一个下午就突破了被认为坚不可摧的兴登堡防线后，它就是 1917—1918 年间协约国军实实在在的打击力。

那么到底什么是打击力？它是让进攻中的军人在武器有效射程内消灭敌人的能力。只有具备这种能力的部队才是有打击力的，即具备攻击力（angriffskräftig）。这是一支真正具有完全打击力的部队。如果我们根据世界大战时的经验宣称装甲兵在所有地面作战兵种中打击力最强的话，那么这个说法绝不夸张。战后的发展

陆军博物馆（Muséede l'Armée）的 420 毫米口径的大贝莎重炮模型

还没有给翘首以盼的军界带来更好的选择。因此,即便一方或另一方难以转变观念,人们也只好接受这一现状。

然而，这个在目前的进攻中打击力最强的兵种还必须取得按照自身规律运用这种力量的权利。它在投入作战的地点是主战兵种，其他兵种要以它的需求为准。事情的关键并不在于让哪一个还受到传统拖累的兵种协助取得胜利，而只在于在未来的战役中获胜，并且胜利要彻底、迅速、影响深远，从而使战争迅速结束。各兵种必须为此协同一致，在能力和要求上向打击力最强的兵种看齐。

作为陆军最年轻，同时也最具打击力的兵种，装甲兵不得不独自使自身的要求得到满足，因为没有哪支军队中的传统兵种会心甘情愿地予以配合。反坦克防御的发展越有成效，这些要求就必须越坚定、越明确，否则装甲兵的进攻会愈加艰难。

这些要求的重中之重始终是以下三大战术的必备要素：奇袭、大规模投入与合适的地形。

根据每次坦克进攻取胜的这三大必要前提，我们可以制订装甲兵在战时和平时的编制，配置武器装备，最后挑选出其指挥员和士兵。

可以在进攻准备和实施阶段通过快速和隐蔽的运动，或借由性能前所未有的新式武器来达成奇袭的效果。由于快速实施坦克进攻是决定作战成败的关键，所有固定与坦克协同作战的支援部队必须与坦克的速度一样快，还必须在平时就与坦克混编为一支部队。若没有快速支援部队,装甲部队在战斗中只能受到无法协同、行进缓慢的兵种的牵制，从而无法进行快速突入敌军纵深的作战行动。这就等于挥霍了手里最强的一张王牌。

由于新式武器（例如拥有难以穿透的装甲、出色的装备或不寻常的速度）的运用价值巨大，这就要求军备技术领域在和平时期的准备工作中要注意保密。保密成功并取得成效的最佳范例就是我们都听说过的“大贝莎”（Dicke Bertha）超重型榴弹炮，我们用这种口径 420 毫米的巨炮在 1914 年摧毁了比利时和法国北部的要塞。

大规模投入，也就是在寻求决战的地区集中兵力，事实上是适用于所有兵种的原则。只是国内外的众多声音导致装甲兵背离了这条原则。由于这种违背战争艺术首要规则的过错在紧急情况下必然会招致极恶劣的后果，故而我们在和平时

越野中的牵引火炮

期就要将之扬弃。一旦人们有意在关键地点大规模集中投入兵力，就必须遵从这一意愿，及时进行相应的组织架构调整。只有装甲部队及其指挥官在和平时期就掌握了大编队作战方法，才能在战争时期成功地实现大规模运用。机动部队，尤其是其指挥官，随机应变的难度要比步兵大得多。

装甲部队只允许被投入到不会对装备性能造成不可克服的障碍的作战地形中，否则进攻连地形这一关都过不去。举例来说，在演习中挖出特定型号的坦克无法逾越的壕沟，再强令这种坦克投入作战，而后宣称坦克或整个装甲部队都不起作用。这样的做法是完全错误的。要求轻型机枪坦克进攻要塞或大城市也是一件很荒谬的事。同样，不能要求轻炮兵完成艰巨任务，而应选择大口径的重炮兵。坦克也和人、动物一样能力有极限，一旦对其过分苛求就会使其失灵。

既然不能指望到处都有适合坦克行进的地形，那么就更应该注重在能够发挥其机动力和打击力的地点使用这种武器，同时要有足够的兵力、宽度和纵深，并发动奇袭。问题的关键在于组建适合完成给定任务的混编装甲部队，以及设法培训必不可少的指挥官。[①]

在上次大战中，尽管德方很少出现有组织的防御，但逐次投入坦克却总是会造成严重的后果。然而在未来的战争中，既然可以预料到双方都会使用坦克，并且都会在和平时期做好反坦克防御准备，不专业地使用装甲部队必然会造成极严重的后果。这种不专业行为的依据是对防御效果和坦克进攻成功率的误解以及由此带来的错误编制方式。

就地面作战而言，我们认为现代战争中进攻成功率最高的方案就是在合适地形大规模投入坦克发动奇袭。我们要强调的是，如果不想让这种地面进攻取得的成果在一段时间后消失，其他兵种部队必须迅速予以扩大。不过我们认为，装甲部队的存在不仅会深刻影响地面作战，也同样会深刻影响空战。

3. 飞机与坦克

我们已经反复提及空中侦察与作战飞机在支援坦克进攻时的协同。不过，装甲部队的行动也可以反过来为空战服务。可以想见在战争开始时，装甲部队可以进攻边界附近的敌军主要机场或其他飞行目标；或者在战争中晚些时候，在地面作战顺利完成后，作战飞机、空降部队和装甲部队受命对深入敌后的共同目标实施打击，以摧毁敌军的抵抗能力。

迄今为止还没有人对这一思想进行更为详尽的阐释。战略家过于关注支援步兵和地面作战中的首次决战这一类问题。不需要成为杜黑的拥趸[②]，人们就会认识到空军在未来战争中的重要意义，从而致力于利用空军的战果服务地面作战，进而使这些战果更加巩固。

---

① 英译本注：早在1916年2月，斯温顿就制定了大规模集中运用、合适的地形与奇袭的基本原则。见斯温顿的《坦克使用笔记》，斯特恩文件集，LHCMA，KCL。笔记刊印于斯温顿、霍德尔和斯托顿的《目击者》，1932年，第198—214页。古德里安补充了一个重要的观点，未来的坦克只有在接受诸兵种合成思维训练的指挥官的指挥下，与其他兵种充分整编为一支十分平衡的机械化部队，才能发挥其潜力。一般说来，这一观点没有在30年代末和40年代初被英国皇家坦克军以及后来的皇家装甲军充分地认同。在英军思想家中，乔治·林赛的观点与之最为接近，但他的影响力在1934年之后悲剧性地减弱了。见斯温顿的《改变一支军队》，布拉西，1988年，第177—183页。

② 英译本注：杜黑是一位意大利理论家，他在20世纪20年代的著作《制空权》（1928年）中宣扬下一场战争将由战争爆发时对城市的大规模轰炸来决定。古德里安相信空军的力量，但在这里明确驳斥了杜黑，而赞成空军和机械化地面部队之间尽可能密切地协同。古德里安在此前的著作中探讨了空中力量对地面作战的影响。见《机动部队与防空》（ruppen auf Kraftwagen und Fliegerabwehr），载于《军事周刊》1924年9月25日第12期与《空军对步兵战术的影响》（Der Einfluss der Luftwaffe auf die Infanterietaktik），载于奥地利杂志《军事科学与技术通报》第59期，1928年，第507—512页。

摩托化步兵

这样做的目的也必定是为了取得共同胜利，而不是气量狭小地关照某个单一的兵种。

4. 补给与道路问题

陆军摩托化的扩张引发了对两个重要问题的关注：国防军总体上将如何补给油料、补充配件和车辆？主要受道路限制的高度摩托化的部队将如何机动？正面回答这两个问题是大规模运用坦克部队，尤其是在战略层面运用的前提。

1935 年，德国的油料消耗量为 1920000 吨。相应的，1936 年时为：进口汽油和苯 1382000 吨、自产石油近 446000 吨、乙醇混合剂近 210000 吨。

从中可以看出，1936 年，和平时期的德国有三分之二的石油必须依赖进口。四年计划为实现国内燃油产量的提高而采取的全面措施很快将使该领域的情况得以改善，不久以后将使我国摆脱对进口汽油和苯的依赖。

此外，主要用于满足国内需求的代用燃料也可以缓解燃油的窘境。应用实例包括各种燃气发动机和电动机。

不久之后，德国也同样会摆脱对国外进口橡胶的依赖。

强大的汽车与机械制造业是维持军用车辆和零件供应的前提。通过与几大主要汽车生产国进行对比，下表中的数据展示了我国在该领域的现状：

汽车产量排行

1935 年	百分比	1936 年	百分比
美国	74.1	美国	77.2
英国	9.1	英国	7.8
法国	5.3	德国	4.8
德国	4.7	法国	3.5
加拿大	3.1	加拿大	3.4
意大利	1.2	意大利	0.9
其他国家	2.5	其他国家	2.4

据此可知，美国、加拿大和德国在世界汽车产量中的比例有所提升。德国从第四位升至第三位。这是一个有利的位置，代表我国有能力在紧急情况下维持摩托化作战部队及摩托化后勤部队。

重要的是，我国大多数生产厂家都处于安全地带，能够免受地面或空中的直接打击。此外，生产的车辆也必须专业地分配给陆军、海军、空军和国内经济等不同的需求方。同时还要保证各工厂的劳动能力，在紧急情况下保护工厂的职工、工程师和设计骨干。

公路和道路网也是影响摩托化部队机动的重要因素。战争爆发后，必然会征用大量民间道路车辆进入野战部队序列，这一因素的重要性便更加凸显。几十年间，德国的公路建设受到了严重的冷落，这是因为德意志各邦作为主管机关主要关注铁路建设，而将公路事务推给了下级机关，推给了各州、市镇和地方政府。这样一来，德国出现了成百上千条需要养护的公路。机动车交通的兴起目前未能改变这种积弊。即便各邦的“主权”（Hoheitsrechte）完全不受重视，它们也未被撼动。

元首认识到了统一实施的大规模道路建设对机动车交通的重要意义。连绵不断的众多道路得到了帝国的悉心养护，独具特色的帝国高速公路的建设也启动了。

高速公路目前规划里程为7000千米，可将国内最主要的地点联结起来。这种宽阔、没有路口和对向车流的公路允许车辆以极高且稳定的平均速度长距离行驶，从而使机动车的能力充分发挥。

良好的机动车道的军事意义显而易见。但是，即便是如此密集的和平时期道路网也无法完全满足战争时期始料未及的战术和战略需求。士兵们过去只能利用和平时期出于经济考虑而修建的道路，只有要塞周围才会建造符合军事要求的道路。单是1914—1918年的战争就已经对道路建设提出了很高的要求。只要回忆一下凡尔登前线、索姆河地区、佛兰德的道路状况，回忆一下东线几千米长的木板路，还有那些在美索不达米亚（Mesopotamien）和巴勒斯坦的道路障碍就可以了。

意大利人在阿比西尼亚（Abessinien）的道路建设成就令人印象特别深刻，正是这些成就使车辆行军的广泛应用完全成为可能。

从意大利在阿比西尼亚的征战中可以得出以下教训：

1. 和平时期的道路网无疑影响了陆军的作战行动及其战术行为。道路网大多对双方有利，双方也都知晓这一点，并将其标注在地图上。

2. 和平时期的道路网并非不可改变，它能够也必须适应战时作战行动的要求，并进行相应的改造。

3. 这种改造有时以加固的方式进行，要耗费时间和劳动力，也容易被敌人的空中侦察所发现；有时不加固的道路便足以使履带式车辆和越野车辆前进，这样的道路建造速度快，并且在有利条件下可以长时间躲过敌军侦察。

4. 建造不加固道路的速度对摩托化作战部队的奇袭及其他兵种部队的机动都是有利的。

5. 未来整装待发的陆军中必须拥有足够多的装备现代化机械和工具的筑路部队。

5. 最近的作战经验

运用装甲部队最新的战争经验来自刚提及的意大利在阿比西尼亚发动的战争，以及西班牙尚在进行中的战事。

在阿比西尼亚，意大利投入了约300辆菲亚特·安萨尔多（Fiat Ansaldo）型坦克。该坦克只装备了机枪，没有旋转炮塔。机枪的固定位置被证明是一个缺陷，尤其在分散行动时使土著人得以进入坦克，并通过防护有缺陷的观测孔杀伤乘员。此外，坦克在面对极不寻常的地形和糟糕的天气时取得了良好战果。沙漠和高山都没有成为不可逾越的障碍。针对欧洲状况的战术教训暂时十分有限，这是因为坦克没有遭遇防御，阿比西尼亚人自己也没有坦克。

在各种进攻作战中，执行侦察的装甲侦察车在与摩托化步兵协同作战时圆满地完成了任务，并为战争的快速推进做出了重要贡献。

西班牙内战则有更广泛的经验。就目前了解到的情况，共和军使用的是苏制的维克斯 6 吨坦克，装备了 1 门 47 毫米主炮和一二挺机枪。这种坦克满载装备时的重量为 8 吨，关键部分都可抵御钢芯穿甲弹。相反，民族主义者只有机枪坦克，装备了 2 挺带旋转炮塔的机枪，同样有防弹装甲。佛朗哥将军手中没出现火炮坦克（缴获除外）。相反，民族主义者拥有许多口径 37 毫米的反坦克炮。

到目前为止，还没出现过单次作战中同时出现超过 50 辆坦克的情形，我们据此不能推断出作战双方任何一方拥有众多坦克，也不能推断出任何一方拥有配有强力主炮和厚重装甲的重型坦克。同样不能认为，除了上述轻型坦克外，还存在装备强大装甲和武器的重型车辆。无论按照坦克的可用数量，还是型号，都无法期待其实现快速且具有决定性意义的胜利。

毫不令人惊讶的是，民族主义者的坦克在无掩护的地形上必然会被远距离开火的苏联反坦克炮阻挡在原地，佛朗哥的反坦克炮对这些苏联坦克也是如此。

前线重要地段的地形对坦克极为不利。

坦克战胜利的三个必要前提——奇袭、大规模投入与合适的地形中最多只有第一项通过老练的措施得以实现。但到目前为止，双方似乎都没有将所有坦克统一投入，在地形的选择方面，也只能说至少像马德里这样的大城市绝不是机枪坦克的有利进攻地形。

尽管如此，根据漏洞百出的报告，似乎坦克被投入到了所有较大型的作战行动中，而且如果没有提前的火力效果，步兵通常不会挺进。坦克在这些战斗中遭受一些损失也很正常，它们和所有部队的命运一样。

当然，战争期间积累了一系列技术经验，但目前还无法对其做出评价。

对坦克的乘员和指挥官们的要求仍是较长的服役期限和专业知识储备。几周之内，西班牙士兵肯定无法完全掌握这个现代战争机器。同样，高级指挥官似乎

意大利 L3/33 坦克

伯明顿坦克博物馆的意大利 L3/33 坦克

1943 年 8 月，巴尔干半岛的意大利 L3/35 坦克

在投入坦克时明显缺乏经验。

目前，对现有消息进行专业评估后很难得出进一步的结论，也很难得出教训。

在我们看来，不论是阿比西尼亚战争还是西班牙内战[①]，都是检验装甲兵效果的“总彩排”。其中，按照所用坦克的数量和型号来看，战斗极为单调，且没有意义。但两次战事都为装甲兵的技术和战术发展提供了一系列指导。我们将仔细研究它们，并向这两次战事学习。总的来说，根据它们所提供的经验，我们并无理由放弃我们现有的准则。

① 英译本注：古德里安不愿意将西班牙内战作为装甲部队战术和战略教益的来源，事实上是正确的。时任大英帝国陆军总参谋长的西里尔·德弗雷尔（Cyril Deverell）元帅同样将西班牙的经验弃置一旁，认为坦克在当地受到了过分糟糕的对待，以至于得不出任何教益。他始终认为在突破方面坦克扮演了十分重要的角色。然而利德尔·哈特对坦克能否克服强大的防御力量越来越表示怀疑，西班牙内战似乎加重了他的怀疑。和德弗雷尔的谈话，1937年6月29日， LH 11/1937/56, Liddell Hart Papers, LHCMA, KCL。

结论

自从坦克首次在血腥的索姆河战场现身以来已 20 年有余，这在历史上只是很短的一段时间，但当代技术发展却在此期间突飞猛进，在推动经济增长的同时，也加速了人与人之间的交流。各国人民的整体生活也步入了更加繁荣的发展期。

因此，如果仅限于了解技术问题，那就大错特错了，因为实际涉及的问题要广泛得多。

混乱的经济和社会环境引发了世界大战。最强大的文化、民族都陷入了漩涡。但是，许多人所期盼的人类或国家的净化并没有在战后发生，相反，我们不得不担忧的是意识形态、政治以及宗教的矛盾已经和经济矛盾一样尖锐。我们无从知晓这条路将通向何方，但我们必须认识到，只有强大的国家才能长治久安；只有具备必要的力量时，自我保护的愿望才能变成现实。

为巩固德国的强国地位而共同奋斗，是政治界、科学界、经济界与国防军的使命。

国防军的武器、装备及指挥思想越强大、越现代，就越能维护和平。因此，我们希望通过介绍自己最先进的地面武器的发展历程，阐明其未来的发展前景。

在许多问题上依然存在着一些本质上的分歧。唯有未来才能告诉我们孰是孰非。但毋庸置疑，新武器需要新的作战方式，以及合适的战术和组织形式，不能老调重弹。这是常理。

行动胜于雄辩。只有勇敢的行动者才会获得胜利女神的桂冠。

参考文献

帝国档案馆（Reichsarchiv）《1914—1918年的世界大战》（Der Weltkrieg 1914—1918），第1、第5、第6、第7、第8、第9、第10卷

法国官方战史《伟大战争中的法军》（Les Armeés Françaises dans la Grande Guerre），巴黎，第1、第2、第5卷

英国官方战史《伟大战争史：军事行动》（History of the Great War, Military Operations），伦敦，第2卷

比利时官方战史《根据官方文献编纂的军队战史》（La Campagne de l' Armeé d' apr è s les documents officiels），巴黎

格奥尔格·布鲁赫米勒（Georg Bruchmüller），《世界大战突破战中的德军炮兵》（Die Deutsche Artillerie in den Durchbruchsschlachten des Weltkrieges），柏林：米特勒&索恩出版社（Mittler & Sohn）

迪蒂（Dutil），《突击坦克》（Les Chars d'assaut），巴黎：贝尔热－莱夫罗尔出版社

L. 冯·艾曼斯贝格尔（L. von Eimannsberger），《坦克战》（Der Kampfwagenkrieg），慕尼黑：J. F. 莱曼出版社

《法国军事》（France Militaire），巴黎

J. F. C. 富勒将军，《一位直率军人的回忆》（Erinnerungen eines freimütigen Soldaten）

夏尔·戴高乐，《通向职业军队》（Vers l' armée de métier），巴黎：贝尔热－莱夫罗尔出版社

鲁道夫·汉斯利安博士（Dr. Rudolf Hanslian），《化学战》（Der chemische Krieg），柏林：米特勒 & 索恩出版社

海格尔（Heigl），《法国重型坦克、意大利坦克》（Die schweren franzosischen Tanks.Die italienisch Tanks）

海格尔，《坦克口袋书》（Taschenbuch der Tanks ），慕尼黑：J. F. 莱曼出版社

M. J. 库钦斯基（M. J. Kurtzinski），《快速部队战术》（Taktik schneller Verbände），波茨坦：沃根赖特出版社（Voggenreiter）

埃利希·鲁登道夫，《我的战争回忆》（Meine Kriegserinnerungen），柏林：米特勒 & 索恩出版社

马特尔·吉法德（Martel Giffard），《在坦克的尾迹中》（In the wake of the tank/Im Kielwasser des Kampfwagens），柏林，1931 年

《军事学评论》（Militärwissenschaftliche Rundschau），波茨坦，1936—1937 年

《军事周刊》（Militär-Wochenblatt），柏林，1934—1936 年

奥斯卡（Oskar），《香槟冬季战役》（Die Winterschlacht in der Champagne），奥尔登堡：施塔林出版社

马克西米利安·冯·波塞克（Maximilian von Poseck），《1914 年在法国和比利时的德国骑兵》（Die deutsche Kavallerie 1914 in Belgien und Frankreich），柏林：米特勒 & 索恩出版社

《步兵评论》（Revue d'Infanterie），巴黎，1932 年 1 月、2 月号，1936 年 4 月、12 月号

《两个世界杂志》（Revue des deux Mondes），巴黎

赫尔曼·冯·桑腾（Herm von Santen），《香槟秋季战役》（Die Champagne-Herbstschlacht），慕尼黑与莱比锡：朗根出版社（Langen）

《世界大战战役》，奥尔登堡：施塔林出版社，第 31、第 35、第 36 卷

伯恩哈德·施韦特费格（Bernhard Schwertfeger），《世界大战末期》（Das Weltkriegsende），波茨坦：雅典娜神庙学术出版社

厄内斯特·邓禄普·斯温顿爵士（Swinton, Ernest Dunlop Sir），《目击者》（Eyewitness），伦敦：霍德和斯托顿出版有限公司

《不列颠百科全书》(The Encyclopaedia Britannica)，伦敦：不列颠百科全书编委会

《凡尔赛和约》，载于《德意志帝国律令志》，1919 年

《部队指挥与军事历史季刊》(Vierteljahrshefte für Truppenführung und Heereskunde)，1910—1913 年

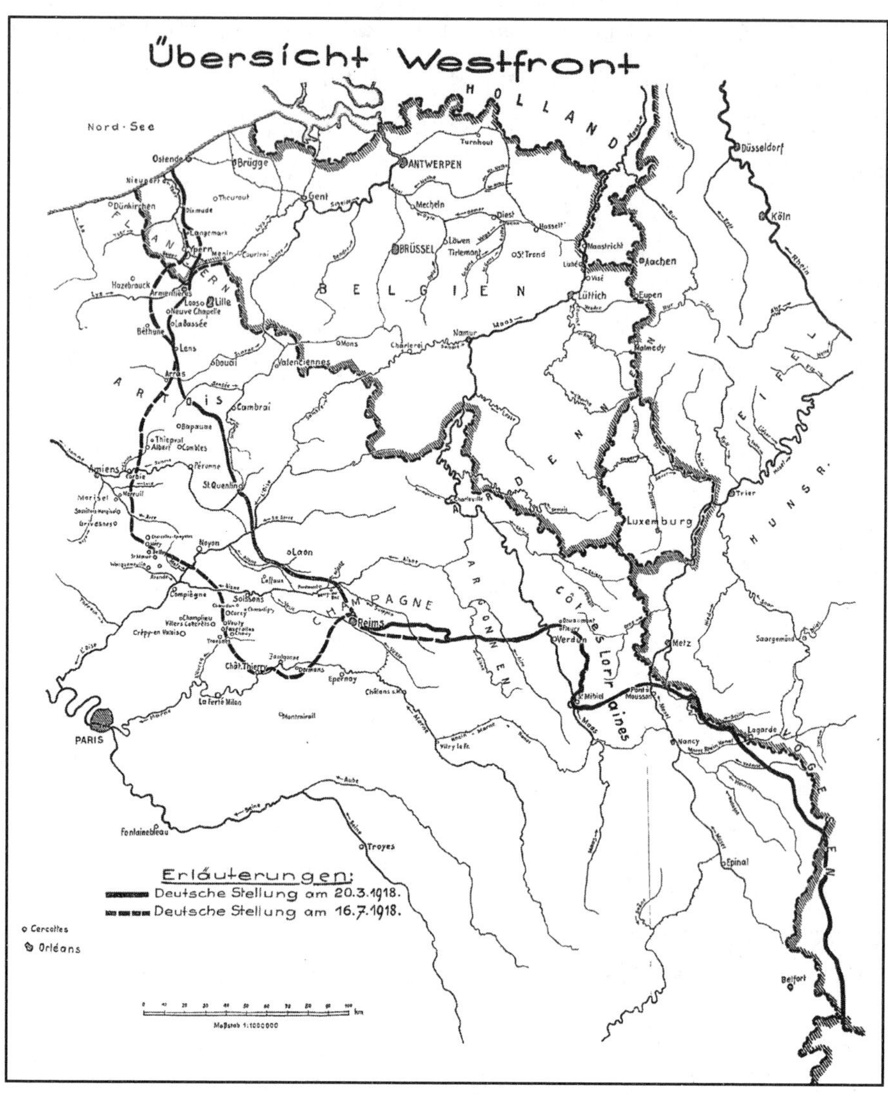
Übersicht Westfront
HOLLAND
Nord-See
Ostende
Brügge
Turnhout
ANTWERPEN
Düsseldorf
Köln
Gent
Mecheln
Diest
Hasselt
Dünkirchen
Dixmude
Langemark
Ypern
Menin
Courtrai
BRÜSSEL
Löwen
Tirlemont
St. Trond
Maastricht
Aachen
Hazebrouck
Armentières
Lille
Loos
Neuve Chapelle
La Bassée
Béthune
Lens
Douai
Arras
BELGIEN
Lüttich
Eupen
Namur
Maas
Charleroi
Mons
Valenciennes
Malmedy
ARTOIS
Cambrai
Bapaume
Thiepval
Albert
Combles
Amiens
Corbie
Péronne
St. Quentin
ARDENNEN
EIFEL
HUNSR.
Trier
Luxemburg
Noyon
Laon
Compiègne
Soissons
CHAMPAGNE
Reims
Villers Cotterêts
Crépy-en Valois
Château Thierry
Epernay
Châlons s.M.
Verdun
St. Mihiel
Pont à Mousson
Metz
Saargemünd
Nancy
Lagarde
ARGONNEN
Côtes Lorraines
La Ferté Milon
Montmirail
PARIS
Vitry le Fr.
Aube
Seine
Fontainebleau
Troyes
Epinal
VOGESEN
Belfort
Erläuterungen:
Deutsche Stellung am 20.3.1918.
Deutsche Stellung am 16.7.1918.
Cercottes
Orléans
km
Maßstab 1:1000000
示意图 15：西线概况图

一份有古德里安签名的文件。作为陆军总参谋长的古德里安通过打字批注"同意"，并用紫色的、不褪色的铅笔签名。文件的左边有档案孔。1944 年 7月 22日，古德里安被任命为德国陆军总参谋长。1945 年 3月下旬，接近崩溃边缘的希特勒已经不能再忍受古德里安的指责，以健康疗养的名义罢免了古德里安德国陆军总参谋长的军职。这份文件应该是古德里安任德国陆军总参谋长时的产物

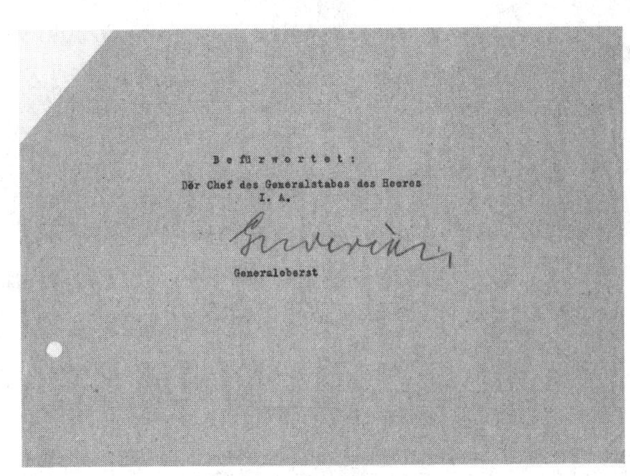

Befürwortet:

Der Chef des Generalstabes des Heeres
I. A.

Guderian

Generaloberst

München, 16.10.52

Sehr verehrter Herr Müller-Witten!

Besten Dank für Ihren Gruss und Ihre guten Wünsche, die ich sehr gebrauchen kann, denn es geht nur langsam bergauf.

Ihre Aufsätze habe ich mit grossem Interesse gelesen. Sie sind sicher sehr wichtig.

Mit freundlichen Grüssen

Ihr

Heinz Guderian
Generaloberst a.D.
zuletzt Generalinspekteur der Panzertruppen, beauftragt mit der Wahrnehmung d. Geschäfte des Chefs des Generalstabs des Heeres.

1952 年 10月 16 日，古德里安从医院写给通讯员的信。结束位置有他的签名，并加上了他作为联邦国防军顾问的军衔